KB268741

너는 내 사람이다

화문연 엮음 | 장 연·심재석 옮김

한국경제신문

의심이 나면 부리지 않고,
부리기로 했으면 의심하지 않는다

나라를 다스리거나 기업을 경영하는 자의 입장에서 무엇이 가장 중요한 일인가? 두말 할 나위 없이, 좋은 인재를 물색해 적재적소에 인재를 기용해 부리는 일이다. 오늘날과 같이 무한경쟁에 바탕한 세계화 시대에서는 인재의 필요성이 그 어느 때보다 절실하다.

그렇다면 '사람의 능력을 얼마나 잘 알아볼 수 있는가?' 라는 안목의 여부가 성공과 실패의 관건일 수 있다. 흔히 쓸 만한 인재가 없다고들 한다. 그러나 쓸 만한 인재가 없는 것이 아니라, 인재를 알아보는 안목이 부재하는 시대에 우리는 살고 있다. 천리마는 언제나, 어느 곳에나 있다. 하지만 천리마를 알아볼 수 있는 안목을 갖춘 사람은 흔치 않다.

인재를 알아볼 줄 아는 사람들은 어떤 방법을 갖고 있는가? 전통적인 인재 등용에 관한 조언은 "의심이 나면 부리지 않고, 부리기로 했으면 의심하지 않는다"는 것이다. 큰 인재는 크게 쓰고, 작은 인재는 작게 쓰는, 이른바 개개인의 능력과 장점 파악을 통해 인재를 쓸 줄 아는 혜안慧眼이 있어야 한다.

또한 그렇게 기용한 사람에게는 될 수 있으면 많은 권한들도 함께 주어 자신의 능력을 충분히 발휘할 수 있도록 해야 한다. 뛰어난 인재는 자기 자신의 가치를 충분히 이용할 줄 안다. 뿐만 아니라 다른 사람의 장점도 이용할 줄 안다. 그러나 그렇지 못한 사람은 자신의 장점에 믿음이 없기 때문에 오직 다른 사람이 자기를 이용하기만 바란다. 가장 어리석은 부류의 사람은 스스로를 이용하지 않을 뿐 아니라 다른 사람도 이용할 줄 모른다.

인재를 발탁하고 부리는 일과 관련해 사람들의 입에 가장 많이 오르내린 사례는 항우와 유방의 얘기일 것이다. '무예'라는 측면에서 유방은 항우의 적수가 되지 못한 채 절대적인 열세에 처해 있었다. 당시 제후들은 대부분 항우를 섬겼고, 천하의 모든 장수는 항우의 맞수가 되지 못했다. 이처럼 항우는 탁월한 능력과 강한 세력을 갖고 있었지만, 결국 유방에게 패하고 말았다.

무엇이 유방의 승리를 이끄는 원동력이었을까? 다름 아닌 유능한 인재를 발탁하고 부릴 줄 아는 유방의 안목과 도량에서 그 답을 찾아낼 수 있다. 유방이 자신의 성공 비결을 물었을 때, 한신은 이렇게 말했다.

"군사를 거느리고 전쟁터에 나서는 일은 제가 폐하보다 낫습니다. 그러나 폐하는 장수들을 잘 거느리십니다."

이는 인재를 고르는 안목과 부림이 천하의 승패까지도 저울질한다는 의미를 담고 있다.

이 책은 한 시대를 풍미한 영웅호걸들의 지혜로운 '인재 활용술'을 다루고 있다. 특히 자신을 충분히 이용할 줄 알고 나아가 다른 사람의 장점까지도 부릴 줄 알았던 인물들의 깊은 통찰력을 고스란히 담고 있다.

유학儒學의 이념이 세상을 지배하고 있던 시대에 여성이라는 신분을 극복하고 황제의 자리에 오른 측천무후, 삼국시대를 주도한 유비와 조조, 그리고 꾀돌이 제갈량과 청나라 말기에 활약한 대부호 호설암의 성공비결 등은 어디에서 연유한 것일까?

이들은 하나같이 다른 사람의 장점과 지혜, 무엇보다도 그들의 마음까지도 사로잡을 수 있었다. 즉 부릴 줄 아는 또 하나의 도를 깨우친 것이다. 치열한 경쟁사회에서 살아남기 위해 애쓰는 현대인들은 늘 특별한 성공의 법칙이나 비결 등에 목말라하고 있다.

이 책 속에는 천 년의 세월 동안에도 쉽게 식지 않는 현인들의 뜨거운 호흡, 펄떡이며 살아 움직이는 지혜, 곤경 중에서도 낙담하지 않는 희망이 투영돼 있다. 오늘날의 삶 속에 옛 현인들의 인재 활용술이 반영될 수 있도록 새롭게 조망하고 있는 것이다.

온고지신溫故知新이라 했던가? 특별한 성공 비결이나 법칙은 단순한 처세술을 넘어선 영웅호걸들의 삶 속에 깃들여 있다. 치열하고 삭막한 시대를 사는 우리의 마음밭에, 이 책을 통해 잊고 있던 희망의 싹이 피어나기를 바라며…

1. 네 목숨을 바라지는 않는다, 다만 네 마음을 잡아두련다

정감은 인간관계의 촉매제라서 마음을 잘 쓰는 사람이 다른 사람을 잘 부린다. 물고기에게 물은 생명처럼 소중하다. 사회와 집단에서 물과 같은 역할을 하는 사람은 마음을 쓰는 데 능수능란한 전문가다. 천하를 다스리는 사람은 "인심을 얻는 사람이 천하를 얻는다"라는 철칙을 지켜야 한다. 또한 정감은 사람의 급소와 같다. 타인을 잘 부리는 사람은 반드시 상대의 마음부터 제압한다. 그런 까닭에 예로부터 전쟁에 나선 명장과 뛰어난 장사꾼 들은 "적을 직접 공격하기보다는 적의 마음을 공략하는 게 낫다"는 계략을 신봉했다.

순자 荀子

흙이 쌓여 산을 이루면 바람이 불고 비가 내리며, 물이 모여 연못을 이루면 용이 나타난다. 사람이 선행을 베풀어 덕을 이루면 천지의 조화를 꿰뚫어보는 성인의 경지에 이른다. 한 걸음 한 걸음 나아가야 천릿길을 갈 수 있고, 작은 물줄기도 마다하지 않으며 받아들여야 강과 바다를 이룰 수 있다. 천리마라 할지라도 한 번에 사람의 열 걸음 이상 멀리 뛸 수는 없으며, 수레나 끄는 느린 말도 열흘 동안 꾸준히 가면 천릿길을 갈 수 있다. 하던 일을 그만두면 썩은 나무토막에조차 조각을 할 수 없지만, 중도에 포기하지 않으면 쇠와 돌에도 조각을 할 수 있다. 지렁이는 발톱과 이빨이 없고 강한 근육과 뼈가 없는데도 땅 위로 올라와 작은 흙을 먹고, 땅 속 깊이 황천 가까이 내려가 물을 마시는데, 이는 한결같은 마음을 지니고 있기 때문이다. 게는 여덟 개의 다리에 두 개의 집게발이 있는데도 불구하고 다른 짐승의 굴 속에 들어가 산다. 마음이 조급하기 때문이다.

몇 년 간 고전을 면치 못하던 항우項羽는 결국 해하垓下로 퇴각했고, 유방劉邦과 한신韓信, 팽월彭越 등은 각자의 대군을 동원해 해하를 겹겹이 포위했다.

그러나 초楚나라 군대의 사기가 완전히 꺾인 것은 아니었다. 특히 수많은 전투를 치른 유능한 장수들과 오랫동안 항우와 동고동락한 8,000여 정예병사의 사기는 여전했다. 진秦나라에 반기를 들고 고향에서 거병할 때 항우와 항백項伯은 8,000명의 병사를 모집했고, 그들과 함께 천하를 종횡무진 누비며 전쟁을 치렀다. 용맹하기 이를데없

*장량張良(?~BC 168) 한漢나라 고조高祖 유방劉邦의 공신

는 항우가 있고 뛰어난 전투능력을 지닌 부하들이 있으니, 언제 포위망을 뚫고 달아날지 모르는 일이었다.

한신의 판단으로는 항우에게 대적할 수 있을 만한 한나라의 장수가 없었다. 한신은 이좌거李左車를 불러 그 일을 의논했다.

"내일은 직접 항우와 상대해서 싸우지 말고 구리산九里山을 단단히 포위합시다. 전투용 수레로 길목을 차단하고, 도처에 깃발을 세워두는 겁니다. 이렇게 서로 대치하면서 하루를 보내면 초나라의 군량미는 바닥나고, 자연히 내부가 어수선해질 겁니다. 그러면 항우는 성 밖으로 나와 공격할 수도 없고, 먹을 게 없으니 성 안에서 버틸 수도 없죠. 식량도 떨어지고 구원병도 없으니 꼼짝 못하고 망하는 겁니다. 저들과 싸워봐야 이득될 것이 하나도 없어요. 항우가 얼마나 용맹합니까? 공연히 군사들만 다치죠."

"항우, 참 대단하지요. 누가 항우를 상대로 싸울 수 있겠어요? 게다가 8,000 정예병사들의 용맹도 대단합니다. 다른 놈들 같았으면 다 뿔뿔이 도망쳤을 테지만, 항우의 장수들과 그 정예병사는 무너뜨리기 쉽지 않을 겁니다. 장수들과 군사들을 흩어놓을 묘책만 있으면, 아무리 용맹한 항왕項王(항우)이라도 혼자서 쓰러져가는 큰 집을 일으켜 세울 수 없지요. 그런데 말이죠, 그의 장수들과 정예군사들이 식량이 떨어져 이판사판 달려들면 당해내기 힘들지 않을까요? 항왕이 포위망을 뚫고 강동江東으로 달아나 군대를 재정비하면 원수께서 또 다시 고생하실 겁니다. 이 기회에 초나라를 끝장내서 천하를 평정해야 합니다."

"지당한 말씀입니다. 그런데 초나라 군대를 와해시킬 좋은 계책이 없으니…. 아, 그렇지! 장량張良 선생께 여쭤봅시다!"

한신은 육가陸賈에게 서둘러 장량을 모셔오라고 명령했다.

한걸음에 달려온 장량은 한신, 이좌거와 자리를 함께 했다. 한신이 먼저 말을 꺼냈다.

"우리 장수 가운데 항우를 당할 사람은 없습니다. 더군다나 계포季布와 종리매鍾離昧 등 초나라의 장수들이 진심으로 서로 돕고 있으며, 8,000명의 정예군도 아직 그대로 있습니다. 만약 그들이 한꺼번에 달려들어 포위망을 뚫고 강을 건너 도망치게 된다면, 뒷날 큰 후환거리가 될 겁니다. 한밤중에 선생님을 모시게 된 것은 이 때문입니다. 좋은 계책으로 이 답답한 가슴을 풀어주십시오."

"음, 그리 어려운 일은 아닙니다. 항우 휘하에 있는 장수들과 군사들만 흩어진다면 항우 혼자서 오래 버틸 수는 없지요."

한신은 얼굴을 활짝 폈다.

"저희가 이 문제를 놓고 의논을 했지만 묘책을 얻지 못했습니다. 선생님께서 부디 좋은 계책을 일러주십시오."

장량은 주변을 둘러본 다음 낮은 목소리로 한신과 이좌거에게 말했다.

"제가 천하를 주유할 때 어느 도인을 만난 적이 있습니다. 그 도인은 통소를 정말 잘 불었죠. 연주하는 가락이 유장하여 사람 마음을 뒤흔들어놓더군요. 저도 도인에게서 통소를 배워 조금 불 줄 압니다. 도인의 말에 따르면 통소는 아주 오래 전, 순舜 임금께서 대나무를 잘라 만들었다고 하더군요. 길이가 1척 2촌 되는 대나무에 오행과 12간지 干支를 안배해 오음五音을 드러내고 천지의 운행을 조절했다고 합니다. 뒤에 순 임금께서 개량했는데, 이 때부터 퉁소와 관련된 많은 아름다운 고사들이 생겨났습니다. 전설에 따르면 순 임금께서 만든 퉁소를 부니까 봉황이 날아와 우아한 자태를 드러내고, 공작이 꼬리를 활짝 펴고, 백학이 춤을 추었다는군요.

'즐거울 때 퉁소 소리를 들으면 더욱 즐거워지고, 슬플 때 퉁소 소리를 들으면 더욱 슬퍼진다' 는 말이 있습니다. 지금은 가을이 깊어 풀과 나뭇잎이 모두 지고, 찬바람이 쌩쌩 불어서 추위에 몸을 움츠립니다. 고향을 멀리 떠나 오랫동안 전쟁터를 누빈 사람이라면, 누구나 저절로 슬프고 비통한 느낌이 들게 될 것입니다. 장수에서부터 일개 졸개에 이르기까지 예외 없이 말입니다. 야심한 시각이 되면 항우의 본진 근처를 향해 수심이 깊고 애절한 가락으로 퉁소를 불어대는 겁니다. 애간장이 녹고 마음이 심란하도록 말이죠. 8,000 정예병사의 사기요? 우리의 원수께서 화살을 쏘지 않고도 충분히 이 전쟁에서 승리를 거둘 수 있게 될 겁니다. 그 퉁소 소리를 듣는다면 분명 저들의 마음이 산산이 흩어지게 되겠죠. 틀림없이 그럴 겁니다."

한신은 장량의 계책에 감탄을 금치 못했다. 날이 밝자 한신은 항우와 직접 교전하지 말라는 엄명을 하달했다. 그리고 포위망을 뚫고 달아나지 못하도록 여러 곳에 전투용 수레를 배치하고, 병사를 증강 배치하고, 초소를 증설하고, 함정을 파라고 명했다. 모든 장군과 장교는 한신의 추상같은 명령에 바짝 긴장했다.

한나라 군대가 공격을 시도하지 않자 항우도 성 밖으로 출전하지 않았고, 그렇게 사흘이 흘렀다. 그러자 계포와 항백이 항우를 찾아와 함께 의논했다.

"이제 군량미도 바닥나고 말이 먹을 여물도 떨어졌습니다. 병사들이 남몰래 불만을 토로하는 등 형세가 너무 어렵습니다. 바로옵건대, 대왕께서는 8,000명의 정예군을 이끌고, 신들은 각 진영의 병사를 거느려 함께 힘을 모아 포위망을 뚫어보는 게 어떻겠습니까? 형주荊州, 양양襄陽으로 피신하시거나, 또는 강동으로 갔다가 훗날을 도모하시는 것이 좋을 듯합니다."

"사람도 말도 먹을 게 없으면 적과 싸울 수 없지요. 죽을 각오로 포위망을 뚫는 수밖에 없군요. 그런데 한나라 군대가 겹겹이 포위망을 치고 있으니 탈출하기가 어려워 보입니다."

계포가 말했다.

"8,000명의 용맹한 정예군은 오랫동안 대왕을 따랐습니다. 충성심이 남다르고 전투력도 뛰어나 가는 곳마다 승리를 거두었죠. 한나라 군대가 저들을 대적할 수는 없을 겁니다. 대왕께서 정예군을 거느리고 앞장서시면 저희가 휘하부대를 인솔해 뒤를 끊겠습니다. 틀림없이 포위망을 뚫을 수 있을 겁니다."

의논을 마친 항우는 즉시 전군에 명령을 내렸다.

"오늘은 푹 쉬고 내일 나와 함께 포위망을 뚫는다! 모든 병사는 전력을 다해 앞으로 돌진하라! 후퇴는 용납하지 않겠다!"

명령을 하달받은 병사들은 두려운 마음으로 끼리끼리 모여 불만을 털어놓았다.

"오랫동안 전쟁터를 좇아다니는 통에 옷에 구멍이 났지만 기우지도 못했잖아? 먹을 것도 떨어지고 날씨도 추운데, 무슨 수로 한나라 포위망을 뚫느냐고!"

황혼이 지나고 초경 무렵에 이르자, 바람 부는 소리와 낙엽이 구르는 소리만 들릴 뿐 사방이 고요했다. 초나라 군사들은 삼삼오오 모여 허기와 추위를 달래면서 한숨을 쉬었다.

그 때 높은 산 위에서 바람을 타고 통소 소리가 들려왔다. 우는 듯하면서 하소연하는 듯한 통소 소리는 높고 낮게, 때론 길고 짧게 이어지며 쓸쓸한 바람 소리와 뒤섞였다. 심경이 착잡하던 군사들은 통소 소리에 귀를 기울이다 슬픔에 잠겼고, 슬픈 마음에 또다시 통소 소리에 귀를 기울였다.

장량은 계명산鷄鳴山 기슭을 따라 구리산에 닿을 때까지 계속해서 통소를 불었다. 곡이 바뀔 때마다 슬프고 애절한 가락과 비통하고 처량한 가락이 교대로 흘러나왔고, 사방에 주둔하고 있던 한나라 군사들도 통소 소리에 맞춰 나지막하게 구슬픈 소리를 내며 화답했다. 마침내 초나라 병사들은 눈물을 흘리면서 슬퍼했다. 눈물은 슬픔을 부추기고, 슬픈 마음은 고향을 떠올리게 했다. 도망치면 부모와 처자식을 만날 가능성이 있지만, 여기에 이대로 주저앉아 있으면 꼼짝 없이 죽을 수밖에 없지 않은가?

그렇게 용맹하던 항우의 군사들과 각 진영의 병사들은 사방으로 흩어져 도망치기 시작했다. 그 형세는 흡사 산이 무너져 내리는 듯했다. 그 시간에 항우는 우희虞姬와 함께 잠을 자고 있었고, 장수들은 항우를 깨워서 보고할 엄두도 내지 못한 채 저마다 살 길을 찾아 달아났다. 모든 것이 끝났다고 판단한 종리매와 계포도 달아나는 길을 재촉했고, 항백은 유방·장량과 예전에 맺은 인연을 믿고 유방에게 투항하고 말았다.

그 상황을 목격한 주란周蘭과 환초桓楚는 크게 분노했지만, 무너지는 집을 혼자 힘으로 일으켜 세울 수 있겠는가?

"우리는 대왕의 깊은 은혜를 입었소. 어찌 죽음을 피해 도망치겠소! 도망간 놈들은 정말이지 짐승만도 못한 놈들이오! 아직 남아 있는 병사들을 모아서 대왕의 거처로 갑시다. 대왕을 깨워서 목숨을 걸고 포위망을 빠져나가 후일을 도모하면 됩니다. 대왕과 생사를 함께 하는 일이야말로 대장부가 갈 길이 아니겠소!"

이에 앞서 한신은 군령을 내려서 달아나는 초나라 군사를 가로막지 말라고 지시했고, 그 결과 수만 명의 초나라 병사와 장수는 짧은 시간 안에 모두 흩어지고 말았다.

주란과 환초가 항우에게 달려가 보니, 항우는 영문 밖에 선 채 대경실색하고 있었다.

"한나라 군대가 벌써 우리 군대를 격파했단 말이냐! 왜 우리 병사들이 보이지 않느냐!"

주란과 환초가 눈물을 흘리며 대답했다.

"한신이 사람을 시켜 퉁소를 불게 했고, 한나라 군사들은 그 퉁소가락에 장단을 맞춰 구슬픈 소리로 울부짖었습니다. 그 바람에 우리 군사들이 흩어지고 장수들도 도망치고 말았습니다. 저희 두 사람은 남아 있는 800명의 병사를 모아서 대왕의 지시를 받고자 이리로 달려 왔습니다. 대왕이시여, 어수선한 틈을 타서 공격하면 포위망을 뚫을 수 있을 겁니다. 이러다가 한나라 군대가 들이닥치면 그야말로 속수 무책 아닙니까?"

항우는 아무 말도 하지 않다가 눈물을 흘리기 시작했다. 대세는 이미 기울었고, 이제는 피터지게 싸워도 한나라의 포위망을 뚫기란 불가능했다.

'우리는 결국 전멸할 테지…. 이렇게 초와 한의 쟁패가 마감되고 유방이 천하를 통일하는구나….'

●●● 사람에게 가장 약한 곳은 마음이다

흔히 남자의 높은 기상도 여자의 사랑을 이겨내지 못한다고 말하는데, 그 이유는 무엇일까? 마음이 움직이면 약점이 노출되어 상대방이 그 약점을 파고들기 때문이다. 장량은 사람의 이런 특징을 십분 활용해 사면초가의 계책을 써먹었다. 즉 고향을 생각하는 사람의 심리를 이용해 적군의 마음을 동요시키고 적군의 투지를 꺾어놓았다. 그 결과 초나라 군대는 단번에 무너졌으니, 일세의 영웅 항우는 노랫가락에 의해 패망하고 만 셈이다.

초나라와 한나라의 전쟁이 막바지에 이르자 형세는 점점 유방劉邦에게 유리해졌다.

한신이 제나라를 점령할 즈음 유방과 항우는 광무산廣武山에서 한 치의 양보 없이 대치하고 있었다. 조구曹咎가 장량의 계책에 휘말려 죽자, 유방은 재빨리 군대를 증파해 성고成皐와 형양滎陽의 전략요충지를 차지했다. 그 동안 항우는 팽월을 격퇴시키고 잃었던 땅을 되찾았다. 그러나 팽월의 부대는 별다른 타격을 입지 않았는데, 미리 세운 계책에 따라 적당히 싸우는 척하다 이내 퇴각했기 때문이다.

*유방 劉邦(BC 247?~BC 195) 한漢나라의 건국자이며 시호는 고조高祖

성고가 함락당하고 조구가 자살했다는 소식을 들은 항우는 곧장 종리매를 선봉장에 임명해 대군을 이끌고 성고로 향했다.

유방은 대군을 불러들여 종리매의 선봉부대를 형양 동쪽에서 포위했다. 종리매 부대는 장수와 병졸이 적은데다 먼 길을 오느라고 지친 탓에 한나라 대군의 공격을 감당해 내기엔 역부족이었다. 종리매의 부대가 붕괴할 무렵 다행히 항우가 이끄는 대군이 도착했다. 항우는 한나라 군대를 물리쳐 종리매를 구한 다음 광무廣武로 진군해서 골짜기를 사이에 두고 한나라 군대와 대치했다.

광무는 산과 골짜기가 많은 곳인데, 형양에서 동북쪽으로 20리 거리에 있었다. 광무산은 높고 험준했다. 광무산의 개천 중 하나가 광무천이며, 광무천을 끼고 두 개의 산봉우리가 마주보고 있는 거리는 불과 50m 정도였다.

서쪽 산봉우리에 자리를 잡은 유방은 산세를 이용해 견고한 성벽을 쌓고, 곳곳에 붉은 깃발과 병장기를 배치했다. 그리고 중군 진영에는 유劉자가 새겨진 큰 깃발을 내걸었다. 항우도 동쪽 산봉우리에 돌로 담을 쌓고, 칼과 창을 배치하고, 중군 진영에는 항項자가 새겨진 큰 깃발을 내걸었다. 양쪽 군대는 그렇게 대치한 채 서로 노려만 볼 뿐 공격을 감행하지 않았다.

그런데 유방군의 식량보급에는 별 문제가 없었지만, 항우군의 식량보급은 원활하지 못했다. 남쪽 지방에서 운반해 오는 항우군의 군량미는 번번이 팽월 부대의 공격을 받아 시간이 지연되거나 약탈당하고, 불에 타 소실되기도 했다. 시간이 지날수록 상황은 항우군에게 불리해졌다. 유방은 인내심을 갖고 지금처럼 대치상황을 유지하면 굳이 싸우지 않고도 이길 수 있다고 판단했다.

항우는 군량미 문제를 해결하기 위해 항백과 종리매를 불러 의논했다.

"지금 양쪽의 군사가 대치하고 있는데, 우리는 식량이 부족해 오래 버틸 수 없소. 좋은 의견이 있거든 말해 보시오."

항백이 말했다.

"몇 년 전 유방의 아버지 유태공劉太公을 사로잡았는데, 그를 불러서 유방에게 편지를 쓰라고 하시오. 군대를 철수하면 유태공을 놓아준다는 내용으로 말이오. 만약에 유방이 거절하면 유태공을 죽이는 거요. 자연히 유방은 만고의 죄인이 되니, 이는 백만 대군 부럽지 않은 계책이오."

항우는 항백의 의견대로 팽성에 있던 유태공을 불러왔다.

"유방이 계속 군사를 일으켜 나에게 항거하는데, 어째서 당신의 처지는 생각하지 않는지 모르겠소. 유방에게 편지를 쓰라고 불렀소이다. 군대를 철수시키고 전쟁을 중지해라, 그러면 내가 당신과 아내를 보내준다는 내용으로 써요. 당신 생각은 어떻소?"

"유방, 그놈은 어릴 때부터 욕심이 많고 여색을 밝혔습니다. 부모와 처자식은 안중에도 없었죠. 보시다시피 제 욕심만 채우려고 하지, 여기에 있는 애비는 나 몰라라 아닙니까? 제가 편지를 써도 아무 소용이 없을 텐데요."

"그래도 일단 써서 보내시구려. 유방이 어찌 하나 두고 봅시다."

유태공이 마지못해 편지를 써서 건네주자 항우는 죽 훑어보았다.

"이 편지를 보고도 철수하지 않으면 유방은 사람 옷을 입은 짐승이나 마찬가지일 거요."

항우는 곧 사람을 시켜서 유방에게 편지를 보냈다.

초나라 사신이 아버지의 편지를 갖고 왔다는 전갈을 받고 유방은 장량과 진평陳平을 불러 의논했다. 먼저 장량이 말했다.

"태공께서 편지를 보내셨는데, 이는 항우의 계략입니다. 우리가 철군하게끔 만들려는 수작이지요. 대왕께서는 편지를 보고 우시면 안 됩니다. 그 대신 이렇게 하십시오."

유방은 술이 덜 깬 모양새를 하고 아버지의 편지를 읽었다. 그러고는 몽롱한 눈빛으로 사신을 바라보면서 중얼거렸다.

"나와 항왕이 함께 회왕懷王을 섬길 때 결의형제를 맺었지. 그러니 내 부모님이 곧 그의 부모님이야. 아버님께서 초나라 땅에 계시지만, 나와 함께 여기 있는 것과 똑같은 셈이지.

굳이 이쪽저쪽 따질 필요가 있나? 만약 항왕이 아버님을 죽이면, 사람들이 나만 욕하지는 않을 걸? 항왕도 욕 먹을 거야. 전에 항왕이 의제義帝를 죽였잖아? 아직까지도 제후들이 그 일을 두고 이를 갈고 있는데, 또 내 아버님을 죽이겠다고? 사람들이 욕하는 건 겁나지 않는다, 이건가? 맹자께서 '다른 사람 아버지를 죽이면, 그 사람도 네 아버지를 죽인다'고 말씀하셨거늘, 사신 양반, 돌아가거든 우리 아버님께 전해 주시구려. 항왕과 함께 있지만 내 옆에 있는 것처럼 편안히 지내시라고…."

유방이 졸린 듯 눈을 감자 두 여인이 부축해 데리고 나갔다.

사신이 돌아와서 항우에게 그 일을 고하자 먼저 항백이 말했다.

"하는 꼴을 보니 유방도 큰 인물이 되기는 글렀군! 대왕, 전투 준비를 하십시다. 유방은 우리를 이길 수 없어요."

"유방! 술주정뱅이 같은 놈! 부모와 처자식을 헌신짝처럼 여기는군. 그런 놈과 어떻게 시시비비를 가릴 수가 있겠소? 내게 좋은 생각이 있소이다."

항우는 산꼭대기에 반듯한 단을 쌓고, 그 위에 큰 도마를 마련한 다음 늙은 유태공을 도마 위에 올려놓으라고 지시했다. 모든 준비가 끝나자 항우는 여러 장수를 데리고 산 위에 올라가 큰 소리로 외쳤다.

"유방에게 나오라고 전해라! 할 말이 있다!"

한나라 군사들이 이 사실을 보고하자 유방은 목놓아 울었다.

"이렇게 살아 있으면서도 부모님을 편히 모시지 못하니, 이 일을 어쩌면 좋단 말이냐! 천하의 패권을 다툰답시고 오히려 부모님에게 고통을 안겨주고! 안 되겠다, 싸움을 멈추고 철군해야겠다! 그러면 내 아버님이 돌아올 수 있지 않겠느냐!"

그러자 장량과 진평이 황급히 나서며 말렸다.

"대왕, 그럴 필요 없습니다. 지금 항우군은 식량이 떨어지고 병사들은 지쳐 있습니다. 그래서 태공을 인질 삼아 대왕에게 협박하는 것입니다. 휴전을 이끌어내려는 술책일 뿐입니다. 주군께서는 조급하게 생각하지 마시고 지혜를 발휘해서 이 난관을 돌파해야 합니다."

"아버님을 도마 위에 올려놓았으니 애통하기 그지없소이다. 천하를 얻지 못해도 좋소이다! 아버님을 구하는 게 더욱 급한 일이외다!"

장량이 조용한 목소리로 말했다.

"철군하더라도 태공을 구할 수 있을지 장담하기 어렵습니다. 독한 마음을 품어야 태공의 안전을 도모할 수 있습니다."

그 때서야 유방은 눈물을 닦고 정신을 차렸다. 유방이 장수들의 호위를 받으며 산 위로 올라가 바라보니, 태공이 몸을 결박당한 채 도마 위에 올려져 있었다.

유방은 칼로 심장을 도려내는 듯한 고통을 느꼈다. 그러나 유방은 마치 그 광경을 보지 못한 사람처럼 태연한 표정을 지었다. 유방을 발견한 항우가 큰 소리로 말했다.

"유방은 들어라! 빨리 투항하지 않으면 네 아버지를 삶아 먹겠다!"

한나라 군사들은 놀란 눈으로 일시에 유방을 바라보았다. 이에 질세라 유방은 침착한 자세로 한 걸음 앞으로 나서면서 외쳤다.

"항우는 들어라! 너와 나는 회왕으로부터 작위를 받으면서 결의형제를 맺었다. 그러니 내 아버님이 곧 네 아버님인 셈이다. 삶은 다음에 잊지 말고 나에게도 한 그릇 보내거라!"

그 말을 듣고 한나라와 초나라의 군사들은 놀란 표정을 지었다. 항우는 유방의 예상치 못한 대답에 할 말을 잃고 말았다. 항우는 '세상에 이런 버러지만도 못한 놈이 있나' 라고 생각하며 손가락으로 유방을 가리켰다.

"너…너…."

그리고 차고 있던 칼을 빼들어 태공에게 달려들었다. 그 순간 항백이 항우 앞을 가로막았다.

"천하의 일이 어찌 돌아갈지 모르니 너무 지나친 일은 삼가시오. 천하를 다투는 사람이 집안을 돌아볼 겨를이 있겠소? 또한 남의 아버지를 죽여봐야 이득될 거 하나도 없고, 원한만 살 뿐이오."

항우는 버럭 화를 냈다.

"전부 집어치워!"

그리고 유방을 가리키며 말했다.

"천하가 대란에 휩싸인 지 벌써 몇 년째냐? 이 모두가 우리 두 사람 때문이다. 온 천하의 백성이 더 이상 고생하지 않도록 오늘 너와 나, 단 둘이 싸워서 결판을 내자!"

유방은 자신이 항우의 적수가 아니라는 사실을 잘 알고 있었다. 유방은 슬며시 미소를 지었다.

"나는 지혜로 겨루고 싶다. 힘으로 싸우고 싶지 않다."

항우는 때려도 얼러도 말을 듣지 않는 악당을 만나자 어쩔 도리가 없었다. 항우는 용감한 병사 세 명에게 나가서 싸우라고 지시했다. 유방의 부하 누번樓煩은 신궁으로 소문이 나 있었다. 그는 백발백중의 솜씨를 지녔으며, 백 보 밖의 버들잎도 쏘아 맞출 정도였다. 누번이 연달아 세 번 활을 쏘자 초나라 병사 셋이 화살을 맞고는 광무천으로 굴러 떨어졌다.

크게 화가 난 항우는 창을 집어들고 말을 몰아 광무천 앞으로 나서 무력을 과시했다.

누번이 보니 말과 사람 모두 그 위세가 대단했다. 눈에는 빛이 번

득이고 목소리는 천둥소리 같은지라 계속 바라보기가 두려울 지경이었다. 누번은 활을 겨누지도 못하고 겁을 집어먹은 채 슬그머니 진영 속으로 숨고 말았다.

항우는 유방에게 손가락질하며 말했다.

"유방, 이놈아! 나와 겨뤄보자! 만약에 네가 이기면 내가 군사를 이끌고 돌아가마!"

유방도 지지 않고 욕을 퍼부었다.

"항우야, 한낱 필부의 용기를 뽐내지 마라! 진나라에 항거한 이래로 네놈은 열 가지 큰 죄를 지었다. 그걸 모른단 말이냐! 나는 의로운 군대를 거느리고, 천하의 제후들과 연합해 백성을 괴롭히는 너를 처단하려고 한다. 너는 죄인들과 어울려 지내는 게 딱 맞다. 무슨 자격으로 나에게 대든단 말이냐!"

그 순간 항우의 눈에서 불꽃이 튀었다. 항우는 더 이상의 말이 필요 없다고 생각했다. 항우가 하늘 높이 말채찍을 휘두르자 광무천에 잠복해 있던 궁수들이 일제히 활을 쏘기 시작했다. 장대비처럼 쏟아지는 화살은 모두 유방을 향해 날아갔다.

말머리를 돌려 달아나던 유방은 가슴에 화살을 맞고 심한 통증을 느꼈다. 순간적으로 유방은 병사들의 동요를 염려하며 오른쪽 다리를 들어올려 손으로 어루만졌다.

"발가락을 맞았어!"

좌우에서 호위하던 무사들은 유방의 의도를 알아차리고 부축해서 본부로 돌아갔다. 군의관은 유방의 가슴 속에 박혀 있는 화살촉을 뽑아내고 상처에 약을 발라 치료했다. 다행히 상처는 깊지 않았다.

유방이 화살을 맞는 모습을 보고 항우는 마음이 흐뭇했다. 그러나 광무천의 깊은 골짜기가 가로막고 있는 탓에 군사를 휘몰아 추격할 수가 없었다. 항우는 한나라 군대가 물러나는 것을 지켜보다가 씁쓸한 심정을 추스리면서 돌아갔다.

그리고 유방의 상처가 어떤지 알아보라고 지시했다. 유방이 침상에 누워 신음소리를 내는데도 장량은 부대 시찰을 나가 군사들의 마음을 진정시킬 것을 강권했다. 유방도 사안의 중대함을 알고 있었다. 유방은 가슴의 상처를 싸매고, 심복 부하들의 부축을 받으면서 수레에 올라 부대를 순시했다. 유방이 시찰하는 모습을 본 한나라의 장수들과 병사들은 비로소 마음을 놓을 수 있었다.

유방이 부대를 순시한다는 소식을 듣고 항우는 크게 실망했고, 부대 순찰을 마친 유방은 비밀리에 성고로 가서 안정을 취했다. 광무산에서 대치하는 동안 유방은 마음 속으로 큰 전쟁을 치렀다. 후대 사람들은 이 일을 두고 유방이 무뢰한이니, 악한이니 말이 많다. 평범한 사람은 악당을 이길 수 없다고 말하는데, 그 반증인 셈이다.

유방이 보여준 일련의 행동은 지극히 지혜로운 처신이었다. 즉 유방은 위기상황에 닥치자 뛰어난 연기력을 과시했다. 백 년, 아니 천년의 세월이 흐르는 동안 유방과 비교할 만한 인물이 몇 명이나 있었다고 생각하는가?

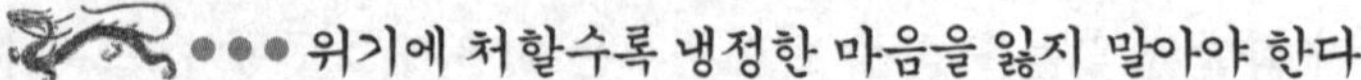

유방은 원래 무뢰한이라서 어느 누구도 그가 황제가 되리라고 생각하지 못했다. 소인배는 이것저것 따지지 않는다. 그렇기 때문에 외부의 자극에 대해 반응속도가 빠르며, 중요한 시기가 닥치면 특별한 재능을 발휘한다. 반면 군자는 이른바 원칙이라는 것에 얽매여 능력을 제대로 발휘하지 못하는 경우가 많다. 이런 연유로 '군자는 소인배를 이길 수 없고, 필부는 무뢰한을 이길 수 없다' 는 말이 생겨난 것이다.

인간이 가장 먼저 고려하는 것은 생명이다. 목숨의 안전을 확보한 다음에는 권세와 이익과 지위를 추구한다. 무측천武側天은 이 같은 인간의 특징을 이용해 사람들의 마음을 휘어잡았다.

장손무기는 무측천과 치열한 권력투쟁을 벌였지만 결국 공신의 작위를 박탈당한 채 검주黔州로 쫓겨났다. 장손무기의 외조카인 양주자사凉州刺史 조지만趙持滿은 맨손으로 맹수와 싸우고 달리는 말을 쫓아가 잡을 만큼 용맹한 사람이었다. 그러나 그 역시 잔혹한 고문을 받고 죽었을 뿐 아니라, 시신 또한 길거리에 뒹구는 비운을 겪었다. 이런

*무측천 武則天(624~705) 당唐 고종高宗의 황후, 고종이 죽은 후 여성 최초로 황제에 등극

조치들을 통해 무측천은 적대세력에게 함부로 날뛰지 말라는 경고를 보냈다. 당대의 재상과 그의 외조카도 생명을 보전하지 못하는 판국에 그 누가 황후와 맞서 싸울 마음을 품겠는가!

이와 같이 무측천은 정치적 지휘봉을 손에 쥐고 시국을 조종하는 데 뛰어난 사람이었다. 처리하기 곤란한 문제가 발생할 때마다 무측천은 자신의 입장을 분명하게 밝혔다.

"내가 무엇을 좋아하고 무엇을 싫어하는지 알고 있는가? 내가 좋아하는 길로 가면 괜찮지만, 싫어하는 길로 가서는 안 된다. 나를 따르면 부귀영화를 누릴 테지만, 나와 대적하면 패가망신을 면치 못할 것이다. 나에게 반대하면 재상도 목숨을 부지하기 어려우며, 나를 옹호하면 하급관리도 재상에 임명될 수 있다."

무측천은 황제 등극을 위한 모든 준비를 마쳤다. 다만 천 년을 이어오던 유가의 이념이 문제였다. 그 문제를 해결하기 위해선 천고에 악명을 남길 각오로 나서줄 사람이 필요했다.

690년 9월 3일, 모든 신하가 머뭇거리고 있을 때 돌연 시어사侍御使 부유예傳游藝가 관중의 백성 900명을 이끌고 상소문을 올렸다. 상소문의 주요 내용은 국호를 당唐에서 주周로 바꾸고, 황제에게 무씨武氏 성을 하사하라는 것이었다. 그런데 직급이 종칠품상계從七品上階에 불과한 부유예가 어떻게 관중 지역에 사는 백성을 900명이나 동원해 상소문을 올릴 수 있었을까? 더욱이 상소문의 내용은 모반죄와 대역죄에 해당하지 않는가?

어떤 목적을 달성하기 위해 그의 배후에서 누군가 꾸민 일이 분명하며, 미리 세운 계획에 따라 조직적으로 움직인 흔적이 명백했다. 부유예의 상소에 대해 무측천은 허락하지 않았고, 죄를 묻지도 않았다. 무측천은 공식적인 언급을 회피한 채 부유예를 정오품상계正五品上階에 해당하는 급사중給事中에 임명했다. 이로써 부유예의 직급은 단번에 열 계단을 뛰어올랐다.

부유예가 상소를 올린 지 채 이틀이 지나기 전, 이번에는 6만 명이 몰려와 새로운 왕조를 세우라고 거듭 간청했다. 왜 사람 수가 급증했을까? 첫째는 부유예가 큰 상을 받은 것을 보고 많은 사람이 고무되었기 때문이며, 둘째는 무측천의 반대자들이 겪은 일을 보고 사람들이 지레 겁을 먹었기 때문이었다. 이처럼 상과 벌은 마술 지팡이처럼 사람들의 마음을 휘어잡았다. 690년 9월 9일, 66세의 무측천은 마침내 황제의 자리에 올라 국호를 주周로 바꾸는 혁명을 단행했다.

왕조를 바꾸는 혁명적인 일을 하자면 신하들의 마음을 휘어잡아야 할 뿐 아니라 민심을 자기 편으로 만들어야 한다. 그러자면 혁명을 단행하기 이전에 미리 폭넓은 여론을 조성해 천하의 인심을 모아야 한다. 그 작업을 위해 무측천은 사상과 신앙의 주류를 형성하고 있던 유학과 불교를 이용했다. 유학은 무측천에게 유리한 혁명이론을 제공해 주었고, 불교는 여자도 군주가 되어 천하를 통치할 수 있다는 인식의 틀을 제공했다.

원래 유학의 원전原典은 여자가 권력을 잡는 일에 반대하고, 괴이하고 신기한 일에 대한 거론조차 금했다. 그런데 후대 유학자들이 천인감응설天人感應說, 오행설五行說, 인격천人格天 개념 등을 도입해서 통치 권력을 합리화하는 데 이용했다. 무측천 또한 이들 도구를 혁명의 여론 확산에 이용했다.

태자에 책봉된 이후 이현李賢은 《후한서後漢書》에 많은 주석을 달았다. 그런데 이는 단순한 역사 연구의 차원에서 이루어진 작업이 아니었다. 동한東漢 때에는 황제 모친의 수렴청정이 흔했는데, 범엽范曄은 《후한서》에서 지면을 할애해 그 문제점을 다루었다. 이현이 《후한서》에 주석을 가한 의도는 짐작이 가고도 남는 일이다.

무측천은 혁명이 순조롭게 진행될 수 있도록 관리를 대상으로 한 세뇌교육에도 심혈을 기울였다. 일례로 무측천은 《신궤臣軌》의 서문을 직접 집필했다. 《신궤》는 북문학사北門學士들이 무측천의 이름으로 저술한 책이다. 《신궤》는 효孝를 가장 중시하면서, 효와 충忠은 서로 대립하는 개념이 아니라고 강조한다. 무측천의 명에 따라 만들어진 《성씨록姓氏錄》의 기본정신은 대가족제도이며, 가장은 물론 무측천이었다. 《성씨록》을 통해 무측천은 자애로운 어머니의 목소리로 자신의 신하들에게 더불어 살기를 권유했다.

천인감응설에 따르면 임금이 나라를 잘 다스릴 경우, 하늘이 그에 대한 보답으로 상서로운 징조를 내려준다고 한다. 무측천이 황후가 된 이후 당나라에는 상서로운 징조가 끊임없이 나타났다. 황하에서 녹색 털이 달린 거북이가 출현하고, 물 속에서 갑자기 붉은 보석이 나타나기도 했다. 사람들은 이것들을 어김없이 나라에 바쳤다. 그럴 때마다 무측천은 조금도 괴이하게 여기지 않았다.

또한 무측천은 천추天樞, 명당明堂, 구정九鼎, 초신肖神 등의 미신과 관련된 건축물과 구조물을 많이 만들어 신비한 분위기를 연출했다. 무측천은 미신적 수단에 의지해 자신이 하늘의 지지를 받는 성스러운 존재라는 점을 백성과 관리 들에게 각인시켰다.

이와 관련해 이군선李君羨 사건은 무측천에게 좋은 빌미를 제공해주었다. 개국공신 이군선이 현무문에서 당직을 서던 날 태백성太白星(금성)이 백주 대낮에 나타났다. 이에 태사太史가 점을 치더니 '여자 임금이 일어날 징조'라고 풀이했다. 당시 저잣거리에서도 '당나라 3대 황제 뒤에 무씨 성을 가진 여인이 천하를 차지한다'는 유언비어가 나돌고 있었다. 이세민은 그 일을 몹시 언짢게 여겼다. 뒷날 이세민은 이군선의 어릴 적 이름이 오낭五娘(娘은 여인을 지칭하는 말—옮긴이)인 것을 알고는 태사의 점괘와 민간에 떠도는 말을 상기했다. 결국 이세민은 다른 일을 핑계 삼아 이군선을 죽이고 말았다. 무측천이 황제가 되자 이군선의 식구들은 궁궐로 몰려가서 억울함을 풀어달라고 탄원했다. 무측천은 이 일을 기념하는 글을 짓는 한편, 이군선을 복위시켜주고 다시 장례를 치르도록 허락했다.

새로운 제국의 정신적 지주는 불교였다. 도교道敎는 당나라 황실의 조상인 노자老子를 섬기는 종교이므로 무측천이 활용하기에는 한계가 있었다. 유교는 이미 여러 모로 널리 통용되고 있었지만, 정통 유가는 근본적으로 여자 임금에 반대하는 입장이었다. 모친의 영향을 받아 어릴 때부터 불교를 독실하게 믿어온 무측천은 날이 갈수록 더욱더 불교에 의지했다.

무측천의 정부였던 설회의薛懷義는 《대운경大雲經》에서 '여자 임금이 태어나서 성불한다'는 문구를 발견했다. 설회의는 예전의 번역본에 억지에 가까운 주석을 덧붙여 무측천이 황제가 되는 것은 불교의 예언에 부합하는 일이라고 선전했다. 설회의 일당은 한 걸음 더 나아가 남북조南北朝 이래의 수법을 모방해 무측천을 미륵불彌勒佛이라고 추켜세웠고, 무측천은 그 의견에 동의했다. 무측천의 불교로부터 혁명과 통치를 위한 정신적 기반을 제공받는 것이 목적이었다.

●●● 네 목숨을 바라지는 않는다, 다만 네 마음을 잡아두련다

'약자로서 강자와 권력투쟁을 벌일 때 도와주는 사람도 적었다', '아버지 태종의 후궁이었다가 아들 고종高宗의 황후가 되었으니 인륜에도 어긋났다', '여자로서 황제가 되었으니 전통윤리도 훼손시켰다.'

무측천은 시대와 전통의 벽에 맞서 싸웠다. 무측천의 입장에서는 사람들의 마음을 휘어잡고 함께 나아가도록 만드는 것이 시급한 과제였다. 이에 대한 해법으로 무측천은 중대한 고비를 만날 때마다 자신의 입장을 분명하게 천명하고, 일을 시작하기 전에 미리 여론을 조성했다.

주원장의 낭심狼心

권력에 눈이 멀어 악랄한 마음을 품다

주원장朱元璋은 황제에 등극하기 이전부터 악랄한 모습을 보였다. 1362년 12월에 원元나라 조정은 주원장을 강서행성평장江西行省平章에 책봉하기로 결정하고 호부상서戶部尙書 장창張昶, 낭중郎中 마합모馬合謀, 주차奏差 장련張璉에게 황제의 조서를 주원장에게 전하게 했다. 그 소식을 듣고 주원장은 사람을 보내 장창 일행을 영접했다. 그런데 주원장이 보낸 사람은 미리 받은 지시에 따라 응천성應天城 밖에서 장창 일행의 옷을 벗긴 다음 성 안으로 데리고 들어갔다. 장창 일행이 성 안으로 들어오자 주원장은 다시 옷을 내주라고 명령했다. 장

*주원장朱元璋(1328~1398) 명明나라 초대 황제

창 등이 감사 표시를 하지 않자 주원장은 버럭 화를 냈다.

"원나라 조정은 세상이 어떻게 돌아가는지도 모르잖아! 그런 주제에 너희들을 보내서 내 군사와 백성을 꼬드겨?"

주원장은 장창 등을 끌고나가서 목을 베라고 명령했다. 장창은 입을 다문 채 아무 말도 하지 않았지만, 마합모는 계속 욕을 퍼부었다.

주원장은 몰래 장창에게 조정의 상황을 캐물었고, 장창은 솔직하게 대답해 주었다. 주원장은 장창을 살려두기로 마음을 굳히고, 해질 무렵 형을 집행할 시간이 되자 장창을 대신한 다른 사형수와 함께 마합모·장련을 참수했다. 그러고는 참수형을 집행한 회자수劊子手와 감독관마저 죽여버렸다. 며칠 후 주원장은 웃으면서 송렴宋濂 등에게 말했다.

"원나라 조정에서 매우 현명한 사람을 나에게 보내주었소이다. 향후 그 사람과 함께 의논해 일을 처리하시오."

송렴 등이 누구인가 보니 바로 참수형을 당한 장창이었다.

황제가 된 후, 주원장은 조금이라도 불복종하는 신하들을 용납하지 않았고, 그런 기미가 보이면 가차없이 제거했다. 1369년 그는《맹자》에 있는 '백성이 귀중하며, 임금은 백성에 비해 덜 중요한 존재다'라는 문구 때문에 크게 분노했다. 그는 즉시 영을 내려 문묘文廟에서 맹자의 동상을 철거하고, 어느 누구도 맹자에게 제사를 지내지 말라고 지시했다.

유생의 입장에서 볼 때 그 명령은 조상의 묘를 파내라는 것과 다름없었다. 형부상서 전당錢唐은 죽음을 무릅쓰고 간언하기로 결심했다.

주원장은 다시 영을 내려 맹자를 위해 간언하는 자는 자신이 직접 활을 쏘아 죽이겠다고 으름장을 놓았다. 전당은 내시를 통해 주원장에게 말했다.

"신이 맹자 때문에 죽는다면, 죽어서도 영광으로 생각하겠습니다."

말을 마친 전당은 내시들을 밀치며 봉천전奉天殿 방향으로 내달렸고, 내시들도 전당의 말을 전하기 위해 주원장에게 달려갔다. 잠시 후 노기충천한 주원장이 두 손으로 활시위를 당긴 채 전당을 뒤쫓기 시작했다.

거리가 점점 좁혀지자 주원장은 활을 쏘아 전당의 왼쪽 어깨를 맞추었다. 전당은 잠시 비틀거리더니 다시 똑바로 서서 계속 앞으로 달렸다. 주원장은 다시 활을 쏘아 전당의 오른쪽 어깨를 맞추었다. 주원장은 전당이 겁을 먹고 뒤로 돌아서리라고 생각했다. 그러나 전당은 위축된 기미를 전혀 보이지 않았다. 분을 이기지 못한 주원장은 마침내 전당의 가슴을 겨냥해 활시위를 당겼다. 전당은 화살을 맞고 그 자리에서 넘어졌다. 전당은 이를 악문 채 주원장에게 기어갔다. 전당이 깊은 상처를 입고도 의연한 모습을 보이자, 주원장은 왠지 모를 두려움을 느꼈다. 주원장은 활을 땅바닥에 팽개치면서 내시에게 말했다.

"데려가서 치료해 줘라."

갖은 우여곡절 끝에 맹자는 다시 문묘에 들어가 제삿밥을 얻어먹을 수 있었다. 그러나 임금을 경시하고 백성을 중시한 《맹자》의 문구는 삭제당하고 말았다.

공신들을 죽이는 과정을 살펴보면 주원장이 얼마나 악랄한지 알수 있다. 유기劉基는 주원장의 모사꾼으로 활동하며 수많은 공을 세웠다. 그러나 명明나라가 건립되자, 그는 세인의 시기와 비방을 피하기 위해 일체의 권세를 마다하며 살았다. 하지만 주원장은 그에 대한 경계심을 풀지 못했다.

'그는 신비할 정도로 하늘과 인간의 일을 꿰뚫어보는 인물이 아닌가? 나를 보좌하면서 얼마나 신묘한 계책을 내놓았던가? 자신을 위해서도 그런 술수를 부릴 게 아닌가? 차라리 제거해서 이런저런 번거로움을 피하는 게 낫지 않을까?'

유기는 이미 64세의 노인으로 행동거지도 자유롭지 못하고 온몸에 병색이 완연했다. 어느 날 유기와 갈등관계에 있던 재상 호유용胡惟庸이 병문안을 갔는데, 그 때 주원장은 어의를 데리고 가 치료해 주라고 당부했다. 어의가 지어준 약을 먹고 유기는 서서히 배가 팽창하는 듯한 느낌을 받았다. 당황한 유기는 주원장에게 그 사정을 알렸다.

"폐하, 신의 창자가 딱딱하게 굳어서 매우 불편합니다."

그러나 주원장은 유기의 말에 전혀 신경을 쓰지 않았다. 석 달 뒤에 주원장은 유기에게 사람을 보내 안부를 물었다. 사자는 돌아와서 유기의 병이 호전될 가망이 없다고 보고했다. 그러자 주원장은 유기에게 짤막한 조서를 내려 집으로 돌아가 병을 치료하라고 지시했다. 1375년 3월, 집에 도착한 유기는 곧 만성 약물중독으로 사망했다. 그의 나이 65세였다.

무장 가운데 가장 큰 공을 세운 사람은 서달徐達이었다. 그는 주원장보다 네 살 아래로 어릴 적 주원장과 함께 풀을 베고 소를 몰았다. 한 마디로 주원장의 동생이자 심복이었다. 서달은 품행이 정중하고 신중했으며, 중요한 일이 발생하면 언제나 주원장과 의논했다. 그는 큰 공을 세우고도 교만하거나 방자한 행태를 보이지 않았다. 주원장은 늘 그의 인품을 극구 칭찬했다.

"사리에 밝은 사람은 오직 대장군 하나뿐이야."

명나라가 세워진 뒤 서달은 매사에 말을 삼가면서 살았다. 그런데 그의 처 장씨張氏는 성격이 사납고 고집이 드셌다. 어느 날 지체 높은 부인들이 잔치를 벌이는 자리에서 장씨는 마황후馬皇后에게 꼬박꼬박 말대꾸를 했고, 그 일은 곧 주원장의 귀에 들어갔다. 주원장은 서달이 불평불만을 지니고 있기 때문에 벌어진 일이라고 판단했다. 이튿날 주원장은 잔치를 열어서 여러 신하를 초청했는데, 흥이 무르익을 무렵 서달에게 술잔을 내밀었다.

"여자가 나서면 집안이 좋지 않으니, 경卿의 집이 텅 비는 화를 면하도록 해주겠소. 그 일을 축하하는 바요."

서달은 주원장의 말이 무슨 의미인지 갈피를 잡지 못한 채, 재빨리 무릎을 꿇고 주원장이 따르는 술을 마셨다. 그는 두근거리는 마음을 억누르며 연회가 끝날 때까지 자리를 지켰다. 그리고 집으로 돌아가 보니 부인 장씨는 이미 죽어 있었다.

그러나 서달에 대한 주원장의 시기심은 사라지지 않았다. 1384년 서달은 등에 종기가 나는 중병을 앓았다. 이듬해 병세가 호전되는 기미가 보였다. 주원장은 겉으로는 기뻐했으나, 마음 속에는 짙은 구름이 드리워져 있었다. 어느 날 주원장이 어의를 불렀다.

"위국공魏國公이 앓는 병에 걸리면 무슨 음식을 삼가야 하느냐?"

"삶은 오리를 먹으면 절대로 안 됩니다."

며칠 후 주원장은 서달에게 음식을 하사했다. 서달이 그릇을 열어보니 삶은 오리가 들어 있었다. 서달은 미친 사람처럼 오리를 먹어치웠고, 가족들은 내시가 버티고 있는 까닭에 울음을 참아야 했다. 그로부터 얼마 후 서달은 눈을 감았다.

가장 비참한 최후를 맞은 공신은 부우덕傅友德이었다. 그는 젊은 시절부터 줄곧 주원장을 따른 인물로서 용감하면서도 병법에 밝아 큰 공을 세웠다. 남옥藍玉의 사건(명나라 무장 남옥은 모반죄로 처형당했는데, 이에 연좌된 자가 1만 명에 달해 이를 '남옥의 옥獄'이라 한다—옮긴이) 이후 살아남은 공신은 그리 많지 않았다. 그 때부터 주원장은 부우덕을 주목하기 시작했다. 부우덕의 두 아들은 무예에 뛰어났는데, 주원장은 그들을 잡아들여 참수시켰다. 1394년 11월 29일 주원장이 연회를 열었다. 연회장으로 들어가던 주원장은 호위임무를 맡은 부우덕의 아들 부양傅讓이 규정을 어기고 칼 주머니를 차지 않은 것을 발견하고는 얼굴에 노기를 띠었다.

'규정을 소홀히 여기다니, 무례한 놈이군.'

주원장은 부우덕에게 두 아들을 데려오라고 지시했다. 부우덕이 전전긍긍하면서 밖으로 나가 대전大殿 입구에 다다르니, 호위무사가 주원장의 말을 전했다.

"두 사람의 수급을 가져오라고 하십니다."

부우덕이 두 아들의 머리를 들고 나타나자, 주원장이 질문을 던졌다.

"나를 원망하느냐?"

부우덕은 길길이 뛰면서 외쳤다.

"이놈아, 처음부터 우리 부자의 머리를 노리지 않았느냐? 내가 이렇게까지 했는데도 만족하지 못하겠다는 말이냐!"

그 자리에서 부우덕은 스스로 목숨을 끊었다.

주원장에게는 권력과 이익이 가장 중요했고, 이를 해치거나 위협하는 사람은 모두 적으로 여겼다. 공신은 물론 친척도 예외일 수 없었다. 이문충李文忠은 주원장의 외조카로 열두 살에 모친을 여의고, 그로부터 2년 뒤 주원장에게 몸을 의탁했다. 당시 이문충은 주원장이 화려한 옷을 입고 있는 것을 보고 옷을 잡아당기며 떼를 썼다. 그 모습을 보고 주원장은 흐느껴 울었다.

'아, 이 아이가 나를 부모로 여기나 보구나!'

이문충은 용감하면서도 기지가 있어서 대장감으로 인정받았을 뿐 아니라 실제 적잖은 공을 세웠다. 1370년 그는 조국공曹國公에 책봉되었고, 동시에 대도독부大都督府 좌도독左都督에 임명되었다. 그의 나이 불과 31세였다.

이문충이 어리고 평범하던 시절에는 주원장이 그를 찾아가 위로하고 가르쳐주었다. 그러나 이문충이 능력을 발휘하며 출세가도를 달리자, 주원장은 마음 속으로 그를 시기하기 시작했다. 자신의 아들은 외조카에 비해 능력이 모자랐고, 어느 한 구석도 이문충보다 뛰어난 자질이 보이지 않았기 때문이다. 훗날 주원장은 이문충이 아무도 모르게 장사성張士誠에게 투항하려 했던 사실을 알고 그를 죽일 마음을 품었다. 어느 날 이문충이 간언하자 주원장은 버럭 화를 냈다.

"누가 너에게 그런 말을 하라고 부추겼느냐?"

이문충이 집으로 돌아가자 주원장은 그의 참모들을 모두 잡아다 죽였다.

1383년 12월, 하루하루 두려움에 떨며 지내던 이문충은 마음에 병을 얻어 자리에 눕고 말았다. 이듬해 초 병문안을 온 주원장에게 이문충은 장사성의 일을 털어놓으려고 했다. 그러나 주원장은 그 말을 가로막았다. 그로부터 3일 후 30년 간 전쟁터를 누비며 호령하던 대장은 마침내 숨을 거두고 말았다. 그 소식을 듣고 조정은 놀라움을 금치 못했다. 그의 갑작스런 죽음을 놓고 신하들은 대부분 고개를 갸우뚱거렸다. 게다가 주원장은 느닷없이 이문충을 간병하던 의원과 가족 100여 명을 잡아다가 모두 참살했다.

●●● 마음은 호랑이나 표범 같고, 손은 강철과 같다

큰 일을 이룬 사람은 대개 마음 씀씀이가 악랄하다. 또한 역대 황제 가운데 주원장만큼 옛정을 돌아보지 않고 악행을 저지른 인물도 드물다. 그는 왕조의 안정을 위해, 그리고 마음 속 의혹을 해소하기 위해 수많은 공신을 죽였다. 그럴 때마다 지난날의 공로와 우정은 결코 돌아보지 않았다. 비록 명나라 건국에 공을 세운 공신과 친척을 제거하는 일에는 성공했지만, 결국 주원장은 천고에 씻지 못할 악명을 남기고 말았다.

강희제康熙帝는 어릴 때부터 유가의 서적을 탐독했다. 특히 《상서尚書》를 좋아해서 그 영향을 많이 받았다. 그는 인격수양에 각별한 주의를 기울이는 한편 부지런히 정사를 돌보았다. 또한 절약에 힘쓰고 자신을 엄격하게 다스린 결과 역대 성군聖君의 한 사람으로 추앙받았다. 1691년에 강희제는 다음과 같은 말을 남겼다.

"30년 동안 나라를 다스리면서 아침 일찍 일어나서 밤늦게 잠자리에 들었고, 상소문이 올라오면 즉시 답했으며, 긴급한 일이 생기면 새벽까지 등불을 밝히며 해결방안을 찾았다."

*강희제 康熙帝(1654~1722) 청淸나라 제4대 황제

이 말은 결코 허풍이 아니다. 강희제와 관련된 사서史書를 보면, 강희제가 오른손에 병이 나 글씨를 쓰지 못할 때도 다른 사람을 시키지 않고 왼손으로 글을 썼다는 기록이 있다. 그는 검소하게 생활했기 때문에 황궁의 각종 비용이 예전에 비해 뚜렷하게 줄어들었다. 그가 50세 되던 해에 조정 신하들이 만수무강을 기원하는 병풍을 선사했다. 하지만 그는 병풍에 씌어진 시를 필사한 뒤 곧바로 병풍을 돌려주었다. 이처럼 그는 자기 자신을 엄격하게 단속했다.

강희제는 모범이 될 만한 신하를 양성하는 데도 힘을 기울였다. 우성룡于成龍과 부자탑傅剌塔은 청렴한 관리로 이름이 높았고, 그들의 영향을 받아 여러 지방에서 청렴한 총독總督들이 출현했다.

강희제는 자신에게는 엄격했지만 신하에게는 비교적 관대했다. 이와 관련해 그는 여러 가지 말을 남겼다.

"천하를 다스리려면 화평和平이라는 말을 소중하게 간직해야 한다."

"나라를 다스리는 요체는 너그러움이다."

"관대하고 어진 정신으로 천하를 다스려야 한다."

"정치의 근본은 관대함과 너그러움이다."

"관대하고 어질며, 억조창생에게 믿음을 심어야 한다."

"군왕의 책무는 안정을 이루는 데 있다. 기이한 일을 조성하지 말아야 하며 자랑 삼아 떠벌려서도 안 된다."

강희제는 백성의 부담을 덜어주는 일에도 주의를 기울였다. 그 결과 한 해에 여러 성省이 한꺼번에 세금을 면제받기도 했다. 어떤 성은 연거푸 여러 해 동안 세금을 면제받기도 했다. 강희제가 재위한 49년 동안 면제해 준 세금이 백은白銀으로 1억 냥에 달했다.

문제가 있는 관리에 대해서도 강희제는 징계보다 교육을 강조했다. 총독과 순무巡撫가 전국 각지의 부임지로 떠날 때마다 그는 당부의 말을 잊지 않았다.

"지방의 안정은 여러 모로 복된 일이오. 탐관오리에 대해서는 먼저 가르치고, 그래도 못된 버릇을 고치지 않으면 엄중 문책하시오."

강희제는 고급 관료들을 세심하게 관찰하면서도 처벌을 무겁게 하지는 않았으며, 경우에 따라서는 너그럽게 용서해 주기도 했다.

광서순무 학욕郝浴이 은 9만 냥을 횡령했을 때, 강희제는 학욕이 그 동안 '청렴한 자세로 공무를 수행하고 백성을 아낀' 점을 인정해 그 돈을 추징하지 않았다. 호부戶部의 관리 170명이 은 64만 냥의 공금을 유용한 사건이 일어나자, 강희제는 크게 진노하면서 모든 수뢰자를 파면시켰다. 그러다가 전후 사정을 따져보고는 호부상서 희복납希福納만을 파직한 채 나머지 사람에 대해서는 변상의 책임만을 물었다.

말년에 이르러 강희제는 관리들에게 더욱 너그러운 자세를 취했다. 그 결과 탐관오리에 대한 질책이나 탄핵마저도 너무 가혹한 처결이라고 인식할 지경에 이르렀다.

강희제는 청淸나라에 반대하는 한족漢族 지식층을 관대하게 다루었다. 강희제 재위기간에는 두 번의 문자옥文字獄(어떤 글과 말도 쓰지 못하게 하는 지식인 탄압정책—옮긴이)이 발생했다. 명나라 역사를 둘러싸고 일어난 명사안明史案은 오배鰲拜가 권력을 쥐고 있을 때 일어난 문자옥으로서 당시 열 살이 안 된 강희제와 직접 관련이 없다. 그리고 강희제 만년에 대명세戴名世가 쓴 《남산집南山集》이 불씨가 되어 두번째 문자옥이 발생했다.

강희제는 민심을 다독거리기 위해 관대하고 너그러운 정치를 베풀었으며, 그 덕분에 청나라의 정치와 사회는 좋은 방향으로 발전해갔다.

●●● 어진 자세로 나라를 다스리면 천하무적이다

강희제는 사후에 성조인황제聖祖仁皇帝라는 시호를 얻었다. '인仁' 이라는 글자는 강희제가 나라를 다스린 행적을 단적으로 보여준다. 인정仁政은 유가의 정치적 이상이자 목표다. 중국 황제들 가운데 시호로 인仁을 얻은 인물은 매우 드물다. 오직 강희제 한 사람만이 인의 정수를 깨닫고 성공적인 인정仁政을 베풀었다.

전쟁터는 생사가 걸린 곳이다. 그 곳에서는 매 순간 삶과 죽음이 교차한다. 그러므로 겸손이나 거짓이 조금이라도 섞여서는 안 된다. 역대 걸출한 병법가들은 한결같이 군대와 군사를 거느릴 때 진실한 마음과 믿음이 얼마나 중요한 작용을 하는지 잘 알고 있었다. 《신궤》〈양장편良將篇〉에 다음과 같은 구절이 있다.

"장수에게 성실함과 믿음이 없으면 병사들이 용감하게 싸우지 않는다."

《백전기략百戰奇略》〈신전편信戰篇〉에는 다음과 같은 구절이 있다.

*증국번 曾國藩(1811~1872) 청淸나라 말기 정치가

"윗사람이 믿음을 심고 진심을 보이면 아랫사람이 모든 것을 맡기고 의심하지 않는다. 그런 군대는 백전백승이다."

척계광戚繼光(명나라 명장으로 《기효신서紀效新書》라는 병법서를 저술했다—옮긴이)은 다음과 같은 말을 했다.

"진심을 다해서 아랫사람을 대하면 모든 사람이 한마음으로 뭉치며, 따라서 무적의 군대가 된다."

대대로 진실한 마음과 믿음은 장수가 갖춰야 할 미덕인 동시에 부하를 거느리는 방법으로 인식돼 왔다. 증국번曾國藩이 단련團練(중국의 옛 민병조직. 향촌의 치안유지를 위해 토호와 지주가 조직한 무장자위단—옮긴이)을 정비하기 이전 청나라의 정규군은 팔기군八旗軍과 녹영綠營이었다. 두 부대의 전투력은 강하지 않았지만 병사 수가 많았고, 제법 강력한 하급부대를 한둘씩 거느리고 있었다. 단련을 정비하는 일에 착수했을 때 증국번에게는 단 한 명의 병사도 없었다.

당시 호남성에는 일정 수준의 전투력을 갖춘 강충원江忠源의 초용楚勇과 나택남羅澤南 등이 이끄는 상군湘軍이 있었다. 강충원 휘하의 초용은 광서성 사의도蓑衣渡 전투에서 태평천국의 남왕南王 풍운산馮雲山을 죽였다. 그 후 장사성을 지키면서 소조귀蕭朝貴에게 중상을 입혔으며 강서성에서 전공을 세우기도 했다.

처음에는 휘하에 군사가 한 명도 없었다. 하지만 증국번은 훗날 상군과 초용의 정신적 지주로 떠오르면서 각 부대의 움직임을 조율했다. 강충원이 전사한 뒤에는 유장우劉長佑, 소계강 등의 초용을 접수했다. 나택남이 전사한 뒤에는 이속빈李續賓, 이속의, 장익풍蔣益澧,

유등홍劉騰鴻 등의 상군을 접수했다.

상군이 발전하는 과정에서 증국번은 상강지역 출신이 아닌 인물도 장수로 기용했다. 만주족 출신의 탑제포塔濟布, 몽고족 출신의 다륭아多隆阿, 하남성 출신의 이맹군李孟群, 광동성 출신의 저여항褚汝航, 사천성 출신의 포초鮑超, 복건성 출신의 심보정沈葆楨, 안휘성 출신의 이홍장李鴻章, 이한장李瀚章, 이학장李鶴章, 이소경李昭慶 등이 대표적인 인물이었다. 이처럼 증국번은 친족과 지역이라는 틀에 얽매임 없이 마음을 열고 정성을 기울여 인재를 등용했다.

증국번의 명령과 지휘를 받는 상군 장수들은 대부분 향촌 지식층이었다. 그들은 유가의 가르침을 보전하고 흉악한 적을 제거함으로써 공을 세우는 것을 목표로 삼았다. 그들은 증국번과 마음이 잘 통했을 뿐만 아니라, 더 나아가 오직 증국번만을 떠받들었다. 물론 생각이 같다는 이유도 있었지만 그보다는 증국번의 인격과 역량이 그들을 감복시켰기 때문이다. 그런데 그의 인격과 힘의 근원지는 바로 진실한 마음이었다.

증국번은 갓 조직한 지방의 무장집단을 몇 년 안 되는 짧은 기간 안에 청나라 제일의 부대로 만들어냈다. 급기야 태평천국의 군대는 상군이 온다는 소식을 들으면 두려움에 떨곤 했다. 이 모두가 그의 진실한 마음이 가져온 결과였다. 그의 진실한 마음은 세 가지 측면을 갖고 있었다.

첫째는 소박함이다. 증국번은, 군사軍事의 성격은 지극히 소박하기 때문에 군대에서는 소박함을 존중해야 한다고 생각했다. 그가 장수를 선발할 때는 올곧으면서도 군무에 밝은 인물을 뽑았고, 병사를 모집할 때는 소박하면서도 사기가 드높은 농부를 선택했다.

둘째는 믿음이다. 믿음은 대대로 병가에서 중시해 온 원칙이다. 믿음에 대해서 증국번은 단순히 병사를 격려하고 사기를 진작시키는 수단이 아니라, 개개인이 갖춰야 할 도덕적 자질로 파악했다. 그는 병사를 거느리는 장수들에게 믿음이라는 도덕적인 미덕을 갖추도록 요구했다.

셋째는 정성이다. 증국번은 다음과 같이 말했다.

"정성을 기울이면 쇠와 돌도 깨지고 귀신도 피해간다. 사람은 누구나 이 같은 정성을 품고 있어야 한다."

이는 자신이 하는 일에 정성을 기울이겠다는 의지를 천명한 뜻으로 풀이할 수 있다. 증국번은 또한 장수들에게도 정성 어린 마음을 지닐 것을 호소했다. 그는 관리·장수·지도자는 정성스런 자세로 타인을 대해야 하며, 그래야 다른 사람도 자신을 정성껏 대우한다고 생각했다.

이홍장은 증국번에게서 진심이라는 인생의 지혜를 배웠다. 그 덕분에 이홍장은 순탄한 출세가도를 달릴 수 있었다. 마침내 그는 청나라에서 가장 큰 권세와 가장 높은 지위를 얻은 한족漢族 사람이 되었다.

상군에는 탑제포 같은 만주족 사람이 매우 적었다. 증국번은 한족이 아닌 장수들을 각별히 대우했다. 탑제포는 5,000명이 넘는 병사를 통솔하며 상군의 주력을 형성하고 있었다. 용맹과 지략을 겸비한 탑제포는 적잖은 전공을 세웠으며, 여러 차례 증국번의 생명을 구하기도 했다. 구강九江을 공격할 때 탑제포의 부대는 용감하게 싸웠으나 사상자만 속출할 뿐 도무지 성을 함락시킬 수가 없었다. 뒷날 증국번은 그 전투를 회고한다.

"임계영林啓榮의 방어술은 누구도 따르지 못할 것이다. 적장이라는 사실이 참으로 안타까웠다."

증국번과 탑제포는 머리를 맞대고 구강 전투를 의논했다. 오랫동안 구강을 함락시키지 못한 탓에 부끄럽고 분한 마음이 든 나머지 두 사람은 말조차 제대로 하지 못할 지경이었다. 탑제포의 부대원을 나누어 다른 지역을 공격하자니 태평천국군이 본부를 공격할까 걱정되고, 전부대원을 한 곳에 집결시켜 놓자니 언제쯤 구강을 함락시킬 수 있을지 막막했다. 논의한 결과 탑제포 부대는 7월 중 파양호鄱陽湖를 건너서 호구湖口를 소탕하기로 결정했으며, 만약 사정이 여의치 않을 경우에는 팽택彭澤을 경유해 건덕建德으로 가 그 곳에 있는 부대와 합류하기로 했다. 이는 구강 전투에서 전기를 마련하겠다는 의도였다. 탑제포는 증국번에게 구강을 함락시켜 분을 풀겠노라고 맹세했다. 7월 18일, 탑제포는 군사들을 독려하며 구강성 공격에 나섰다. 그러나 막사를 나서는 순간 피를 토하며 쓰러지더니 곧 숨을 거두고 말았다. 그의 나이 겨우 39세였다.

탑제포는 증국번의 오른팔과 같은 인물이었다. 탑제포가 죽었다는 전갈에 증국번은 하늘과 땅이 빙빙 돌아가고 눈앞이 캄캄해지는 느낌을 받았다. 이튿날 구강성으로 달려간 증국번은 목놓아 울었으며,

1858년 9월에는 탑제포를 기리는 시를 손수 지었다.

용맹한가 싶더니 자상도 하니

그 옛날 조빈曹彬을 닮았네

진심 어린 마음으로 사귀고 보니

곽자의郭子儀를 보는 듯하네

증국번은 이홍장에게 보낸 편지 속에서 다음과 같이 말했다.

"용병술의 요체는 자립이며, 타인에게 의지하면 좋지 않다. 군대를 통솔하는 요체는 진실한 마음이니, 지나치게 권모술수에 의지하지 말아야 한다. 자립하지 못하고, 진실한 마음을 외면한 채 꾀와 술수만 부리면, 한 동네 사람도 오랫동안 부릴 수 없다. 하물며 다른 나라 사람이야 말할 나위가 있겠는가?"

증국번은 서양의 군대와 접촉한 경험이 있었다. 승승장구하던 제자 이홍장이 상해로 떠날 때 증국번은 충고의 말을 잊지 않았다.

"서양 군대는 예의를 갖추어 우리를 대했다. 하급 군관과 병사들을 단단히 가르치라. 교만한 행동을 삼가고 겸손하게 처신하도록, 말을 할 때 비웃는 듯한 자세를 취하지 말도록, 돈을 만지면서 슬며시 이익을 챙기지 않도록 말이다. 공자孔子께서 올바른 마음을 간직한 채 오랑캐의 법도를 따르고, 월왕越王 구천勾踐이 스스로 몸을 낮추어 오吳나라가 방자하게 행동하도록 만든 사실을 잊지 말거라."

이와 같이 증국번은 서양 군대 문제도 진실한 마음을 갖고 처리해야 한다고 생각했다.

상군과 함께 전쟁을 치르는 동안 증국번의 명성과 지위는 하루가 다르게 높아졌다. 증국번은 상군에 대해 깊은 애정을 지니고 있었다.

"아버지와 형이 자식과 동생을 어떻게 대합니까? 우리는 가족과 같이 병사들을 대해야 합니다. 돈이 없어도, 높은 관직에 추천하지 못해도 크게 개의치 맙시다. 병사들이 백성을 괴롭히면서 품행을 훼손하고, 기생과 도박과 아편 때문에 몸을 망치는 것을 막는 게 급선무입니다. 모든 병사가 올바르게 배워서 훌륭한 인재로 성장하면, 병사들은 물론 그들의 부모와 처자도 고마움을 느낄 것입니다."

증국번은 상군의 전투력 증강을 위해 훈련에도 각별히 신경을 썼다. 다른 장수들과 훈련방법을 의논하는 자리에서 그는 이렇게 말했다.

"새로 모집한 병사들에게 두 가지를 훈련시킵시다. 첫째는 무기를 다루는 훈련이고, 둘째는 사람의 도리에 대한 훈련입니다. 후자의 경우 부모가 자식을 교육시키듯 진지하고 성실한 자세로 임하면 모두 감동을 받을 것입니다."

증국번은 각급 장교를 믿고 신뢰했다. 그는 자기 자신이 대장의 직책을 맡아서 군대 전체를 통솔할 수는 있어도, 직접 병사를 거느리고 전쟁터에 나서는 일은 부하 장수들만 못하다는 사실을 잘 알고 있었다.

"각급 부대를 이끌 좋은 통령統領과 영관營官을 얻어야 한다. 그 경우 진솔한 마음을 지닌 사람이 제일이다."

당시 좌종당은 학문과 군사 방면에서 독보적인 인물이라는 칭송을 받고 있었다. 상군이 진가를 드러내며 이름을 떨치자, 조정은 좌종당에게 새로운 군대를 조직하도록 지시했다. 좌종당도 진실한 마음과 믿음을 바탕으로 부하를 다스렸으며, 그 결과 부대의 전투력이 매우 강력해졌다.

증국번은 진실한 마음이 군대의 병폐를 방지하는 데도 효과가 있다고 믿었다. 그는 오랫동안 군대를 지휘하면 교만한 마음이 생기고, 그렇게 되면 패배를 불러올 가능성이 높아진다는 점을 간파했다. 팔기군과 녹영이 그 좋은 예였다. 반대로 그는 진실한 마음을 바탕으로 매사에 조심하면 큰 환란에 빈틈없이 대비할 수 있다고 믿었다.

●●● 자신의 마음을 타인의 마음과 바꾸다

진실한 마음은 자신을 세우는 근본이며, 따라서 이 세상에서 가장 중요한 가치라고 말할 수 있다. 진실한 믿음은 타인과 접촉하는 근본이며, 진실하면 누구와도 친구가 될 수 있다. 진실함이야말로 가장 좋은 비결인 셈이다. 증국번은 "무슨 일을 하든지 진실해야 하며, 그래야 비로소 가지고 있는 능력을 마음껏 펼칠 수 있다"고 강조했다.

호설암胡雪岩은 '마음의 투자'에 많은 노력을 기울였다. 그는 마음을 다해 어려운 부하직원들을 돌보았다. 그 결과 많은 인재가 그의 주변으로 몰려와 성심성의를 다해 호설암을 도왔다.

정말로 뛰어난 인재는 돈으로 얻을 수 없다. 인재를 얻는 관건은 정情과 의義에 달렸다고 할 수 있다. 특히 '정'을 이용해 감동시켜야 한다. 호설암이 친구 왕유령王有齡의 소개로 혜학령稽鶴齡이라는 유능한 조수를 만난 것이 대표적 사례다.

호설암은 뛰어난 수완을 발휘해 혜학령을 포섭했다. 혜학령의 처

*호설암胡雪巖 청나라 말기 거상, 청나라 때 유일하게 1품 관직을 받아 '홍정상인'이라 불림

가 죽었을 때, 그의 가까운 친지와 친구를 합해도 조문객의 수는 아주 적었다. 호설암은 정성스러운 자세로 장례식에 참가해 중년에 상처喪妻한 처지를 위로함으로써 그를 감동시켰다.

혜학령은 관리에 임용되지 못한 까닭에 전당포를 전전하면서 어려운 생활을 이어가고 있었다. 호설암이 그의 어려운 형편을 돕는다면 혜학령이 고맙게 여기지 않을 리 없었다. 그러나 혜학령은 고아한 인품을 지녔으며 체면을 중시하는 선비 같은 사람이었다. 무턱대고 돈이나 쌀을 보낸다면 혜학령이 받아들일 리 만무했다. 호설암은 혜학령의 이름으로 전당포에 돈을 갚고 물건을 되찾아서 돌려주었는데, 그 때 잠시 돈을 빌려준다고 해명했으며 훗날 혜학령이 돈을 갚을 때 두말 하지 않고 받았다. 도와주면서도 체면을 살려준 묘책이었다. 그 일을 계기로 혜학령은 호설암을 새롭게 인식하게 되었다.

물론 호설암이 혜학령을 각별하게 대우한 이유는 그의 마음을 움직이기 위해서였다. 하지만 다른 한편으로는 진심으로 혜학령을 존중한 탓에 그와 친분을 쌓고 싶은 소망 때문이었다. 실제로 호설암은 공부를 많이 하지 못한 것을 늘 안타깝게 여겼기 때문에 학식이 풍부한 지식인을 존중했다. 호설암은 혜학령의 재혼을 위해 발벗고 나섰다. 결국 왕유령 부인의 시종과 혜학령을 맺어주었는데, 두 사람은 금슬이 매우 좋았다.

강직하고 고매한 혜학령이 정성을 다해서 기꺼이 자신을 돕도록 만들었으니, 호설암의 용인술이 얼마나 뛰어난지 짐작할 수 있다. 호설암은 평범한 장사꾼처럼 이익을 위해 의리를 내버리지 않고, 정과

의를 소중히 여겼다. 그런 연유로 부하직원들은 그를 주인이 아닌 친구처럼 생각했다.

호설암은 사업을 할 때도 정과 의로 상대방의 마음을 움직였다. 그와 조방漕帮의 관계가 그 좋은 예다. 대운하大運河가 개통된 후, 해마다 남쪽에서 생산된 엄청난 양의 쌀이 북쪽으로 운반되었다. 백 년이 흐르고 천 년이 지나는 동안 그 일은 크게 발전했고, 쌀뿐만 아니라 다른 물건도 운반하게 되었다. 사람들은 그 모든 것을 통틀어 조운漕運이라 불렀다. 조운과 관련된 직업으로는 선가船家, 장방賬房, 화계伙計 등이 있었다. 선주와 선원을 비롯해 운하 부근에 살며 운송업에 종사하던 사람들은 조방을 결성해 서로 도우며 뜻을 같이하고 있었다.

청나라 말기, 조운을 담당한 관리의 부패가 심해지자 조방은 점차 쇠퇴의 길을 걸었다. 이윽고 흑사회黑社會와 같은 깡패집단 조직으로 변모하더니 도적질을 일삼기 시작했다. 그러나 내우외환에 시달리던 조정은 그들을 소탕할 엄두를 내지 못했기 때문에 조방의 행패는 날이 갈수록 심해졌다.

가경 황제 말년, 나라의 곡물 운반선이 강탈당하는 사건이 발생하자 조정은 범인들을 체포하라는 엄명을 내렸다. 사정이 다급해진 조방 무리들은 비적들과 연계해 살 길을 도모했다. 훗날 조방은 법을 무시하면서 운하를 중심으로 제멋대로 세금을 징수하기도 했다. 이 무렵 몇몇 관리가 운하 대신 바다를 통해 물자를 운반하자고 제안하자, 조정은 이 건의를 받아들여 해운국을 설치했다. 조방에 비해 효율적이었던 해운국은 큰 발전을 이루었지만, 조방으로서는 설상가상이었다.

조방 사람들은 대부분 실직상태에 빠졌다. 그 중 많은 사람들이 위험을 무릅쓰고 강도질에 나섰다. 즉 조방 사람들은 왕유령이 근무하는 해운국을 시기하면서 해운국이 운반하는 곡식을 강탈하곤 했다.

뾰족한 수가 없던 왕유령은 그 일을 가지고 호설암과 의논했다. 호설암은 즉시 배 한 척을 마련해 항주의 특산물을 싣는 한편, 조방의 소두목 진삼陳三을 수소문했다. 두 사람은 배를 타고 곧장 송강松江에 있는 조방의 본부로 향했다.

배가 조방 본부에 도착하자 진삼의 연락을 받고 부두에서 대기하고 있던 사람이 공손한 자세로 두 사람을 맞이했다. 그는 호설암과 진삼을 상해에 있는 조방의 향당香堂으로 안내했다. 하지만 진삼은 신분이 낮다는 이유로 향당 안으로 들어갈 수 없었다.

호설암이 향당에 들어가 보니 중앙에 비쩍 마른 노인이 자리를 잡고 있었다. 그 노인은 무표정한 얼굴로 호설암을 뚫어지게 바라보았다. 호설암은 직감적으로 조방의 방주 요화생廖化生이라고 판단했다. 그래서 먼저 모자를 벗어 예의를 갖춘 다음 미리 배워둔 조방의 인사법으로 요화생과 인사를 나누었다.

호설암은 배에 실려 있는 항주 토산품을 예물로 바쳤는데, 물건의 양도 많을 뿐 아니라 그 값어치도 은으로 환산했을 때 수만 냥에 달하는 예물이었다. 다시 호설암은 그의 품 속에서 10만 냥짜리 은표銀票를 꺼내어 두 손으로 요화생에게 건넸다.

요화생은 호설암을 힐끗 곁눈질하더니 곧 환한 웃음을 지었다.

"호 선생, 병사가 아니라 은표를 가지고 왔군요. 무슨 계획이라도 있는 모양이죠?"

"선배님, 제가 오늘 찾아온 이유는 조방의 명성 때문입니다. 존경의 뜻을 표시하고자 말입니다."

요화생은 껄껄대며 웃었다.

"농담도 잘 하십니다, 그려. 지금 조방은 서쪽으로 기우는 해와 같은 신세라서 해운국의 명성과 비교할 수 없죠."

"나라 법이 여러 차례 바뀌었지만 백성의 고단한 삶은 전혀 고려하지 않고 있습니다. 해운국도 조정에서 법으로 정하니 어쩔 수 없이 법에 따라 일을 진행할 뿐, 내부적으로는 고충이 많은 모양입니다. 명성이라니, 가당치 않은 말씀입니다."

"우리는 백성이고, 해운국은 관청입니다. 관청이 백성을 생각하지 않는다면, 백성도 관청을 위해 편의를 제공할 필요가 없죠."

"왕유령이 주관하던 배가 불에 타자 절강의 순무가 범인을 잡아내라고 엄명을 내렸습니다. 관리와 군인 들이 이리저리 범인을 찾고 있죠. 또한 최근에는 순무가 황제에게 밀서를 보낸 모양입니다."

그 순간 요화생의 눈이 번뜩였다.

"그 안에 무슨 내용이 담겨 있는지 아십니까?"

호설암이 대답 대신 좌우를 살피자 요화생이 곧 그 뜻을 알아차렸다.

"호 선생, 누추하지만 오늘밤 여기에서 주무시죠."

요화생은 사람을 시켜 호설암이 편히 쉴 수 있도록 배려했다. 그날 밤 요화생은 사람을 보내 다시 호설암을 청했다. 호설암이 밀실로 들어가 보니 술상을 앞에 놓고 요화생이 자리를 지키고 있었다. 그는 호설암에게 자리를 권하고는 손을 휘저어 주변을 물리쳤다.

"호 선생, 그 밀서에 무슨 내용이 담겨 있나요? 이 방에는 이제 우리 두 사람뿐이니 말을 해도 괜찮습니다."

호설암은 아무 말도 하지 않고 가슴 속에서 밀서를 꺼내 요화생에게 건네주었다. 밀서를 읽던 요화생의 얼굴에 어두운 그림자가 깃들기 시작했다. 절강의 순무는 조방 사람들이 저지른 흉악한 일을 열거하면서, 조방이 겉으로는 화물을 운송하는 척하지만 실제로는 사람을 죽이고 물건을 훔치는 집단이라고 몰아세웠다. 그리고 조방을 일거에 소멸시켜 후환을 막아야 한다며 조정의 결단을 촉구했다.

밀서를 읽고 난 요화생은 한 동안 아무 말도 하지 않았다. 비록 조방이 강성한 조직이기는 하지만 어떻게 조정을 상대로 싸울 수 있겠는가? 조정이 조방을 소탕하면 수많은 형제들이 목숨을 잃을 테고, 수백 년 간 이어져온 조방은 하루아침에 사라질 게 뻔했다. 요화생은 길게 한숨을 내쉬었다.

"이제는 목숨을 걸고 싸우는 수밖에 없겠군요."

"선배님, 안심하십시오. 제가 수를 부려 중도에서 이 밀서를 가로챘습니다. 그러니 조정은 아직 이 내용을 모르고 있죠. 빼앗은 곡식과 배를 모아서 북쪽으로 보내십시오. 그러면 조정은 더 이상 이 일을 파헤치지 않을 겁니다."

"호 형제, 왜 우리를 이토록 도와주는지 모르겠소이다. 우리는 그저 어리둥절할 뿐이라오."

"오래 전부터 조방 형제들은 물에 의지해서 생계를 이어왔습니다. 조정은 그런 사정을 아랑곳하지 않은 채 해운국을 세웠죠. 밥그릇을 뺏기면 누군들 가만히 보고만 있겠습니까? 그러다 보면 남다른 일도 벌이게 되고 관청은 조사를 하겠죠. 그렇다고 설마 군사를 동원해 소탕까지야 하겠습니까? 조방에는 의혈남아가 매우 많으니, 양쪽이 부딪히면 죽거나 상하는 사람이 적잖을 겁니다."

"호 형제, 이렇게 진심 어린 충고를 듣고 보니 이제야 눈이 떠지는 것 같소이다. 호 형제, 내 절을 받으시오."

호설암은 깜짝 놀라서 황급히 요화생을 일으켜 세웠다.

"선배님, 왜 이러십니까? 덕과 재주가 없는 사람이 어찌 이런 대접을 받겠습니까?"

호설암은 요화생을 자리에 앉혔다.

"지금 운하의 일이 잘못되어서 무력 다툼이 자주 발생하고 있습니다. 조운은 원래의 모습을 잃고 바닷길이 크게 열렸는데, 황제께서 직접 지시하신 일이니 대세라고 볼 수밖에 없습니다. 이제 조방의 형제들도 새로운 활로를 모색해야 할 시기입니다. 그렇지 않고 무조건 망가뜨리기만 한다면 앞으로 일이 어떻게 되겠습니까? 다행스럽게도 이번 일을 피할 수 있을지라도 다음에는 피하지 못할 것입니다!"

"그런 이치를 왜 모르겠소? 조방 형제들은 물밖에 모릅니다. 다른 일은 전혀 모르죠."

"제가 전장 회사를 통해 대출을 해드리겠으니, 이를 밑천 삼아 곡식을 사십시오. 형제들이 배를 끌고서 사방각처의 곡식을 모아 바다에 풀어놓는 겁니다. 그 대가로 해운 비용의 절반쯤 받을 수 있겠죠. 선배님, 어떻습니까?"

요화생은 크게 기뻐했다.

"호 선생, 너무 큰 신세를…. 그러면 선생의 이익이 줄어들 텐데, 그 점이 마음에 걸립니다."

"서로 돕고 살아야죠. 돈은 작은 일이라고 생각합니다."

이처럼 호설암은 '마음의 투자'를 통해 조방과 해운국을 화해시켰다. 그뿐만 아니라 조방을 이용해 각지에 사업을 벌이고 쌀장사에 손을 대기도 했다. 때마침 전란이 발생해 쌀값이 천정부지로 오르는 바람에 호설암은 많은 돈을 벌 수 있었다. 호설암은 조방의 비호를 받으며 해운과 조운을 통해 막대한 이익을 얻을 수 있었다.

마음의 투자로 더욱 많은 보답을 얻다

호설암은 부하직원들을 경제적인 측면에서 돌보았을 뿐 아니라 마음의 투자를 많이 했다. 그는 '사람의 마음을 얻는 일'이 얼마나 중요한지 잘 알고 있었다. 그는 역지사지易地思之의 마음자세로 어려움에 처한 부하직원들에게 실질적인 도움을 주었다. 어려움과 즐거움을 함께 나눈다는 그의 생각과 자세는 부하직원과 한 마음 한 뜻으로 뭉칠 수 있게 하는 힘이 되었다.

사람의 마음은 무엇일까?

바쁜 회사일로 정신없이 살아가던 한 남자가 유전학자의 도움으로 또 다른 자신을 복제한다는 내용의 영화가 있다. '나'와 유전적·생물학적으로 일치하는 '또 하나의 나'가 복제되었을 때 그 '또 다른 나'는 과연 지금 나와 같은 존재일까? 그를 정말로 '나'라고 할 수 있을까? 이런 설정은 분명 흥미로운 영화 소재임과 동시에 철학적 담론의 문제를 안고 있다. 사람의 마음은 무엇일까? 몸과 마음은 서로 어떤 관계를 맺고 있을까? 이와 같은 문제들에 대해 탐구하는 것이 심리철학이다. 심리철학의 목적은 '마음mind'의 본질 및 정신 따위의 심리적 현상을 연구하고 파헤쳐보는 데 있다. 마음이라는 개념에 대한 동·서양 간 인식의 차는 크다. 서양철학의 경우, 사람의 몸物質과 마음情神에 대한 관심은 몸과 마음이 서로 분리된 별개의 것이라는 인식에서 시작한다. 즉 몸物質과 마음情神의 두 가지 실재를 우주의 근본 원리로 삼는다. 데카르트는 "물질은 연장을 속성으로 하고, 정신은 의식을 속성으로 한다"라고 규정한다. 즉 몸과 마음을 상반되는 두 개의 구분지區分肢로 나누는 이원론이다. 대부분의 사람들은 몸과 마음의 관계에 대해 이원론을 받아들였지만, 현대에 들어 새롭게 시작된 인지과학이나 신경생리학 등의 연구 결과, 인간의 심신관계는 상호간 밀접하고 긴밀한 작용에 의한 것이라는 동일론(유물론唯物論)의 견해가 강하게 대두되었다. 현대 심리철학자들은 마음이 독립적으로 존재하는 실체라는 개념을 버렸다. 그 대신 마음에 대한 것을 어떤 대상 또는 사건이 갖는 속성적인 것으로 취급한다. 그러나 이 같은 접근 방법도 '사람의 심신이 어떤 과정을 거쳐 인과적인 상호작용을 갖는가?'라는 본질적 의문에 명쾌한 답을 제시하지 못한다. 현대 물리학, 기술의 진보는 철학적 사고의 대상이 되었던 형이상학적 담론의 벽을 하나씩 허물어 과학적 설명으로 대신하게 되었다. 사람의 몸과 마음에 대해서도 심리철학이나 물리학적 입장에서 연구하게 된 것이다. 컴퓨터의 등장과 기호논리학의 발전은 인지과학 연구가 더욱 확장되고 새롭게 조명받는 계기가 되었다. 앞으로 과학을 통해 사람의 마음에 대한 정확한 정보를 얻는 일이 가능하다는 말이다. 장차 혼자서만 꼭꼭 숨겨두었던 당신의 마음도 쉽게 들켜버릴 수 있는 세상이 온다.

2 인재를 얻기는 어렵다, 그러나 인재를 알아보기는 더욱 어렵다

역대 왕후장상王侯將相의 역사는 사람을 쓰는 용인用人의 역사라고도 말할 수 있다. 용인을 잘 한 왕후장상은 약자에서 강자로 탈바꿈했으며 쇠락한 처지를 딛고 부강해졌다. 반면에 용인을 잘못한 왕후장상은 강자였으나 패배했고, 부강했지만 멸망의 길을 걸었다. 인재는 곧 흥망성쇠의 열쇠다. 인재는 어느 시대에나 늘 있었다. 그러나 사람을 알아볼 수 있는 안목이 뛰어났던 왕후장상은 드물다. 용인을 잘 하면 많은 사람들 중에서도 단연 두각을 나타내고 왕의 기상을 드러낼 수 있다.

증국번 曾國藩

우리는 용인用仁이라는 두 글자에 대해 삼가고 또 삼가야 한다. 그 밖에는 힘쓸 일이 없다고 해도 과언이 아니다. 일의 성패는 어떤 사람을 기용하느냐에 달려 있다. 사람을 쓰기에 앞서 무엇보다 그가 어떤 사람인지 파악해야 한다. 어떻게 하면 사람을 제대로 알아볼 수 있을까? 여러 차례 만나 자세히 살펴보면 그 사람의 인물 됨을 파악할 수 있다.

어떤 사람을 기용해야 하는가? 인품이 높으나 관료적이지 않은 사람, 언행에 조리가 있으며 허풍을 떨지 않는 사람을 기용하면 효과적이다.

일은 어떻게 처리하면 좋은가? 다음 다섯 가지를 지키면 된다.

첫째, 살인과 절도 사건이 발생하면 관리는 직접 마을을 돌며 살펴야 한다. 군대의 장수라면 직접 아군의 진영을 순시하고 몸소 적진을 살펴야 한다. 둘째, 어떤 일을 맡으면 성심껏 크고 작은 조리를 살펴 처음과 끝을 헤아려야 한다. 또한 실마리를 따라 분석하고, 비슷한 것을 비교·종합해야 한다. 셋째, 성실한 자세로 주의를 기울여 사람을 살피고 냉철한 태도로 공문서를 다루어야 한다. 넷째, 상대하는 사람의 장·단점을 기록해 둔다. 아울러 일의 맥락을 기록해 깜빡 잊어버릴 경우를 대비해야 한다. 다섯째, 다른 사람에게 일을 맡길 때는 일단 공문서로 통보하더라도 재차 말로써 당부해야 한다.

제환공의 용재用才
장점만을 살펴 인재를 등용하다

제환공齊桓公은 왕위에 오르자마자 군대를 출병시켜 공자公子 규糾 일행이 나라 안으로 진입하는 것을 막았다. 제나라 군대는 노나라 건개乾開로 진격해 규가 이끄는 노나라 군대를 대패시켰고, 계속해서 노나라가 규를 죽이도록 압박을 가했다. 제환공이 규와 함께 관중管仲까지도 죽여서 지난날의 원수를 갚으려 하자, 포숙鮑叔이 이를 말리고 나섰다.

"대왕, 단지 제나라만을 다스릴 작정이라면 저희 몇몇 사람으로도 충분합니다. 그러나 만약 천하를 얻는 패자覇者가 되시고자 한다면

---

*제환공 齊桓公 춘추시대 제나라 임금으로 오패五覇의 한 사람

관중이 없으면 안 됩니다.”

천하를 지배하고픈 야망을 가진 환공은 대업을 위해 사사로운 개인적 원한을 버리기로 결심했다.

그런데 관중을 데려오는 방법이 문제였다. 포숙이 관중의 능력을 알아보았듯, 노나라에서도 관중의 뛰어남을 놓치지 않을 만한 사람이 있을 것은 자명한 이치였다. 만약 노골적으로 사람을 보내 관중을 불러들이고자 한다면 자칫 일을 그르칠 수도 있었다.

포숙은 노나라 군대를 격파한 여세를 몰아 노나라를 압박하자고 제안했다. 제환공이 친히 관중의 죄를 물어 지난날의 원한을 갚고자 하니 죄인 관중을 압송해 달라고 요구하면 일이 순조롭게 풀릴 것이라고 포숙은 생각했다. 그러나 포숙의 속마음을 간파한 노나라 대부 시백施伯이 장공莊公에게 말했다.

“제나라는 관중을 죽일 뜻이 없습니다. 관중을 요구하는 진짜 이유는 그를 등용하고 싶기 때문이죠. 관중은 천하의 인재인 만큼 그가 머무는 나라는 반드시 천하를 호령할 것입니다. 관중을 제나라로 돌려보내면 훗날 노나라는 재난을 면치 못할 것입니다.”

장공이 대책을 묻자 시백은 관중을 죽여 그의 머리만 제나라로 보내는 게 상책이라고 귀띔했다.

이를 눈치챈 제나라 사신은 거듭 장공을 독촉했다.

“환공께서는 직접 관중을 죽이고 싶어하십니다. 주군의 뜻이 그러할지니, 관중을 산 채로 데려갈 수 있게끔 신하된 도리로서 다시 한번 간청하지 않을 수 없습니다.”

장공은 할 수 없이 관중을 제나라 사신에게 내주고 말았다.

제나라로 발길을 향하던 관중은 장공이 이내 자신의 실수를 깨닫고 뒤쫓아오리라 짐작했다. 한시라도 빨리 위험한 지역을 벗어나기 위해선 달리는 말에 세찬 채찍질을 가할 수밖에 없었다. 관중은 수레를 모는 마부들의 피로를 덜어주기 위해 즉석에서 흥겨운 노래를 지었다. 그 노래를 부르면서 마부들은 길을 재촉했고, 그 결과 이틀 만에 무사히 노나라를 벗어날 수 있었다. 관중의 예측대로 자신의 선택을 후회한 장공은 곧바로 군사를 보내 추격했다. 그러나 이미 때는 늦었다.

제나라와 노나라의 국경에서 대기하고 있던 포숙은 관중이 도착하자 족쇄와 수갑을 풀어주고 환공에게 데려갔다. 환공은 관중을 재상으로 임명해 국정을 맡겼다.

포숙의 깊은 혜안이 없었다면 환공은 관중을 얻지 못했을 것이다. 또한 제후들을 규합해 천하를 호령하지도 못했을 것이다. 훗날 관중은 감개무량한 어조로 이렇게 말했다.

"내가 포숙과 함께 장사를 한 적이 있다. 이익을 나눌 때마다 내가 더 많은 돈을 챙기곤 했는데, 포숙은 나를 탐욕스럽다고 욕하지 않았다. 우리 집이 가난한 것을 알기 때문이었다. 내가 포숙을 위해 어떤 일을 벌인 적이 있는데, 성공하지 못했다. 그 때 포숙은 내가 어리석다고 말하지 않았다. 유리하고 불리한 시기가 있기 때문이었다. 내가 세 번 벼슬길에 올랐다가 세 번 모두 쫓겨났는데도 포숙은 내가 무능하다고 여기지 않았다. 내가 때를 못 만난 것을 알기 때문이었다. 내가 세 번 전쟁에 참여했다가 세 번 모두 도망칠 때도 포숙은 나를 겁쟁이라고 비웃지 않았다. 내게 노모가 있는 것을 알기 때문이었다. 공자 규가 왕권 다툼에서 밀려났을 때 소홀召忽은 규를 따라 죽었다. 그러나 나는 감옥에 갇히는 모욕을 당하면서도 죽을 결심을 하지 않았다. 그 때도 포숙은 나를 후안무치한 사람이라고 욕하지 않았다. 내가 작은 절개에 연연하지 않으며, 공명을 천하에 떨치지 못하는 것을 진정한 수치로 여긴다는 사실을 알았기 때문이다."

관중은 하늘을 우러러 길게 탄식했다.

"나를 낳아준 사람은 부모님이지만, 나를 알아준 사람은 바로 포숙이다!"

포숙은 관중을 추천해 자신보다 더 높은 자리에 앉혔으니, 겉으로 드러난 관중의 단점 때문에 안목을 흐리지 않은 셈이다. 또한 환공은 사사로운 원한을 접고 관중을 재상에 임명했으니, 인재 관리에 뛰어난 사람이라고 말할 수 있다. 비유컨대 제나라의 패업을 정鼎(솥)으로 보면, 포숙과 관중과 환공은 그 솥을 떠받치는 세 발이다. 세 발 가운데 하나만 없어도 솥은 쓰러지고 만다.

환공이 직稷이라는 하급관리를 찾아간 일은 폭넓은 용인用人의 자세를 보여준다. 환공이 직을 만나기 위해 애쓰자 시종이 이를 말렸다.

"만승萬乘의 제왕께서 일개 선비이자 하급관리를 하루에 세 번씩이나 찾아갔습니다. 비록 만나지는 못했지만 성의는 충분히 보이신 것이니, 이쯤에서 그만두시는 게 좋겠습니다."

환공은 머리를 저었다.

"그럴 수 없다. 관직에 몸담고 있는 뛰어난 선비를 무시하면 자연히 그 군주도 무시하게 마련이다. 반면에 패업을 이룬 군주를 무시하면 자연히 그 밑의 선비도 무시하게 된다. 작은 관직을 경시할 수는 있어도 패자의 위업을 소홀히 할 수는 없다."

환공은 끝내 직을 찾아가서 만나보았다. 이처럼 도량 있는 모습 때문에 당시 사람들은 환공이 패업을 이룰 만한 자격을 갖추었다고 칭송했으며, 영척寧戚이라는 인물은 인재 기용에 뛰어난 환공의 면모를 노래에 담아 부르며 벼슬자리를 구했다.

위衛나라에서 뜻을 얻지 못한 영척은 수레를 몰고 제나라로 향했다. 제나라 도성 앞에 다다른 영척은 수레를 세워둔 채, 밤이면 그 밑에서 잠을 잤다. 어느 날 밤, 이윽고 환공이 성문 밖으로 행차하자 영척은 좋은 기회다 싶어 쇠뿔을 두드리면서 노래를 불렀다. 노래 소리에 귀를 기울이던 환공은 영척이 비범한 인물이라고 판단했다. 환공은 영척과 천하대사를 논의하며 감탄을 금치 못했다. 환공이 그 자리에서 영척을 중용하려 하자 수행하던 대신이 먼저 뒷조사를 하고 나서 임용할 것을 권했다. 환공은 단호하게 말했다.

"그럴 필요 없소이다. 이 세상에 완전무결한 사람은 없어요. 사람들은 작은 허물에 집착한 나머지 큰 재주를 망각하곤 하죠. 그것이 군주가 유능한 선비를 얻지 못하는 이유입니다."

이처럼 환공은 예의를 갖춰 인재를 대우하고, 장점만을 살펴 인재를 등용했다. 그 결과 제나라 조정에는 인재가 가득했으며, 환공은 순풍에 돛을 단 배처럼 패업을 향한 힘찬 발걸음을 내딛을 수 있었다.

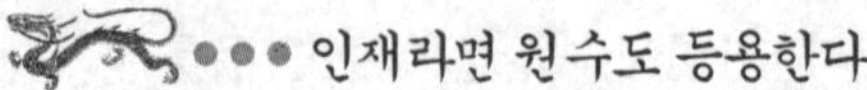

땅에서는 수레나 말보다 못하고, 물에서는 배보다 못한 것이 사람이다. 그러나 사람은 수레와 말을 부리고, 배를 몰아서 먼 곳에 도달할 수 있다. 이처럼 사람은 타인의 능력을 이용해 자신의 단점을 보완할 수 있다. 임금이 나라를 다스리고, 패자覇者가 천하를 호령하는 방법은 오직 인재 등용에 달려 있다. 지혜와 현명함을 겸비한 인재는 임금과 패자의 수레이며, 말이다. 제환공이 어찌 몰랐겠는가? 자신을 사지에 빠뜨리려 했던 관중이 패업에 꼭 필요한 수레이자 말이라는 사실을….

위 문후의 신재信才

위魏나라의 문후文候는 전국시대 초기의 뛰어난 정치가다. 그는 오로지 능력과 재주로 사람을 평가·임용했다. 언제나 가장 적당한 사람을 적당한 자리에 앉혔다. 그는 이리李悝를 등용해 변법變法을 시행함으로써 커다란 성과를 얻었고, 서문표西門豹를 업령鄴令으로 임명해 하내河內 지역을 효과적으로 다스렸다. 그의 재위기간 동안에 위나라는 전국칠웅戰國七雄(진·초·연·제·한·위·조) 가운데 가장 강력한 통치체제를 구축했다.

조趙나라 동쪽에 중산中山이라는 작은 나라가 있었는데, 그 곳 사

*위 문후魏文候 전국시대 위魏나라의 건국자

람들은 백적白狄의 세력으로서 선우족鮮虞族이라고도 불렸다. 중산의 임금은 밤 생활을 즐긴 탓에 낮을 밤으로 삼고 밤을 낮으로 삼았으며, 또한 소인배를 가까이 두고 현명한 신하를 멀리 했다. 중산의 백성은 고달픈 삶을 이어갔고 천재지변이 끊이지 않았다. 문후는 하늘과 땅의 뜻을 존중하고 백성을 구한다는 명분을 내세워 중산 정벌을 준비했다. 문후는 적황翟黃과 그 일을 의논했다.

"제가 대장감을 추천하겠습니다. 이름은 악양樂羊이고, 곡구谷丘 출신으로 문무를 겸비한 인물입니다."

"선생이 보건대 어떤 사람인가요?"

"예전에 악양이 길을 가다가 돈주머니를 주웠는데, 그의 아내가 그 모습을 보고 화를 내며 이런 말을 하더랍니다. '뜻 있는 선비는 도적이 파놓은 우물물은 마시지 않고, 청렴한 사람은 모욕을 당하면서까지 음식을 구걸하지 않는다고 들었습니다. 그 돈주머니가 왜 여기에 떨어져 있는지 이유도 모르면서 집으로 가져갈 수 있나요? 스스로 덕행을 무너뜨릴 뿐입니다.' 악양은 퍼뜩 깨닫고 돈주머니를 제자리에 놓았답니다.

그 후 악양은 집을 떠나 노나라와 위나라에서 공부를 했습니다. 악양이 1년 뒤에 집으로 돌아가 보니 마침 아내가 베를 짜고 있었답니다. 그녀가 학업을 이루었느냐고 물었을 때 악양은 아직 완성하지 못했다고 대답했고, 그러자 아내는 짜고 있던 베의 실을 칼로 모조리 잘라 버렸답니다. 악양이 이유를 묻자 그녀가 이렇게 대답하더랍니다.

'학업을 이루어야 큰 일을 성취할 수 있습니다. 베와 비단 짜는 일을 완성해야 비로소 옷을 지을 수 있는 이치와 같지요. 학업을 이루지 못한 채 중도에 그만두셨으니, 아직 완성하지 못한 베와 비단의 실을 잘라 버리는 것과 똑같습니다.'

깊은 깨달음을 얻은 악양은 다시 공부를 위해 길을 떠났고, 그 후 7년 동안 집으로 돌아가지 않았습니다. 악양은 지금 우리 나라에 머무르며 마음 속 큰 뜻을 펼칠 기회를 엿보고 있습니다. 작은 벼슬은 원치 않을 것입니다. 주공, 악양을 기용해 보시지요."

그 즉시 문후는 적황에게 좋은 수레를 내어주며 악양을 데려오라고 당부했다. 그러자 좌우에 있던 신하들이 의문을 제기했다.

"악양의 맏아들 악서樂舒는 지금 중산에서 관리로 일하고 있습니다. 악양이 중산을 공격하는 장수의 역할을 담당할 수 있겠습니까?"

적황이 그 말을 반박했다.

"악양은 원대한 앞날을 바라보는 인물입니다. 예전에 중산에 있는 그의 아들이 중산의 임금을 대신해 악양을 초청한 적이 있었습니다. 그러나 악양은 중산의 임금이 패악무도하다며 거절했습니다. 주공, 악양에게 중요한 직분을 맡기면 틀림없이 뛰어난 역량을 발휘할 것입니다."

문후는 적황의 의견을 따랐다. 악양이 당도하자 문후는 악양을 원수에, 서문표를 선봉장에 임명했다. 문후는 5만 명의 정벌군을 편성하는 한편, 조나라 양자襄子에게 사신을 보내 중산으로 가는 길을 열어달라고 부탁했다.

양자는 그 제안을 거절할 작정이었다. 이에 그의 참모 조이망趙利忙

이 양자에게 진언했다.

"주공, 거절하는 것은 좋지가 않습니다. 중산을 공격하다가 이기지 못하면 위나라는 쇠약해지고 말 것입니다. 위나라가 약해지면 자연히 우리 조나라의 세력이 강해집니다. 또한 위나라가 중산을 함락시키더라도 자기네 영토로 만들기는 어렵습니다. 그 위치가 우리 조나라를 중간에 두고 멀리 떨어져 있으니까요. 위나라는 군대를 동원해 애만 쓸 뿐이고 중산은 결국 우리 차지가 됩니다. 그러므로 위나라 군대가 지나가도록 길을 터주는 게 낫습니다. 다만 길을 내줄 뿐, 절대로 위나라 편을 들어서는 안 됩니다. 만약 중산 정벌로 우리가 큰 이득을 얻는다는 사실을 알면 원정을 그만둘 테니까요. 주공, 길을 터주기는 하되 어쩔 수 없이 못 이기는 척하십시오. 실제로 부득이한 일이기도 합니다."

양자는 그의 의견을 따랐다. 훗날의 결과를 보면 조이망의 예측대로 위나라는 공연히 국력만 낭비하는 꼴을 당했고 조나라만 이득을 보았다. 그러나 중산 정벌 과정에서 문후와 악양 사이에 오갔던 미담은 천 년의 세월을 두고 면면히 전해지고 있다.

기원전 408년, 악양은 위나라 대군을 이끌고 조나라 땅을 지나 중산으로 진격했다. 이로써 3년에 걸친 전쟁이 시작되었다. 중산의 대장 고수鼓須가 이끄는 군대는 추산楸山에 주둔했고, 악양의 군대는 문산文山에 자리를 잡았다. 두 진영은 한 달이 넘도록 대치하면서 승부를 내지 못하고 있었다. 악양은 세밀한 관찰과 연구 끝에 야간공격을 감행키로 결정했다. 서문표의 부대는 어둠을 틈타 중산군의 진영을 습격해 사방의 숲에 불을 질렀다. 아울러 악양은 대군을 이끌고 중산 군의 측면을 공격했다. 대승을 거둔 위나라 군대는 그 여세를 몰아 중산의 도성으로 진격해 포위망을 구축했다.

중산의 임금은 악양 군대의 철군을 설득하라고 악서를 닦달했다. 악서는 마지못해 성 위로 올라가 아버지를 불렀다. 악양은 진영 앞으로 나가서 악서가 입을 열기도 전에 고함을 질렀다.

"군자는 위태로운 나라에 거처하지 않고, 어지러운 조정을 섬기지 않는다고 했다. 그러나 너는 부귀를 탐하며 네 거취를 분명히 하지 못했다. 나는 죄 지은 자를 처단하고 백성을 구하라는 왕명을 받아 이곳에 왔다. 빨리 성문을 열고 항복하라! 그것이 나와 네가 대면할 수 있는 길이다!"

"항복하느냐 마느냐는 오직 왕이 결정할 수 있는 문제입니다. 아버님, 잠시 공격의 고삐를 늦춰주십시오. 조정의 군신이 의논할 수 있도록 말입니다."

악양은 잠시 동안 생각에 잠겼다.

"부자 간의 정을 생각해서 한 달의 말미를 주겠다. 너희 임금과 신하들이 빠른 시간 안에 현명한 결정을 내려 대사를 그르치지 말기 바란다!"

악양은 포위만 하고 공격은 하지 말라는 군령을 내렸다. 중산의 왕은 악양과 악서 부자의 정을 파고들며 기한을 세 번이나 연장했다. 그러나 악양의 군대를 물리칠 묘책을 찾아내지는 못했다.

그러자 서문표가 이의를 제기했다.

"원수, 중산을 함락시킬 뜻이 없는 겁니까? 어째서 오랫동안 포위만 한 채 공격을 하지 않는 겁니까?"

"중산의 임금은 백성을 구휼하기는커녕 괴롭히기만 했습니다. 그래서 문후께서 정벌을 지시하신 거지요. 너무 급하게 성을 공격하면 백성들이 큰 고통을 당하게 됩니다. 내가 세 번이나 기한을 늦춰준 이유는 한낱 부자의 정 때문이 아닙니다. 민심을 얻으려는 목적 때문입니다."

악양이 일거에 원수라는 고위직에 임명되자 많은 사람이 그를 시기하고 있었다. 악양이 세 차례나 공격의 고삐를 늦추었다는 얘기를 듣자, 그들은 앞다투어 문후에게 진언했다.

"악양은 즉각 승리의 여세를 몰아 중산의 도성을 공격했어야 합니다. 그랬으면 단숨에 도성을 함락했을 것입니다. 그런데 악서의 말 한마디에 석 달 동안이나 공격을 주저하고 있으니, 이는 부자의 정이 깊다는 증거입니다. 주공, 그의 병권을 박탈하십시오. 그렇지 않으면 군대의 사기를 떨어뜨리고 재물을 낭비하게 됩니다."

문후는 적황에게 자문을 구했다.

"그것은 악양의 계책입니다. 주공, 걱정하지 마십시오."

위나라 신하들은 하루가 멀다 하고 새로 전해들은 전황을 상소를 통해 보고하며 여러 가지 위험을 경고했다. 문후는 그 모든 상소문을 모아서 상자 안에 넣어두었다. 문후는 일말의 불안감을 억누른 채 전쟁터에서 돌아올 악양을 위해 새 집을 지었으며, 그 소식을 들은 악양은 감격해 마지않았다. 드디어 악양은 대군을 앞세워 맹렬한 기세로 중산의 도성을 공격하기 시작했다. 그러나 중산의 도성은 성벽이 높고 참호가 깊이 파여 있는지라 여러 달에 걸쳐 공격을 퍼부었는데도 불구하고 좀처럼 승리의 물꼬리를 트지 못했다. 화가 난 악양은 직접 장수들과 함께 쏟아지는 화살과 돌을 피해 죽음을 무릅쓰고 성을 공격했다. 결국 적장 고수는 화살을 맞고 전사했으며 중산의 도성은 곧 함락의 위기에 처했다.

다급해진 중산의 왕은 악서를 긴 장대에 매달고는 악양에게 철군을 재촉했다. 악서는 비명을 지르면서 악양을 불렀다.

"아버지! 살려주세요!"

악양은 꿈쩍도 하지 않고 활과 화살을 집어들었다.

악서는 결국 스스로 목숨을 끊고 말았다. 중산의 왕과 신하들은 머리를 맞대고 논의를 거듭했다. 한 신하가 놀라운 제안을 했다.

"부자의 정은 형언하기 어려울 정도로 깊은 것입니다. 악서의 시신을 끓는 물에 삶은 다음 악양에게 보내 그의 마음을 뒤흔들어 놓는 게 어떨까요? 악양은 틀림없이 시름에 빠지고 말 터이니, 그 때를 틈타 군사를 독려해 성 밖으로 나가 싸우는 겁니다. 다행히 승리를 거두면 그 때 다시 의논하소서."

중산의 임금은 사신을 보내 악서의 머리와 삶은 살점을 악양에게 건넸다.

"악서 장군께서 위나라의 병사를 물리치지 못하자, 저희 왕께서는 그를 죽여서 이렇게 삶았습니다. 삼가 그 살점을 바치는 바입니다. 장군의 처자식은 아직 성 안에 살아 있으니, 만약 원수께서 재차 공격하신다면 모조리 죽여 없앨 것입니다.”

악양은 아들의 수급을 바라보면서 비통한 마음을 금치 못했다. 그러나 악양은 병사들의 동요를 진정시키고자 죽은 아들을 향해 욕을 퍼부었다.

“바보 같은 놈! 무도한 임금을 섬겼으니 죽어 마땅하다!”

악양은 즉시 악서의 살점을 먹기 시작했다. 그러고는 사신에게 으름장을 놓았다.

“너희 왕이 고기를 보내주다니…. 성을 함락하는 날 직접 만나 감사의 말을 전하겠다! 나도 이미 큰 가마솥을 준비해 놓았다. 너희 임금과 신하를 한꺼번에 처넣을 수 있을 것이다!”

악양은 더욱 맹렬한 기세로 성을 공격했다. 두려움에 떨던 중산의 왕은 결국 후원 한켠에서 목을 매어 자결하고 말았다.

마침내 위나라 군대는 중산의 도성을 함락했다. 악양은 서문표에게 5,000명의 군사를 내주어 중산을 지키도록 조치한 다음 수레마다 금은보화를 가득 싣고 위나라로 돌아갔다.

기원전 406년, 악양의 대군이 위나라 도성에 당도하자 문후는 몸소 성 밖으로 나가 군사들을 위로했다.

“장군, 나랏일을 하다가 아들을 잃었으니…. 내 죄가 크오!”

악양은 머리를 조아렸다.

“신하된 자로서 어찌 사사로운 일 때문에 대의를 그르치고 주공의 당부를 저버릴 수 있겠습니까.”

악양은 궁궐로 들어가서 정식으로 문후를 알현한 후에 중산의 지도와 보석을 비롯한 전리품의 목록을 바쳤다. 조정의 모든 신하가 악양의 승리를 축하해 주었다.

문후는 주연을 베풀어 악양의 공로를 치하하면서 직접 술을 따라 주었다. 연거푸 술잔을 들이킨 악양은 의기양양해진 나머지 자신의 전공을 은근히 과시하기도 했다. 주연이 끝나자 문후는 악양에게 두 개의 상자를 주었는데, 모두 뚜껑이 단단히 봉해져 있었다.

집에 도착한 악양은 문후가 내린 상자를 열고 안을 살펴보았다. 그는 내심 그 안에 진귀한 보물이 들어 있으리라고 짐작했다. 그런데 상자 안에는 조정 대신의 상소문들이 가득 담겨 있었다. 대부분 악양이 반란을 획책하고 있다는 내용이었다. 악양은 크게 놀랐다.

'그랬구나. 조정에 있는 사람들이 근거 없는 말을 꾸며 나를 모함했구나. 만약 주공께서 나를 깊이 신뢰하지 않고 이들 상소에 현혹되었다면, 어찌 오늘과 같은 공을 세울 수 있었겠는가?

날이 밝자마자 악양은 궁궐로 들어가 문후에게 사례를 올렸다. 문후가 더 많은 상금을 내리려고 하자 악양이 절을 하며 말했다.

"주공께서 나라 안의 어지러운 말을 막아주셨기 때문에 중산을 멸망시킬 수 있었습니다. 신은 단지 나라 밖에서 견마지로犬馬之勞의 노력을 보탰을 뿐입니다. 어찌 큰 공을 세웠다고 할 수 있겠습니까?"

문후는 악양의 뜻을 받아들이지 않고 영수靈壽 지역을 악양의 식읍지로 하사했다. 그 후 악양은 '영수군靈壽君'이라 불렸다.

●●● 썼으면 의심치 말고, 의심이 가면 처음부터 쓰지 말라

위문후가 인재를 선발하는 원칙은 다음과 같았다.

"사람을 쓰는 것은 그릇을 쓰는 이치와 같다. 각 인물의 장점을 취할 뿐
이다."

따라서 그는 완전무결한 사람을 찾지 않았다.

"1척尺의 단점이 있을지라도 1촌寸의 장점은 있는 법이다."

이처럼 위문후는 사람의 장점과 단점에 대해 깊은 통찰을 지니고 있었
다. 한 번 일을 맡기면 그에 대해 의심을 품지 않았을 뿐만 아니라, 그를
위해 어려운 일을 해결해 주고 사람들의 비방을 막아주었다. 문후는 진
정 용인用人의 진수를 체득한 인물이라고 말할 수 있다.

원소袁紹와 조조曹操가 함께 군사를 일으켜 동탁董卓 토벌에 나섰을 때의 일이다. 원소가 조조에게 물었다.

"만약 이 싸움에서 승리를 거두지 못하면, 장차 우리는 어떤 방법으로 대업을 달성해야 한다고 생각하시오?"

조조가 되물었다.

"장군은 어떻게 해야 한다고 생각합니까?"

"남쪽으로는 황하를 경계로 삼고, 북쪽으로는 연燕과 대代 지방을 아우르며, 소수민족의 병력을 규합한 후에 남쪽으로 진출해 천하를

---

*조조曹操(155~220) 삼국시대 위魏 왕조를 세운 장군

다툴 생각입니다. 성공 가능성이 높아 보이지 않습니까?"

조조는 직접적인 대답을 피했다.

"나는 장군처럼 지리적 환경이나 이민족의 힘에 의지할 생각이 없습니다. 나는 지혜를 갖춘 천하의 인재를 등용하고, 도道와 의義로써 그들을 통솔하고 싶습니다. 그러면 승리하지 못하는 경우가 없을 것입니다."

인재를 중시하는 조조의 면모를 엿볼 수 있는 대목이다.

207년에 반포한 봉공신령封功臣令에서 조조는 다음과 같이 말했다.

"내가 의병을 일으켜 황건적의 난을 진압한 지 올해로 19년이다. 그 동안 싸우면 반드시 승리했는데, 내가 잘나서 그랬다고 여기지 않는다. 유능한 사대부의 힘이 있었기에 가능한 일이었다."

조조는 오직 재능 있는 사람만을 중용했다. 그는 재능을 중시한 반면 덕德은 그다지 중시하지 않았다. 이는 인재를 구하기 위해 반포한 세 가지 영令에 잘 드러나 있다.

210년에 반포한 구현령求賢令에는 다음과 같은 내용이 담겨 있다.

"지금 천하의 앞날은 불투명하다. 그러므로 하루라도 빨리 유능한 인재를 구해야 한다. 청렴한 사람만을 고집했다면 제나라 환공은 패자가 될 수 없었을 것이다! 그대들은 나를 위해 구석구석 살펴서 재능 있는 인물을 즉시 천거하라."

214년에 반포한 칙유사취사물폐편단령勅有司取士勿廢偏短令에서도 조조의 인재 등용 원칙을 살펴볼 수 있다.

"행실이 곧더라도 일을 성취하지 못하는 사람이 있으며, 일을 성취하더라도 행실이 곧지 못한 사람이 있다. 진평陳平은 행실이 돈독하지 않았지만 한나라의 기틀을 바로 세웠으며, 소진蘇秦은 신용이 없었는데도 허약한 연나라를 일으켜 세웠다. 단점 때문에 인재를 버리는 어리석음은 범하지 말아야 한다!”

217년에 반포한 거현물구품행령擧賢勿拘品行令을 살펴보자.

“비록 불명예스러운 이름을 얻고, 남에게 멸시당하고, 인자하지 않으며, 효성스럽지 않더라도 나라를 다스리고 군사를 부리는 재능을 지닌 사람이 있거든 절대로 버리지 말고 모두 천거하라.”

모개毛介는 조조에게 ‘천자를 등에 업고 제후를 호령하는’ 책략을 제공해 주었다. 이로 인해 조조는 천하의 정치적 주도권을 잡을 수 있었다. 허유許攸와 순욱荀彧은 관도官渡 전투에서 승리하는 데 결정적 공헌을 했다. 조조가 관도에서 퇴각하려고 하자, 순욱은 절대로 물러서지 말고 기습작전으로 원소를 공격하라고 조언했다.

원소의 부하였던 허유는 조조에게 투항하면서 오소烏巢에 쌓아둔 원소 군대의 군량미를 불태우라는 계책을 제시했다. 조조는 그 계책에 따라 일거에 원소를 격파했다.

조조가 원소의 잔당을 소탕하고 오환烏桓을 정벌할 때 곽가郭嘉는 병든 몸을 이끌고 조조를 따라나섰다. 임종을 앞두고 곽가는 절묘한 계책을 비단주머니에 담아 조조에게 건네주었다. 그 덕분에 조조는 한 명의 군사도 잃지 않고 원소의 두 아들의 수급을 손에 넣을 수 있었다.

전주田疇는 원래 유주목幽州牧 유우劉虞의 부하였다. 유우가 공손찬

公孫瓚에 의해 죽임을 당하자 전주는 자신에게 원수를 되갚을 만한 재능이 없는 처지를 비관해 산 속에서 숨어 살았다. 조조가 오환을 정벌할 때 전주는 산을 나와 길을 안내했다. 조조는 전주 덕분에 의표를 찌르는 작전으로 오환을 섬멸시킬 수 있었다.

'몸은 조조 곁에 있지만 마음은 한나라에 있던' 서서徐庶는 조조를 위해 한 마디의 건의도 하지 않았다. 그러나 서서는 '조조가 예의를 갖추어 인재를 초빙한다' 는 점을 상징적으로 보여주는 역할을 했다. 또한 서서는 유비를 위해 일하지 못하고 조조에게 갔으니 유비로서는 유능한 부하를 잃은 셈이고, 조조로서는 유능한 부하를 얻을 가능성을 열어놓은 셈이었다.

그런데 만약 관우關羽가 진평처럼 형수를 범하고 뇌물을 받았다면 조조는 어떻게 대응했을까? 그 경우에도 조조는 오직 재능만을 따지면서 관우가 자신의 부하장수들을 베며 천 리 밖으로 떠나도록 놓아두었을까?

화심華諶은 원래 조조 밑에서 별가別駕의 직책을 맡았던 인물이다. 장막張邈이 조조에 맞서 반란을 일으켰을 때 화심의 가족들은 장막의 영토에서 살고 있었다. 조조가 화심을 위로하며 말했다.

"그대의 가족이 장막의 수중에 있으니 그 곳으로 가도록 하오."

화심은 조조에게 절을 하면서 두 마음을 품지 않겠다고 맹세했다. 조조에게서 벗어난 화심은 곧장 장막에게 가서 몸을 의탁했다. 반란이 평정되고 사로잡혀온 화심을 놓고 신하들은 그의 참형을 권유하고 나섰다.

그 때 조조는 단호하게 물리쳤다.

"부모에게 효성스러운 사람이 어찌 임금에게 충성을 바치지 않겠
는가? 이런 사람이야말로 내가 기용하고 싶은 인물이다!"

조조는 화심을 노상魯相에 임명했다.

인재는 모든 일의 시금석이다

시대가 어지러울수록 인재의 중요성은 더욱 커진다. 천하의 패권을 놓
고 벌이는 싸움은 바로 인재와 인재 사이의 다툼이라고 말할 수 있다.
삼국시대에 조조 · 유비 · 손권은 용인술에 일가견을 지니고 있었고, 그
런 까닭에 정족지세鼎足之勢를 형성할 수 있었다. 세 사람 가운데 조조
의 용인술이 가장 뛰어났다. 그래서 조조는 가장 많은 인재를 거느렸고,
세력도 가장 강했다.

마음은 어디에 있을까?

마음을 신체의 부분에 비유해서 나타내자면 어디쯤일까? 물론 어려운 대답이 될 수 있겠지만 굳이 비슷한 부위를 골라 말하자면 심장 정도로 대신할 수 있을 것이다. 기쁘거나 슬플 때, 많이 놀라거나 화가 났을 때, 누구나 심장 박동이 빨라지고 가슴이 답답해지는 느낌을 경험해 보았을 것이다. 그렇기 때문에 마음은 심장과 직·간접적으로 연관이 있다고들 생각한다. 우리의 심장 박동이 빨라진다는 것은 마음의 민감한 변화가 있다는 사실을 스스로 느끼는 신호인 셈이다. 따라서 마음은 우리의 심장 속에 있다고도 말하는 것이다. '단장의 슬픔' 이라는 말이 있다. 어떤 나라의 왕이 배를 타고 가다가 우연히 원숭이 모자가 노는 것을 목격하게 되었다. 왕은 이제껏 원숭이를 본 경험이 없었기 때문에 처음 보는 이 동물을 신기하게 생각했다. 왕은 부하에게 작은 새끼 원숭이를 잡아오라고 명령했다. 명령을 받은 부하는 모자 원숭이를 포획하는 데 성공했지만 왕의 명령대로 새끼 원숭이만 데리고 왕에게 갔다. 그러자 크게 상심한 어미 원숭이가 눈물을 흘리며 그 자리에서 죽어버렸다. 그 모든 광경을 지켜보던 왕은 기이한 생각이 들어 어미 원숭이의 배를 갈라보도록 명령했다. 그런데 어미 원숭이 몸 속의 내장이 끊어지고 심장이 터져 있었다. 새끼를 잃어 장과 심장이 터져버리는 슬픔을 견디지 못해 죽은 것이다. 이처럼 마음은 심장과 내장에 있는지도 모를 일이다.

사람들은 보통 하트 모양을 그려 자신의 마음을 나타낸다. 슬픈 것을 가리켜 가슴이 아프다고 말하거나, 잘못을 저질렀을 경우 그 행위가 옳은 것인지 그른 것인지 가슴에 손을 얹고 생각해 보라고 말하기도 한다. 생각은 머리에서 하고, 마음은 가슴에서 묻어나오는 것으로 여긴다. 그러나 사실 이 모든 생각이나 마음의 작용들은 뇌에서 발생하는 것이다. 감정이나 의지의 작용이 시작되면 교감신경의 작용으로 심장에 영향을 미쳐 가슴의 감각(두근거림, 통증 등)으로 나타난다고 한다. 감정이 섞이지 않은 단순한 생각을 하는 경우 이와 같은 심장의 강한 동요가 발생하지 않는다. 결국 우리 마음 속 미세한 떨림은 두뇌의 작용인 셈이다.

유비劉備가 죽은 후에 제갈량諸葛亮은 정사를 주관하는 한편 걸출한 인재를 물색하는 데 힘을 기울였다. 그는 인재를 선발할 때 재능은 물론이고 덕행을 매우 중시했다. 〈전출사표前出師表〉에서 비위費禕와 동윤董允을 추천하며 제갈량은 '선량하며 뜻이 순박하다'고 강조했다. 또한 후주後主 유선劉禪에게는 "현명한 신하를 가까이 하고, 소인배를 멀리 하라"고 당부했다.

그런데 옛사람들은 덕행이 높고 세상을 구제할 만한 재능을 지닌 인물을 가리켜 현명한 신하라고 지칭했다. 제갈량은 국정 운영의 핵

---

*제갈량諸葛亮(181~234) 삼국시대 촉蜀나라의 승상

심이 현명한 신하를 등용하는 데 달려 있다고 보았다.

"예로부터 현명한 신하를 잃고도 위험한 상황을 맞지 않은 나라가
없고, 현명한 신하를 얻고도 안정을 이루지 못한 나라가 없다. 인물
위주로 관직을 선택하면 나라가 어지러워지고, 관직 위주로 인물을
선택하면 나라 운영이 순탄하다. 그러므로 현명한 인재를 구하는 일
에 힘써야 한다."

제갈량은 현명한 인재를 기용하는 일을 자신의 임무로 여겼으며,
인재 선발의 기준으로 '덕행'과 '재주'를 들었다. 그는 장완·비위·
동윤·강유를 발굴해 후계자로 육성했다. 당시 촉나라 사람들은 그들
을 '사상四相(네 명의 재상)' 또는 '사영四英(네 명의 영재)'이라고 불렀다.
《삼국지연의三國志演義》는 강유를 제외한 세 사람의 행적을 간단하게
소개하고 있지만 《삼국지三國志》〈촉서蜀書〉에는 비교적 자세하게 기
록되어 있다.

위연魏延은 촉한의 맹장으로서 그의 무예와 능력은 오호장군五虎將
軍에 버금갔다. 유비는 생전에 위연을 높게 평가했다. 조조로부터 한
중漢中을 탈취한 유비는 모든 책임을 지고 그 곳을 지킬 장수를 물색
했다. 사람들은 틀림없이 장비張飛가 뽑힐 것이라 예측했고, 장비도
그렇게 짐작하고 있었다.

그러나 유비는 위연을 기용하는 파격적인 인사 조치를 내렸다. 유
비는 위연을 독한중督漢中 진원장군鎭遠將軍으로 승진시켜 한중태수漢
中太守에 임명했다. 모든 사람들이 그의 중용을 두고 놀라움을 금치
못했다.

유비가 죽은 후 제갈량은 위연을 촉나라 군대의 대들보로 여겼으며, 많은 사람들이 제갈량의 후계자로 위연을 꼽고 있었다. 그러나 죽음을 앞둔 제갈량은 장완을 후계자로 삼았다. 《삼국지연의》에서는 위연에게 반골 기질이 있었다고 그 이유를 설명하지만, 이는 사실이 아니다.

제갈량의 후계자 선택 기준은 덕행과 능력이었다. 위연은 비록 재주가 많고 용맹했지만 지나치게 자긍심이 높아서 사람들이 기피했다. 즉 위연은 사람을 주변에 두지 못하는 결정적인 단점을 지니고 있었다.

위연과 양의楊儀는 제갈량의 수족과도 같았지만, 정작 두 사람은 물과 불처럼 서로를 용납하지 못했다. 심지어 말다툼을 벌이다가 위연이 칼을 뽑아들고 양의에게 달려든 적도 있었다. 평소 제갈량은 위연의 재능을 이용할 뿐 결코 중임을 맡기지 않았다. 그런 점에서 제갈량이 사람을 잘 부렸다고 볼 수 있다. 제갈량이 죽은 후에 위연은 나라의 대세를 돌아보지 않고 개인적인 원한과 권력욕을 앞세워 늘 양의와 다투었다. 결국 그는 마대馬岱에게 피살당하고 말았다.

장완은 자가 공염公琰이며, 영릉零陵 상향湘鄕 출신이다. 유비를 따라 촉나라에 들어와 광도장廣都長에 임명되었는데, 어느 날 광도에 들른 유비는 술에 취한 장완의 모습을 발견했다. 유비는 장완이 공무를 태만히 한다면서 화를 참지 못하고 장완을 죽이려 했다. 그 때 제갈량이 만류하고 나섰다.

"장완은 일개 고을을 다스릴 사람이 아니라 장차 사직을 지킬 인물입니다. 그는 백성의 안정을 급선무로 생각하지만 관아를 치장하는 일 따위에는 조금도 신경을 쓰지 않았습니다. 주공, 다시 한번 살피시지요."

유비는 제갈량의 말을 듣고 장완을 파직시키는 선에서 일을 매듭지었다. 훗날 장완은 제갈량의 추천으로 상서랑이 되었다가 참군參軍을 거쳐 장리長吏와 무군장군撫軍將軍을 겸임했다. 제갈량이 위나라 정벌에 나서자 장완은 병사를 모집하고 식량을 공급하는 일을 맡아서 빈틈없이 수행했다. 그러자 제갈량은 "장완이 이토록 일을 성실하게 처리하니, 나와 함께 왕업을 이룰 것이다"라며 크게 칭찬했다.

제갈량이 죽자, 후주는 그의 뜻에 따라 장완을 상서령에 임명해 국정을 맡겼다. 제갈량을 잃은 촉나라 사람들은 너나없이 두려운 기색을 감추지 못했다.

하지만 장완은 묵묵히 날마다 많은 일을 처리해 나갔다. 그런 모습을 보고 사람들은 장완을 믿고 따르기 시작했다. 도량이 넓은 장완은 충심 어린 충고를 받아들였으며, 공무를 처리할 때는 사적인 감정을 따지지 않았다. 그 결과 제갈량의 기대를 저버리지 않은 장완은 나라를 안정시키고 인화를 이루어냈다.

비위는 재간이 많은 사람이었다. 비위가 오나라에 사신으로 갔을 때, 오나라 관리들은 그에게 대답하기 곤란한 질문을 퍼부었다. 그러나 비위는 절묘한 논리를 이끌어내면서 일일이 받아쳤다. 장완의 뒤

를 이어 상서령에 임명된 비위는 수많은 공무를 능수능란하게 처리했
으며, 군사적인 업무도 차질 없이 수행함으로써 이웃 나라로부터 공
격당하는 일이 발생하지 않았다.

동윤은 시중侍中으로서 상서령 업무를 담당했다. 그는 공정하고
올곧은 자세로 일을 처리하고, 스스로를 낮추는 미덕을 보였다. 주
색잡기에 탐닉하던 후주는 민간의 여인들을 뽑아 후궁으로 삼으려
했다.

하지만 동윤이 이를 끝까지 반대하는 바람에 뜻을 이루지 못했다.
후주의 총애를 받던 환관 황호黃皓도 동윤을 두려워하여 감히 못된 짓
을 할 엄두조차 내지 못했다. 동윤은 명성과 이익을 탐하지 않았다.
장완이 후주에게 상소문을 올려 작위를 주자고 건의했지만, 동윤은
끝까지 사양하면서 이를 받아들이지 않았다.

제갈량은 강유에 대해 '군사軍事에 밝고, 담력이 있으며, 병법에 통
달했다'고 평가했다. 장완과 비위 등이 죽은 뒤에 강유는 촉나라를
보위하는 중책을 맡았다. 강유는 제갈량의 유지를 받들어 위나라 정
벌에 힘을 쏟는 한편, 후주에게 음평陰平 등의 지역에 군대를 파견하
자고 건의했다. 그러나 우매한 후주는 강유의 건의를 묵살했다. 그 결
과 위나라 장수 등애鄧艾는 몰래 음평을 거쳐 성도成都로 진격, 촉나
라를 멸망시켰다.

나라를 잃은 책임을 강유에게 돌리기는 어렵다. 사마소司馬昭는 촉
나라가 멸망한 뒤에 이런 말을 했다.

"후주가 저 모양이니, 설령 제갈량이 살아 있다 해도 나라를 보전

하기 어려울 것이다. 하물며 강유야 말할 필요가 있겠는가?"

제갈량 사후에 장완·비위·강유는 무려 29년 동안 촉나라의 정사·군사를 주관했다. 이는 유비와 제갈량이 촉나라를 통치한 기간보다 9년이나 더 긴 시간이다. 당시 촉나라는 위나라에 견주어볼 때 절대적인 열세에 놓여 있었으며, 위나라의 인재도 하나같이 만만치 않은 상대였다.

객관적인 전력상 촉나라가 이길 가능성은 전혀 없었다. 제갈량도 온힘을 기울였건만 결국 공을 세울 수 없었고, 강유 등의 노력도 대세를 전환시킬 수 없었다.

이 같은 상황에서 세 사람은 29년 동안 촉나라를 지켜냈다. 이는 그들이 비범한 재주와 크나큰 충성심을 지니고 있었다는 반증인 동시에 덕행과 능력을 겸비한 인재를 기용한 제갈량의 선택이 옳았음을 암시하고 있다.

제갈량이 중용한 사람은 하나같이 재주와 덕행을 겸비했는데, 이는 그의 품격과 관계가 깊다. 즉 제갈량은 뛰어난 능력과 함께 높은 덕행을 지니고 있었으니, 그는 중원 정벌에 나서면서 '전심전력을 다할 것이며 죽은 다음에야 그만두겠다'는 숭고한 자세를 보였다. 또한 죽음을 앞두고 후주에게 올린 글을 보면 그가 얼마나 청렴한지 알 수 있다.

"신의 집에는 뽕나무 팔백 그루와 논밭 오십 경頃이 있어 자식들이 먹고사는 데는 지장이 없습니다. 또한 신이 한중에서 지낼 때 필요한 물건은 모두 관청에서 지급받아서 쓰고, 달리 재산을 불리는 일은 도모하지 않았습니다. 신이 죽은 후 집 안팎에 많은 재산을 남겨서 폐하께 누를 끼치지 않으려는 생각이었습니다."

제갈량이 죽은 후에 조사해 보니 그가 말한 바와 조금도 차이가 없었다. 그렇게 제갈량이 모범을 보인 까닭에 그의 부하들도 똑같이 청렴한 자세를 유지했다. 비위에 대한 기록을 살펴보자.

"품성이 겸손하고 소박했다. 재산을 늘릴 생각을 하지 않으면서 자식들에게 베옷을 입고 검소한 식사를 하도록 지시했다. 또한 외출할 때 타고 다닐 수레와 말도 없었으니, 일반 백성과 다름이 없었다."

강유에 대한 기록을 보자.

"집은 허름하며 가재도구에는 어떤 치장도 없었다. 그의 첩은 입을 속옷이 없었으며, 뒷마당에서 음악 소리가 들린 적이 없었다."

끼리끼리 서로 아끼는 법이며, 현인이 현인을 천거하는 법이다. 어떤 면에서 보면, 역사적 인물에 대한 평가는 백성들이 가장 정확하게 내린다고 말할 수 있다. 제갈량이 죽은 후에 "모든 백성이 하늘을 우러러보며 제사를 지냈을 뿐 아니라 오랑캐도 들에 나가 제사를 지냈다"고 한다.

●●● 사람을 위주로 관직을 선택하면 나라가 어지러워지고, 관직을 위주로 사람을 선택하면 나라가 잘 다스려진다

인재를 선발·중용할 때는 능력을 고려하지 않을 수 없지만, 그와 더불어 덕행과 인품도 반드시 고려해야 한다. 재주만 있고 덕이 없으면 사람의 마음을 끌어모을 수 없다. 이른바 현인이란 재능과 덕행을 겸비한 인물이다. 제갈량이 현인을 물색한 이유는 재능과 덕행이 나라를 다스리는 일과 어떤 관계가 있는지 깊이 깨닫고 있었기 때문이다. 그러므로 제갈량은 매우 지혜로운 안목을 갖춘 인물이라 할 수 있다.

인재는 나라를 다스리고 안정시키는 바탕이다. 632년 이세민李世民은 위징에게 이렇게 말했다.

"옛사람이 말하기를 '임금 노릇을 잘 하려면 관직을 위주로 사람을 선택해야 하며, 경솔하게 사람을 임용하지 말아야 한다' 고 했소이다. 그리고 내가 무슨 일을 하면 천하 사람이 바라보고, 무슨 말을 하면 천하 사람이 귀를 기울이지 않소? 정직한 사람을 관직에 기용하면 다른 사람에게 좋은 일을 하도록 권유할 테고, 악독한 사람을 관직에 기용하면 행실이 못된 사람이 권력에 빌붙고자 아우성을 칠 것이오. 상

*이세민 李世民 (598~649) 당唐나라 제2대 황제

벌이 분명해야 공을 세운 사람은 승진하고, 공이 없고 악한 일을 한 사람은 퇴출될 것이오. 그래서 지도자는 사람을 쓸 때 삼가고 조심해야 하는 거요."

이세민은 현명한 인재를 구하는 일에 힘을 기울였으며, 인재인지의 여부를 알아보는 능력이 군왕의 첫번째 임무라고 생각했다.

631년 온 천하가 극심한 가뭄에 시달렸다. 곡식이 말라죽고 쭉정이로 변하자, 백성들은 눈을 부릅뜨고 곡식 한 톨 얻기 어렵다며 발을 굴렀다. 이세민의 마음 속에도 근심이 가득했다. 백성에게는 먹을 것이 우선 아닌가? 먹는 문제를 해결하지 못하면 나라가 편안할 수 없지 않은가? 이세민은 조정의 모든 신하를 불러서 대책을 의논했고 각자의 의견을 조정에 건의하라고 지시했다.

많은 신하들이 상소문을 올려 나름대로 해결책을 제시했다. 그 중 이세민이 가장 눈여겨본 것은 중랑장 상하常何의 상소였다. 상하는 20여 가지에 달하는 방법을 제시했는데, 모두 현실에 부합하고 방법도 간단해서 실행하기가 쉬웠다. 상하는 특별히 이런 말을 했다.

"나라의 흥망은 창고에 얼마나 많은 곡식을 쌓아놓느냐에 달려 있지 않고, 백성의 안위에 달려 있습니다. 백성이 괴로워하면 나라가 망하고, 백성이 즐거워하면 나라가 흥합니다."

이어서 상하는 백성의 노역과 세금을 줄이고, 관청은 각종 지출을 줄여야 한다고 역설했다. 또한 유능하고 현명한 신하를 지방에 파견해 각종 폐단과 폐습을 혁신하고, 백성과 함께 수리사업을 일으켜 가뭄을 극복하고 농업을 발전시켜야 한다고 주장했다.

　이세민은 박수라도 쳐주고 싶은 심정이었다. 그런데 돌연 한 가지 의문이 생겼다. 신체가 건장한 반면에 평소에 글을 쓰지 않는 상하가 어떻게 이토록 훌륭한 제안을 할 수 있단 말인가? 이세민은 즉시 상하를 불러들여 전후 사정을 캐물었다.

　"폐하, 제가 어떻게 그런 일을 할 수 있겠습니까? 폐하께 올린 상소는 제 생각이 아니고 저의 문객인 마주馬周의 의견입니다. 그는 참으로 보기 드문 인재입니다!"

　의혹이 풀린 이세민은 신하를 보내서 마주를 데려오라고 지시했다. 마침 침상에서 쉬고 있던 마주는 이세민의 신하를 보자 서둘러 옷을 차려입고 자리에서 일어났다. 그러나 이세민은 그 잠깐 동안의 시간을 참지 못해 계속해서 신하를 보냈고, 이 때문에 마주는 세 명의 신하를 영접하게 되었다. 마주는 크게 감동을 받았고 드디어 명군明君을 만났다고 생각했다.

　마주는 박주博州 출신으로 조실부모하여 집안 형편이 매우 곤궁했다. 그러나 그는 어릴 때부터 학문에 힘쓴 결과 풍부한 지식과 탁월한 안목을 지니게 되었다. 그는 박주의 학당에서 글을 가르치다가 관리들의 안목이 좁은 데 불만을 품고 도성으로 와서 상하에게 몸을 의탁했다. 상하는 그를 알아보고 크게 대우해 주었다. 상하가 상소문 때문에 전전긍긍하자 마주는 대신 상소문을 써주기에 이르렀다.

　마주가 도착하자 이세민은 크게 기뻐했다. 마주는 키도 크고 생김새가 당당했으며, 함께 대화를 나눠보니 식견이 뛰어나, 헛된 모습이라고는 찾아보기 힘들었다. 이세민은 그 자리에서 마주를 문하성門下

省 감찰어사監察御使에 임명했고, 인재를 추천한 공로를 인정해 상하에게는 최고품 비단 삼백 필을 하사했다.

당시 마주의 나이 31세였다. 이름 없는 선비가 일약 감찰어사가 된 경우는 매우 파격적인 등용이었다. 게다가 몇 번 자리를 옮기더니 얼마 지나지 않아 중서사인中書舍人으로 승진했다.

마주는 임기응변에 능했고, 재주와 식견이 많았으며, 상소를 올리고 주청할 때는 조리가 분명했다. 특히, 일의 핵심을 잘 파악할 줄 알아서 이세민에게 많은 신임을 받았다.

훗날 마주는 중서령中書令에 올라 태자太子 좌서자左庶子를 겸임했는데, 일 처리가 공정하고 타당해 백성들의 칭송이 높았다. 또한 이부상서의 일을 맡게 됐을 때도 뛰어난 업무 능력을 발휘했다.

마주의 재능에 대해 이세민은 이렇게 평가했다.

"마주는 관찰력이 예민하고 빠르며, 품성이 성실하고 정직하다. 타인을 평가할 때 공정한 마음으로 있는 그대로만 말한다. 마주가 천거한 인물들을 기용해 보니, 그 중 대부분의 사람이 내 마음에 든다. 충성과 마음을 다해 나를 따르니, 그의 재능을 잘 활용하여 나라를 편안하게 만들어야겠다."

이세민은 민족을 따지지 않고 계심하력契芯何力을 중용하기도 했는데, 이는 사람을 알아보는 이세민의 안목이 탁월했다는 증거다.

계심하력은 돌궐족突厥族 부족장 가운데 한 사람이었다. 그는 632년 수하에 있던 부족을 이끌고 하주河州로 이주해 당나라에 귀순했다. 계심하력이 용감하고 무예가 뛰어나고 앞을 내다보는 안목을 갖춘 인재라는 것을 파악한 이세민은 그를 잘 다독여 소수민족 사회에서 연쇄적인 파급 효과를 얻을 수 있으리라는 판단을 했다. 결국 그를 좌영군장군左領軍將軍에 임명했다.

당시 청해靑海 지역 동남부에 있던 토곡혼吐谷渾이 반란을 일으켜 그 지역에 대한 당나라의 통치권을 위협하고 있었다. 이세민은 계심하력, 이대량李大亮, 설만균薛萬鈞을 보내 토곡혼을 정벌했다. 치열한 전투 중 설만균 형제가 부상을 당해 말에서 떨어지자, 계심하력은 군사를 몰아 용감하게 싸워 설만균 형제를 구했고, 승리의 여세를 몰아 토곡혼의 반란을 진압했다.

승전보를 접한 이세민은 매우 기뻐하며 사자를 보내 장병들을 위로했다. 그런데 평소부터 계심하력을 질시하던 설만균은 사자에게 거짓된 말들을 늘어놓으며 계심하력을 모함했다. 사자의 보고를 받은 이세민은 그 모함을 믿지 않았다.

계심하력이 돌아오자 이세민은 그 일을 물어보았고, 계심하력은 사실대로 대답했다. 이세민은 몹시 진노하여 설만균의 직책을 박탈하고 그 자리에 계심하력을 앉히려고 했다. 그러자 계심하력이 말했다.

"폐하, 이 한 가지 일 때문에 설만균을 파직하는 것은 온당한 처사가 아닙니다. 아직 서쪽의 소수민족은 이 사건의 진상을 모르고 있기 때문입니다. 폐하께서 호인胡人을 중시하고 한인漢人을 경시한다고 그들이 인식하면 어떻게 되겠습니까? 점점 한인을 우습게 여기는 풍조가 생길 테고, 그러면 결국 나라의 안정을 해치게 됩니다. 폐하, 숙고한 연후에 처결하시기 바랍니다."

이세민은 계심하력의 주청이 일리 있는 말이라고 여기면서 설만균을 현무문의 숙위장宿衛長에 임명해 둔영屯營의 사무를 처리하도록 조치했다. 그것은 일종의 징벌이었다. 그리고 이세민은 계심하력을 아끼는 마음을 표시하기 위해 자신의 말인 임조공주臨兆公主를 그에게 시집보냈다.

계심하력이 도성에 머물게 되면서 모친과 오랫동안 상면하지 못하자, 이세민은 계심하력이 양주凉州로 가서 모친을 만날 수 있도록 주선했다. 그런데 당시 양주에 있던 철륵족鐵勒族 설연타薛延陀 부족의 세력이 강성해지던 때였다. 계심하력 부족의 일부 반당反唐 세력은 계심하력의 모친과 동생들을 협박해 설연타 부족에게 귀순하도록 만들었다. 반당 세력은 그 여세를 몰아 계심하력에게도 압력을 넣으며 설연타 부족에게 귀순하도록 종용했다.

그러나 계심하력은 침착한 표정으로 하나하나 이치를 따져가며 엄숙하게 말했다.

"당나라 황제가 많은 은총을 내려주었음에도 불구하고 너희는 어찌 반역을 입에 담는단 말이냐! 나는 당나라 황제에게 충성을 바칠 것이다! 결코 투항하는 일은 없을 것이다!"

마침내 계심하력은 설연타 부족에게 넘겨졌다. 그리고 설연타 부족의 족장은 계심하력을 위협했다.

"지금 네 앞에는 두 갈래 길이 있다. 나와 함께 당나라에 대항할 테냐, 아니면 이 자리에서 죽음을 맞이할 테냐!"

그러나 계심하력의 얼굴에선 두려운 기색을 찾아볼 수 없었다. 그는 차고 있던 칼을 뽑아 왼쪽 귀를 잘라낸 뒤 떨어져나간 귀를 꼭 쥔 채 동쪽을 향해 소리질렀다.

"위대한 당나라의 장수가 도적의 무리에게 굴복할 수 있단 말이냐! 천지일월이시여, 당나라에 대한 내 충성심을 굽어 살피소서!"

설연타 부족의 족장은 하는 수 없이 계심하력을 감옥에 가두었다. 그 즈음 당나라 조정 안팎에는 계심하력이 투항했다는 소문이 떠돌고 있었다. 그러나 이세민은 그 말을 믿지 않았다.

"계심하력이 나를 배반할 리 없다. 누구든지 그가 배반했다고 입을 놀리는 자가 있으면 엄중히 문책하겠다!"

얼마 후, 이민족의 거친 위협에도 계심하력이 끝내 굴복하지 않았다는 소식이 전해지자, 이세민은 눈물을 흘렸다.

"나는 지금까지 사람을 잘못 본 적이 없었어! 나는 지금까지 사람을 잘못 본 적이 없었어!"

계심하력이 병으로 죽자 조정은 그를 보국대장군輔國大將軍 소주도독蘇州都督에 추증하고, 이세민의 무덤 옆에 안장해 주었다. 그것은 봉건사회에서 신하에게 내려주는 최고의 예우였다.

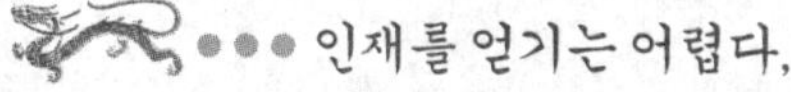

●●● 인재를 얻기는 어렵다, 그러나 인재를 알아보기는 더욱 어렵다

사람을 알아보는 일은 사람을 부리는 일의 전제조건이다. 우선 누가 인재인지 파악돼야 사용 여부를 결정할 수 있기 때문이다. 그래서 사람을 부리는 일은 쉽지 않으며, 사람을 부리기 위해 알아보는 일은 더욱 어렵다. 사람을 잘못 부려 얻게 된 손실은 만회하기 어렵다. 이세민은 사람을 알아보는 능력이 뛰어나 현명하고 이름난 많은 인재를 자신의 곁에 둘 수 있었다. 그 덕분에 천고의 명군名君으로 이름을 남길 수 있었다. 즉 인재를 알아볼 수 있는 혜안慧眼이 위대한 '정관의 시대(당나라 제2대 황제 태종太宗 이세민李世民의 치세로 태평성세의 본으로 삼았다—옮긴이)'를 열 수 있었던 힘이다.

조광윤의 호재護才

송나라 태조 조광윤趙匡胤은 평민 출신의 군인으로 황제 자리에 오른 사람이다. 그의 주변에는 무인 출신들이 많았지만 천하의 일을 기획하고 문물과 예의를 바로세울 만한 능력을 갖춘 인재는 부족했다. 더구나 오대五代 시대를 거치며 풍속이 문란해진 탓에 인품, 재능, 학식 등을 두루 갖추고 황제를 보필하며 태평성대를 이끌어갈 만한 인재는 더욱 적었다. 그런 까닭에 조광윤은 천하를 얻은 초기에 인재를 매우 아끼고, 신하들에게 넉넉하게 대했으며, 사람을 죽이는 일을 자제하며 하층 계급에서 선발한 우수한 인재들에게 관심을 기울였다.

* 조광윤趙匡胤 (927~976) 송宋나라 창건, 중국 대륙을 거의 통일한 황제

사마광司馬光의 《속수기문涑水記聞》에 따르면, 조광윤은 늘 작은 공책을 갖고 다니면서 조정과 지방 관리에 대해 관찰하고 조사한 내용을 기록했다고 한다. 즉 조광윤은 지위 고하를 막론하고 조금이라도 괜찮은 재능과 행실이 엿보이는 쓸 만한 인재들을 공책에 기록해 두었다가, 어떤 곳에 결원이 생기면 그 공책을 열어 적임자를 찾아 중용했다.

아울러 지위는 높아도 재능이 없는 관리는 실권이 없는 한가한 부서로 기용했고, 반면에 지위는 낮지만 걸출한 재능을 갖고 있는 관리는 중요한 부서로 배치했다.

960년 회남군부 이중진李重進의 반란을 평정한 조광윤은 내각성사內閣省使 왕찬王贊에게 양주揚州 군부의 일을 처리하도록 지시했다. 왕찬은 성품이 청렴하고 정직했기 때문에 간교하고 사악한 일을 발견하면 상대를 가리지 않고 사정없이 몰아세우곤 했다. 왕찬의 재능을 익히 알고 있던 조광윤은 병란에 처한 양주를 안정시키기 위해 그를 파견했다. 그런데 왕찬은 양주로 가던 도중 물에 빠져 목숨을 잃었고 그 소식을 들은 조광윤은 매우 슬퍼하면서 이렇게 말했다.

"내가 추밀사樞密使를 죽인 거야!"

인재를 아끼는 그의 마음을 엿볼 수 있는 대목이다.

조광윤은 인재를 식별하는 남다른 안목을 지니고 있었다. 그는 누가 자신을 추종하는지, 누가 어느 계파에 속하는지 따지지 않고 오직 일의 전후 사정을 살펴 사람을 판단했다. 조빈曹彬은 선비 같은 풍모를 지닌 장수로서 원래는 관청에서 사용하는 차와 술의 공급을 담당하던 하급관리였다. 그는 후주後周의 황후와 친척 간이었던 덕을 보기도 했는데, 조광윤이 후주의 금군禁軍(천자天子의 궁성을 지키던 군대—옮긴이)을 거느릴 때 조빈은 공무가 아니면 조광윤을 찾지 않았다. 한번은 집에서 주연을 베풀던 조광윤이 조빈에게 술을 요구했다. 그러나 조빈은 그 요구를 일언지하에 거절했다.

"이것은 관청의 술입니다. 제 마음대로 내줄 수 없습니다."

그리고 자신의 돈으로 술을 사서 조광윤에게 보냈다. 비록 작은 일이었지만 조광윤은 큰 감동을 받았다. 조광윤이 황제에 즉위한 직후 여러 신하 앞에서 이렇게 말했다.

"후주의 신하 가운데 스스로를 속이지 않은 사람은 조빈 한 사람뿐이오."

조광윤은 청렴하고 성실한 조빈을 매우 신임해서 그에게 군권軍權을 맡겼고, 마침내 조빈은 송나라 초기의 명장으로 이름을 드날렸다.

조광윤은 인재를 충분히 살펴본 다음 그 사람에게 가장 적당하다고 생각하는 자리에 기용했다. 그는 어떤 사람이 어떤 자리에 맞는지 정확하게 알고 있었다. 그는 늘 다음과 같은 말을 했다.

"부귀한 집안의 자식은 술이나 마시고 비파나 연주할 줄 알지 백성의 고단한 삶은 전혀 모른단 말이야!"

그래서 그는 조상의 공덕으로 벼슬에 오른 사람은 현장의 일을 익히게 하되, 절대로 고을의 수령으로 발령하지 말라는 규정을 만들었다. 975년 교방사敎坊使 위덕인衛德仁은 나이가 든 이유로 지방관으로 임명해 달라고 청하며, 후당後唐 동광同光 시대의 예를 들먹여 군수郡

守 자리를 요구했다. 그러나 조광윤은 후당 장종莊宗이 광대를 자사刺史에 임명해서 실정을 자초했다며 요구를 거절했다. 그리고 위덕인에게 음악을 담당하는 자리가 적당하다며 태상시太常侍 대악서령大樂署令에 임명했다.

결국 조광윤은 위덕인을 실권 있는 자리에 기용하지 않았는데, 일개 악사樂師의 도를 넘는 요구를 거절하는 것은 당연한 조치이기도 했지만 그 같은 결정은 위덕인을 위한 배려이기도 했다. 왜냐하면 악사 출신인 위덕인에겐 백성을 보살피고 고을을 다스릴 만한 재주가 없으니 보나마나 실패할 테고, 그렇게 되면 두 번 다시 높은 관직을 보장받지 못하기 때문이다.

조광윤은 문인을 우대하는 정책을 시행했고, 그 영향으로 송나라에는 '선비를 양성하는' 전통이 확립되었다. 그가 황제에 오른 지 3년째 되던 해, 비밀리에 비석을 제작해 태묘太廟(역대 왕과 왕비의 신위를 봉안한 왕실의 묘건축—옮긴이)에 있는 황제의 숙소에 보관하도록 조광윤이 명을 내렸다.

"앞으로 제사를 지내거나 새로운 황제가 즉위할 때마다 황제에게 비석에 적힌 글을 읽도록 청하라. 그리고 황제가 비석을 보러 갈 때엔 글을 모르는 내시 한 사람만 대동하고, 나머지 사람은 마당에서 기다리되 머리를 돌려 바라보지도 말아야 한다. 황제는 먼저 비석을 향해 절을 한 다음 무릎을 꿇고 앉아 조용히 글을 암송해야 한다. 대신이나 내시는 물론 그 누구도 비석의 내용을 알아서는 안 된다."

그 후 송나라의 모든 황제는 조광윤의 명령을 준수했다. 1127년 송나라를 침공한 금金나라는 예악과 제사에 사용하는 기물器物을 모조리 약탈해 갔다. 그 때 태묘의 문이 부서지는 통에 사람들은 그 비석을 볼 수 있었다. 비석의 내용은 크게 두 가지였다. 첫째, 시씨柴氏의 후손이 죄를 짓더라도 관대하게 용서해 주라고 당부했으며, 둘째 사대부를 비롯하여 상서를 올리거나 간언하는 사람은 절대로 죽이지 말라고 충고했다.

중서령 조보趙普와 정사를 의논하는 자리에서 조광윤이 물었다.

"어떻게 해야 서한의 상유한桑維翰 같은 사람이 나를 찾아와 돕겠소?"

"상유한이 지금 여기에 있어도 폐하는 기용하지 않을 겁니다. 왜냐하면 상유한은 돈을 좋아하기 때문입니다."

"장점을 취하려면 단점에 대해서 눈감아 주어야 하지 않겠소? 고리타분한 서생(조보)의 안목은 너무 짧단 말이야…. 10만 관을 주면 집안이 돈으로 꽉 차지 않겠소?"

조보는 송나라 초창기에 나라의 기틀을 잡는 데 크게 공헌한 인물이었다. 그는 금전적인 문제에 엄격하지 못해서 늘 조그마한 이익에 매달리는 인물이었다. 그러나 조광윤은 그의 재능을 높이 평가해 그의 단점을 눈감아 주었다.

973년 조광윤이 조보의 집을 방문했는데, 때마침 오월吳越의 국왕 전숙이 조보에게 편지와 함께 해산물을 선물로 보냈다. 조보는 그 선물을 처마 밑에 쌓아두고 있다가 조광윤이 갑자기 들이닥치는 바람에 미처 선물을 감추지 못하고 말았다. 조광윤이 무슨 물건이냐고 묻자 조보는 사실대로 말할 수밖에 없었다.

"해산물? 정말 좋지."

조광윤이 그렇게 말하고 사람을 시켜 개봉해 보니, 선물은 해산물이 아니라 전부 금덩이였다. 조보는 두려운 마음에 무릎을 꿇으며 머리를 조아렸다.

"저는 아직 오월 왕의 서찰도 읽어보지 못했습니다. 정말로 무슨 물건이었는지 모르고 있었습니다."

"괜찮소, 받아두시오. 서생이 국가 대사의 막중한 위치에 있다 보니 그가 선물을 보내는 것 아니겠소?"

또한 조광윤은 유능한 장수에게도 너그러운 마음으로 대했다. 관남순검사關南巡檢使 이한초李漢超는 요遼나라에 대한 방어임무를 잘 수행했지만 평소 법을 잘 지키지 않는 단점이 있었다. 어느 날 관남의 백성 하나가 도성에 와서 이한초가 돈을 빌려 갚지 않을 뿐만 아니라 자신의 딸을 강제로 끌고가 첩으로 삼았다고 하소연했다. 조광윤은 1,000명 정도의 군사는 쉽게 얻을 수 있어도 용맹한 장수 한 사람은 얻기 힘들다는 사실을 잘 알고 있었다. 그러나 이한초의 불법 행위에 대해서 죄를 묻지 않을 수도 없었다. 조광윤이 그 백성을 불러다놓고 물었다.

"이한초가 관남에 간 이후 요나라 군대가 몇 번이나 쳐들어왔느냐?"

"한번도 없었습니다."

"과거에는 요나라 군대가 노략질을 해도 변방의 장수들이 막아내지 못했다. 그래서 하북 지방의 백성은 매년 식량과 재산과 아녀자를 강탈당했고, 그 와중에 많은 사람이 목숨을 잃었다. 그런데 지금 네 집의 재산과 아녀자는 무사하지 않느냐? 이한초가 빌려간 돈과 요나라 군대가 빼앗아간 돈을 비교하면 어느 것이 더 많으냐? 그리고 네 딸은 몇 명이며, 어떤 사람에게 시집보냈느냐?”

백성은 낱낱이 사실대로 고했다.

“모두 시골의 농사꾼에게 시집을 갔군. 봐라, 이한초는 내가 아끼는 신하다. 네 딸을 좋아해서 데려갔으니, 이제 네 딸은 부귀를 누리지 않겠느냐?”

백성은 할 말을 잃고 집으로 돌아갔으며, 조광윤은 사람을 보내어 이한초의 잘못을 질책했다.

“돈이 필요하면 나에게 말할 것이지, 왜 백성에게서 빌리느냐? 빌린 돈을 모두 돌려줘라!”

조광윤은 은자 수백만 냥을 이한초에게 보내주었고, 이에 감격한 이한초는 황제의 은혜를 죽음으로써 보답하겠다고 맹세했다.

●●● 인재를 보호하면 자신도 보호할 수 있다

이 세상에 완전한 사람은 없다. 인재를 물색하면서 흠 없는 팔방미인을 원한다면, 그 누구도 마음에 들지 않을 것이다. 조광윤은 인재를 아끼고 보호하면서 이렇게 생각했다.

“장점은 취하고 단점은 눈감아 주면서 능력을 최대한 발휘하도록 유도

해야 한다. 그와 동시에 법과 황제의 권위로써 단점을 통제해야 하는
데, 잘못을 저질렀을 때는 일의 성격과 경위를 파악해 보호하고 감싸주
어야 한다. 작은 허물 때문에 어렵게 키운 인재를 잃는다면 나라에 큰
손실이다."

전설에 따르면 칭기즈칸成吉思汗은 태어날 당시 손에 핏덩어리를 쥐고 있었다고 한다. 그 소문을 전해들은 사람들은 그를 하늘이 내린 인물이라고 생각했으며, 자륵멸者勒蔑의 아비 부찰아적올父扎兒赤兀은 풀무를 등에 지고 먼 곳에 사는 칭기즈칸을 찾아왔다. 철을 만들 때 쓰는 풀무를 등에 지는 행위는 자신은 정치를 모르는 장인이라는 것을 상대방에게 나타내는 의미였다. 또한 그는 풀무 상자에 표서豹鼠 가죽으로 만든 저고리를 담아 왔는데, 그것은 지극히 존귀하고 존경하는 상대에게 자기 어린 자식의 주인이 되어 달라는 표시였다. 칭

*칭기즈칸(1155?~1227) 몽골제국의 창시자

기즈칸에게 어린 자식들을 종으로 거두어달라고 부탁했으니, 자손 대대로 칭기즈칸을 주인으로 섬기겠다는 의사의 표시인 셈이었다. 훗날 그의 두 아들 자륵멸과 찰패아한察孛兒罕은 칭기즈칸 수하에서 명장으로 활약했다.

특설선特薛禪은 비록 나이는 어려도 비범한 기개를 지닌 칭기즈칸을 알아보고 그의 딸을 주겠다고 약속했다. 칭기즈칸의 아버지 야속해也速該는 젊은 나이에 사망했기 때문에 칭기즈칸은 아직 어린아이에 불과했다. 더군다나 야속해 씨족의 구성원은 칭기즈칸 모자를 돌보지 않고 뿔뿔이 흩어졌다. 그러나 특설선은 여전히 칭기즈칸이 큰일을 이룰 인물이라 확신했고, 약속대로 딸을 곤궁하기 이를 데 없는 칭기즈칸에게 시집보냈다.

칭기즈칸이 열세 살이 되자 대대로 원수처럼 지내던 태적오泰赤烏 부족은 그를 제거하여 후환을 없애기로 결정했다. 태적오의 부족장 탑아홀대塔兒忽臺가 약간의 병사를 거느리고 칭기즈칸이 사는 곳을 수소문하기 시작했다. 그 소식을 들은 가액륜訶額侖은 칭기즈칸에게 산 속으로 도피하라고 일러주었다. 칭기즈칸, 합철아合撒兒, 별근륵고대別勤勒古臺는 모친과 여동생, 그리고 두 남동생과 함께 산으로 올라가 암벽 틈에 자리를 잡았다. 나무를 베어 위장하고 숨어 있는 장소가 발각되지 않도록 숨죽여 지냈다. 태적오 부족은 칭기즈칸 가족이 숨어 있는 산을 포위했지만, 산이 높고 숲이 우거져서 그들을 찾아낼 수 없었다. 그러자 태적오 부족은 심리전을 폈다.

"칭기즈칸만 내놓는다면, 나머지 사람은 무사할 것이다!"

그 말을 들은 칭기즈칸은 곧장 말을 타고 도망쳤다. 태적오 부족은 칭기즈칸의 발자취를 쫓으며 추격의 고삐를 늦추지 않았다. 칭기즈칸은 나무 숲이 가장 울창한 곳으로 들어가 몸을 숨겼다. 수색에 실패한 태적오 부족은 숲을 겹겹이 포위한 채 칭기즈칸이 나오기를 기다렸다. 9일 동안 숲 속에 숨어 있던 칭기즈칸은 굶주림을 이기지 못하고 결국 숲 밖으로 머리를 내밀었다가 태적오 부족에게 사로잡히고 말았다.

탑아홀대는 칭기즈칸 목에 칼을 씌우고 발에 족쇄를 채워 각지로 끌고 다녔다. 그것은 태적오 부족에게 귀순한 패아지근孛兒只斤 씨족이 옛 씨족장을 잊도록 만들려는 조치였다. 어느 날 밤 태적오 부족은 한난하翰難河에서 성대한 연회를 열고 어린아이 한 명에게 칭기즈칸을 지키라고 지시했다. 칭기즈칸은 놓칠 수 없는 기회다 싶어서 목에 찬 칼로 어린아이의 머리를 연거푸 가격했다. 어린아이가 신음 소리를 내며 쓰러지자 칭기즈칸은 숲 속으로 숨어들었다.

태적오 진영은 탈주한 칭기즈칸을 찾기 위해 혈안이 되었다. 사방에서 고함 소리가 난무하고 말이 울어대더니 이내 말발굽 소리가 진동했고, 무수한 횃불이 마치 움직이는 별처럼 초원 곳곳으로 퍼져나갔다. 칭기즈칸을 수색하던 한 사람이 횃불을 들고 숲 속으로 들어와 곧장 칭기즈칸이 있는 곳으로 다가왔다. 거리가 점점 좁혀지자 칭기즈칸은 긴장되고 떨리는 마음을 진정시킬 수 없었다. 그러나 그 사람은 칭기즈칸을 발견하고도 잡으려 들지 않았다. 그는 한동안 칭기즈칸을 바라보더니 말을 건넸다.

"눈동자가 빛나면서 붉은 기운이 퍼지는 것을 보니, 너는 정말로 재주가 있어 보인다. 그래서 태적오 부족이 너를 싫어하는 모양이군. 여기에 숨어 있거라, 다른 사람에게 알리지 않으마!"

그가 말머리를 돌려 되돌아가는 동안 또다시 몇 사람이 횃불을 들고 달려왔다. 그는 달려온 사람들에게 말했다.

"여기에는 없어. 다른 곳을 찾아보세."

그들 모두는 다른 곳을 향해 말을 몰았다.

칭기즈칸은 어둠 속에서도 그 사람의 용모를 찬찬히 살펴보았다.

"맞아, 그의 이름은 쇄아한실자瑣兒罕失刺였어. 칼을 차고 그 집에서 잠을 자던 날 밤 그의 아들 적로온赤老溫이 나에게 잘 대해줬지."

사방이 잠잠해지자 칭기즈칸은 주위를 둘러보았다. 칠흑 같은 어둠이 깔려 있을 뿐, 한 점의 불빛도 보이지 않았다. 그는 어디로 가야 할지 막막하기만 했다. 고심 끝에 그는 쇄아한실자의 집에 숨기로 결정했다. 칭기즈칸은 쇄아한실자의 집에서 온종일 말 젖을 짜 가공하는 것을 기억해 냈다. 이윽고 그 소리를 따라 쇄아한실자의 집을 찾아냈다. 쇄아한실자 부자는 그를 따뜻하게 맞아주며 말 젖과 양고기를 대접했다. 적로온은 그의 목을 죄고 있는 칼을 벗겨주었다. 그리고 칭기즈칸은 깊은 잠에 빠져들었다. 다음 날 태적오 부족은 또다시 대규모 수색을 시작했고 집집마다 뒤지고 다녔다. 다급해진 쇄아한실자는 양털이 실린 수레에 그를 숨겨 위기를 모면케 했다. 쇄아한실자 부자의 보호를 받고 지내던 칭기즈칸은 누런 색 암말을 타고 집으로 달아났다. 훗날 쇄아한실자 집안 사람들은 칭기즈칸의 수하가 되었으며 특히 적로온은 수많은 전공을 세우게 된다.

칭기즈칸이 살아서 돌아가자 모든 가족은 어쩔 줄 모르고 기뻐했다. 그들은 태적오 부족을 피해 멀리 고련근고산古連勤古山으로 도망쳐 힘겨운 살림살이를 계속 이어나갔다.

그러던 어느 날 말 도둑 떼가 몰려와 칭기즈칸이 소유한 말 아홉 마리 가운데 여덟 마리를 훔쳐갔다. 초원에 사는 사람에게 말은 생명과 같은 존재이며, 말을 잃으면 기본적인 생존능력을 상실하고 만다. 말이 없으면 사냥도 할 수 없고, 계절에 따라 이동할 수도 없으며, 필요할 경우 달아날 수도 없다. 칭기즈칸 가족은 치명타를 맞은 셈이었다.

칭기즈칸은 절망감을 느끼며 강을 따라 도적질 당한 말을 뒤쫓았다. 그는 말들이 남긴 흔적을 따라 3일 간 쫓아다녔지만 도무지 도둑의 흔적을 찾을 수 없었다. 4일째 되던 날 아침, 그는 한 이동식 천막 집으로 다가가서 거기에 있던 소년에게 여덟 마리의 말을 몰고 가는 사람을 보았느냐고 물었다.

"새벽 무렵에 몇 사람이 말 떼를 몰고 여기를 지나갔어, 확실해!"

대답하던 소년은 칭기즈칸의 이름을 물었다. 그가 이름을 알려주자 소년은 두 눈을 반짝이며 중얼거렸다.

"드디어 만났네! 그 탄복할 만한 사람을 말이야."

두 사람은 친구가 되기로 약속했다. 소년은 자신을 박이술博爾術이라고 밝히고 이미 소문을 통해 칭기즈칸과 태적오 부족 사이에 있었던 일을 모두 전해 들었으며, 그래서 칭기즈칸에 대해 매우 감탄하고 있었다고 말했다. 박이술은 칭기즈칸에게 건장한 말 한 필을 내주고, 자신도 말에 올라타 함께 잃어버린 말들을 찾아 나섰다.

며칠 간의 추격 끝에 마침내 두 사람은 어느 야영지에서 칭기즈칸의 말을 발견했다. 두 사람은 이리저리 동정을 살피다가 경계가 느슨한 황혼 무렵을 틈타 말떼를 몰고 왔던 길을 되짚어서 미친듯이 내달렸다. 도적 떼가 뒤따르자 두 사람은 활을 쏘면서 접근을 막았고, 짙은 어둠 속으로 내달려 도둑 떼의 추격을 따돌리는 데 성공했다.

두 사람이 박이술의 집으로 돌아와 보니, 그의 부친은 아들이 사라져 몹시 상심하고 있었다. 박이술이 칭기즈칸을 소개하자, 그의 부친은 크게 놀라며 기뻐했다. 그의 부친은 두 사람에게 서로 돕고 화와 복을 함께 하라는 덕담을 해주었다. 칭기즈칸이 군사를 일으켰을 때 박이술은 한걸음에 달려왔고, 그 후 칭기즈칸의 대신大臣으로 성장해 이름을 높였다.

이와 같이 칭기즈칸은 소년 시절부터 각 방면의 인재를 끌어 모으는 능력을 지니고 있었다. 그가 군사를 일으켰을 때 한번 어깨를 휘저으면 사방에서 사람들이 몰려들었기 때문에 짧은 시간 동안 강한 군대를 소집해 형성할 수 있었다.

칭기즈칸은 때와 장소를 가리지 않고 인재를 모으는 일에 주력했다. 그 결과 그의 휘하장수 가운데 순수한 몽고인은 그리 많지 않았으며, 타민족 출신의 장수가 더욱 많았다. 그들은 모두 칭기즈칸의 명성에 이끌려 자신의 동족을 뒤로하고 그에게 귀순했다.

칭기즈칸은 찰목합札木合의 힘을 빌려 패아지근 씨족을 회복할 의

도를 갖고 그에게 몸을 의탁했다. 그런데 찰목합의 부하 중에서 생각
있는 사람들은 마음 속으로 현명한 군주를 찾고 있었다. 그 상황 속에
서 칭기즈칸은 사람을 끌어 모으는 방법을 연구하는 한편, 천하 제일
의 대제국을 수립하려는 큰 뜻을 세웠다. 마침내 칭기즈칸이 찰목합
과 결별하고 떠나자, 칭기즈칸의 재능과 뜻을 알고 있던 찰목합의 부
하들은 자진해서 칭기즈칸에게 모여들었다.

칭기즈칸이 찰목합에게 몸을 의탁할 때 쓸 만한 부하라고는 박이술
과 자록멸 두 사람밖에 없었다. 그리고 몇 명의 남동생과 매제 패독孛
禿 외에는 힘없는 식솔뿐이었다. 더군다나 찰목합은 패아지근 씨족 사
람들을 귀환시켜 주지도 않았다. 1년 남짓 찰목합에게 의지하던 칭기
즈칸은 패아지근 사람들을 불러모아 서쪽으로 이동했다. 그 후 칭기
즈칸의 이름이 알려지자 몽고의 여러 부족이 그에게 귀순했으며, 그
가 독자적인 행보를 시작한 지 채 1년이 지나지 않아 많은 부족과 씨
족이 그에게 투항해 왔다. 그는 유능한 장수를 많이 얻을 수 있었다.

●●● 유능한 인재를 끌어 모아서 부하로 삼다

칭기즈칸이 위대한 정복자로 일어설 수 있었던 중요한 원인 가운데 하나
는 많은 영웅호걸의 지지와 협조를 이끌어냈기 때문이다. 칭기즈칸은 여
러 지역과 민족에게서 많은 호걸들을 불러 모았고, 그 결과 수많은 적대
세력을 진압할 수 있었다. 그러나 인재를 모으는 일은 결코 쉬운 일이 아
니니, 반드시 각 개인의 자질에 대해 종합적으로 고찰하고 검증해야 한다.

열길 물 속보다 깊은 한길 사람속

"열길 물 속은 알아도 한길 사람 속은 모른다"는 속담처럼, 첨단 과학기술을 갖추고 있어도 한길 사람 마음 속을 정확히 꿰뚫어보기는 힘들다. 흔히 마음을 과학의 대척점에 위치해 있는 것으로 생각한다. 과학은 전후 관계가 명확하다. 그래서 일정하게 반복되는 현상을 법칙으로 이끌어낼 수 있다. 그러나 마음은 '내 마음 나도 몰라' 라고 마음먹는 순간 그것으로 전부다. 이 처럼 마음은 심오한 것이기 때문에 만화영화 등에서 볼 수 있는 로봇들, 즉 인간과 똑같은 감정과 이성을 갖춘 완벽한 사이보그의 등장을 현실에서 기대하기는 어렵다. 인지심리학자 샤노어는 "인간은 시視지각이 상실된 상태에서도 눈앞의 형상을 감지하는 맹시盲視 · blindsight 현상을 갖고 있다"라고 밝힌 바 있다. 아무리 뛰어난 인공지능을 갖춘 로봇이라도 인간이 갖고 있는 섬세하고 정밀한 능력까지 완벽하게 갖추기란 불가능하다는 말이다. 아직도 인간의 마음은 철학, 문학, 예술, 종교의 영역에 머물러 있다. 근대와 현대의 과학자 중에서 마음이 실재한다고 주장하거나, 이를 과학적으로 증명한 사람은 아직 나타나지 않았다. 과학 영역에서의 마음은 생체조직의 전기적인 현상으로 규정한다. 그러나 그 실체를 구체적으로 규명하지 못한 채 어떤 '현상' 정도로만 생각한다. 인간의 뇌를 연구하는 과학자들은 대체적으로 마음이 두뇌와 별개로 존재한다는 데카르트의 생각에 동의하지 않는다. 그렇다고 마음이 곧 두뇌라고 단정하는 것도 아니다. 마음의 형성은 뇌세포의 발달이 아닌, 신경세포가 만들어지는 경로의 발달로 생각하고 있다. 비록 일란성 쌍둥이일지언정 사랑을 듬뿍 받으며 성장한 사람과 그렇지 못한 사람은 동일한 현상을 두고도 그 마음 씀씀이가 다르고, 생각이 다르고, 감정이 다르다. 각자 겪었던 별개의 경험이 개별적인 형태로 신경세포 경로를 만들어내기 때문이라고 한다.

단련團練의 업무를 시작한 증국번曾國藩은 즉시 인재를 모으는 일에 착수했다. 그는 《초모신기서招募紳耆書》에서 다음과 같이 말했다.

"나는 단련을 도와 적들을 사로잡으라는 황명을 받았다. 그 임무를 맡은 뒤로부터 밤낮으로 근심하면서 일을 그르칠까 두려워했다. 식견이 얕고 생각이 짧으니 참으로 걱정이다. 그래서 고향의 현명한 인재들이 나를 도와주기를 원했다. 기둥 하나만으로는 큰 집을 지탱할 수 없으며, 대업은 여러 사람의 지혜를 모아야 달성할 수 있다. 많은 현인이 찾아와 서로 마음을 주고받는다면, 그 어떤 어려움도 헤쳐나갈 수 있지 않겠는가?"

증국번은 벼슬이 독무督撫, 흠차欽差의 관직에 있을 때에도 인재를 모으는 일에 많은 노력을 기울였다. 또한 동생에게도 편지를 보내 인재를 모으는 데 힘쓰라고 충고했다.

"너를 보좌해 줄 사람을 구하거라. 잠시라도 그 일을 잊어서는 안 된다. 인재를 얻는 일은 가장 어려운 일이다. 인재를 구하는 일을 너의 중요한 임무로 여기고, 설령 친척이나 친구라고 할지라도 무능하면 오랫동안 네 곁에 두지 말거라. 유능한 인재가 그들과 함께 일하기를 꺼릴지도 모르기 때문이다."

큰 일을 이루자면 가장 먼저 유능한 부하를 뽑아야 한다. 그리고 만족할 만한 사람을 구하지 못하면 약간 처지는 사람을 선택해 천천히 가르치면 된다. 재능이 출중한 사람을 만나면 증국번은 갖가지 수단을 동원해 그를 자기 사람으로 만들었다. 곽곤도가 그 좋은 예다.

곽곤도는 호남성에서 이름이 널리 알려진 유학자였다. 그는 워낙 뛰어난 재능을 지닌 인물이었기 때문에 증국번과 호림익胡林翼은 서로 자기의 막료로 삼기 위해 애를 썼다. 그런데 곽곤도는 처자식을 몹시 아끼는 성품이라 잠시라도 집에서 멀리 떨어져 지내려 하지 않았고, 그런 까닭에 두 사람의 제의를 고사했다.

증국번은 곽곤도에게 편지를 보내 나라를 위해 일하자고 제안하면서 은근히 농담을 던졌다.

"어디에도 속박 당하길 싫어하는 것을 알고 있지만, 잠시라도 왕림하셔서 고견을 일러주면 좋겠습니다. 그대가 가족과 동행할 것에 대비해 사람을 시켜 청소를 해두겠습니다."

편지를 받아본 곽곤도는 상군 진영으로 건너와 증국번을 만났다.

그러나 그가 가족을 데려오지 않은 터라 증국번은 그를 집으로 돌려
보내며 짧은 글을 그에게 건넸다.

"제비와 갈매기도 짝과 함께 날며, 원앙은 혼자 자는 법이 없습니
다. 그대가 가족과 함께 지내도록 조치하겠습니다."

곽곤도는 그 글을 읽으며 입가에 잔잔한 미소를 지었고, 마침내 벼
슬길에 나서기로 결심했다. 곽곤도는 증국번을 잘 도와서 일을 훌륭하
게 처리했고, 증국번은 곽곤도를 잘 대우해 주었다. 증국번 밑에서 일
을 익힌 곽곤도는 독자적으로 한 지역을 맡을 정도로 성장했지만, 증
국번의 은혜에 감복해서 늘 증국번 곁에 머물렀다. 태평천국의 난(1851
년 멸만흥한滅滿興漢을 내세우며 남경을 중심으로 14년 간 정권을 수립함—옮긴
이)이 진압된 뒤 증국번은 곽곤도를 적극적으로 천거하기에 이른다. 조
정은 곽곤도를 한 성쏍의 순무에 임명했다. 그러나 곽곤도는 벼슬을 마
다하고 고향으로 돌아가 은거하며 두번 다시 벼슬길에 나가지 않았다.
곽곤도의 재능이 초야에 묻히자 증국번은 안타까움을 금하지 못했다.

증국번은 인재를 모으는 방법을 이렇게 피력했다.

"네 가지만 잘 하면 된다. 널리 구하고, 신중하게 기용하며, 힘써
가르치고, 엄격하게 통제하는 것이다."

증국번은 출신과 경력으로 사람을 평가하는 것에 반대했다.

"한 가지 기술이나 장점만 갖고 있어도, 경시해서는 안 된다. 그 옛
날 위청衛靑(전한前漢 무제武帝 때의 장군—옮긴이)은 노예의 신분에서 재
상이 되었을 뿐만 아니라 공신에 책봉되어 공주와 결혼까지 했다. 지
금이 어느 때인데 시시콜콜한 출신이나 경력을 따지며 재능 있는 사

람을 곤란하게 만든단 말인가?"

"예의를 다해서 유능한 인재를 대우하지 않으면 결국 그는 초야에 묻혀 굶주림과 추위를 감내하며 지낼 것이다. 그러나 예의를 갖춰 인재를 초빙하면 나라를 위해 큰일을 이루어낼 것이다."

증국번은 완벽한 사람을 찾느라고 쓸 만한 인재를 버려서는 안 된다고 역설했다.

"단 한 가지 장점만 갖고 있어도 기용해야 하며, 작은 허물 때문에 유용한 인재를 버려서는 안 된다. 만약 사람을 판단하는 잣대가 너무 까다로우면 오히려 용렬한 사람이 득을 보게 된다."

상군 장수 가운데 이세충李世忠과 진국서陳國瑞는 탐욕스럽고 사납기로 소문이 자자했다. 그러나 증국번은 잘못을 고치도록 은근히 타일렀을 뿐 경솔한 결정으로 그들을 파직시키지 않았다.

증국번이 지은 《무만실일기無慢室日記》에 〈기인記人〉이라는 항목이 있다. 거기에 실린 명단을 살펴보면 관리가 추천한 사람도 있고, 친구와 스승이 추천한 사람도 있으며, 자천한 사람도 있다. 증국번은 그들을 잘 살펴보고 특이사항을 꼼꼼하게 기록해 두었다.

양강 총독에 임명되면서 업무가 늘어난 증국번은 더욱 인재가 부족하다고 느꼈다. 증국번은 편지를 쓰거나 환담을 나눌 때마다 상대방에게 인재를 추천해 달라고 당부했다. 그 결과 많은 인재가 모여들었고 증국번은 그들을 힘써 가르쳤다.

증국번은 태어날 때부터 인재인 사람은 없으며 반드시 공을 들여서 가르치고 육성해야 한다고 생각했다. 그를 중심으로 만들어진 조직은 마치 학교와 같았다. 증국번은 그 조직의 우두머리인 동시에 교사였으며, 그를 따르던 막료들은 부하이자, 학생이었다. 증국번이 정일창丁日昌에게 보내는 서신 속에서 그 모습을 이렇게 묘사했다.

"학문을 가르치면서 모범을 보이고 말로 타이릅니다. 또한 글로 시험해 보고 일로 살펴봅니다. 아버지와 형 같은 마음으로 인도하고 보살피며, 엄한 스승처럼 감독합니다."

훗날 청나라의 정치, 군사, 문화를 이끈 인재들 가운데 거의 모든 인사들이 증국번 휘하에서 배웠거나 함께 일했던 사람이라는 것을 알 수 있다. 증국번은 모든 관리에게 각자 맡은 일과 관련된 책을 읽고 공부하기를 요구했다. 또한 막료들에게 더욱 엄격한 요구와 질책을 통해 동기를 부여하고 시험을 치르기도 했다. 환경이 마련되고 조건이 충족되면, 증국번은 늘 막료들을 대상으로 시험을 치렀다. 예를 들어 안경으로 진군한 뒤 매달 두 차례에 걸쳐 시험을 실시했는데, 증국번이 직접 시험문제를 출제했을 뿐 아니라 모든 시험답안을 채점하고 등수를 매겼다.

증국번은 밥을 먹거나 차를 마신 뒤의 자투리 시간을 이용해 자신의 경험과 독서를 통해 얻은 깨우침을 결합해 고금 시대를 논평했다. 그 담론의 내용은 현실적인 부분을 반영한 것이었기에 막료들의 학문과 안목의 진작에 큰 도움을 주었다. 훗날 이홍장李鴻章(증국번의 막료로서 태평천국의 난 당시 상해를 방어하는 데 큰 공을 세움—옮긴이)은 당시를 회고하며 이렇게 말했다.

"군영에 있을 때 스승님은 우리와 함께 식사를 하셨다. 밥을 먹고 나면 빙 둘러앉아 담론을 나누곤 했다. 경서의 내용을 고증하기도 하고 역사를 논평하기도 했지만 그 자리가 전혀 지루하지 않았다. 학문과 경제에 유익한 실용적인 대화였기 때문에 그 자리가 책을 펴고 공부하는 것보다 훨씬 유익했다. 선생님은 우스운 얘기를 곧잘 하셨는데, 그럴 때마다 우리들은 배를 잡고 웃으며 이리저리 몸을 부딪치곤 했다.”

증국번은 멀리 떨어져 있는 막료에게는 안부 편지를 쓰는 등 간접적으로 지시하는 형식으로 가르쳤다. 일례로 이용李榕이 태호성太湖城 밖에 주둔하고 있었을 때, 이한장이 강서성江西省 이금국釐金局에서 일할 때 증국번은 그들과 편지를 주고받았다. 일을 보고하면 그에 대한 회답을 주었고, 막료들이 개인적인 안부나 질문을 물어오면 답신을 통해 그들을 깨우쳐주곤 했다. 그 결과 많은 막료가 증국번을 스승으로 모시기에 이르렀다.

●●● 널리 인재를 불러모으고 열심히 가르쳐 나라의 동량으로 키우다

증국번은 “기둥 하나만으로는 큰 집을 지탱할 수 없으며, 대업은 여러 사람의 지혜를 모아야 달성할 수 있다”고 말한다. 또한 “지난날 큰 일을 이룬 위인들은 유능한 부하를 많이 얻는 일을 급선무로 여겼다”고 평가했다. 그는 일평생 인재를 모으고 인재를 육성하는 데 힘을 기울였다. 그의 막부는 마치 인재 배양소 같았고, 그 곳에서 배출된 인재는 고위 관리만 해도 수십 명에 이르렀다. 그들은 모두 증국번을 큰 스승으로 섬겼다.

호설암胡雪岩은 부강卓康 전장錢莊(일종의 개인 금융기관—옮긴이) 개업을 준비하면서 문서와 서류를 담당할 직원을 물색했다. 이리저리 사람을 찾던 호설암은 원대전장原大錢莊에서 평범하게 근무하던 유경생劉慶生을 영입키로 결정했다. 호설암은 개업도 하지 않았고 자금도 마련되지 않은 상태에서 연말 상여금을 제외한 유경생의 연봉을 은자 200냥으로 책정했다.

많은 연봉인지라 유경생은 호설암의 제의를 두말 않고 승낙했다. 호설암이 1년치 연봉을 미리 지급하려 들자 유경생은 한껏 들떠 있었다.

"호 선생! 선생처럼 사람을 극진하게 대우해 주고 진실하게 말하는 사람은 처음 봅니다. 우리는 이제 한마음입니다. 호 선생, 알겠습니다, 뭐든지 시키십시오!"

호설암은 유경생의 고향에 있는 부모와 처자식을 항주로 함께 데려와 살 수 있도록 주선해 주었다. 유경생으로서는 부모에게 효도하고 처자식을 돌볼 수 있게 되었으니 참으로 고마운 일이었다.

유경생은 많은 능력을 갖춘 사람이었다. 그는 호설암에게 큰 감동을 받은 터라 회사를 위해 열과 성을 다해 일했다. 그 덕분에 호설암은 회사 일에서 손을 떼어도 될 지경이었다.

급여와 승진은 직원을 격려하는 수단 가운데 하나다. 당시 엽종덕당葉種德堂에서 약재를 써는 일을 맡은 공인工人이 있었는데, 그 사람은 탄탄한 실력을 갖추고 있었다. 그러나 성격이 올곧고 불 같은 탓에 엽종덕당을 그만두고 호설암이 경영하는 호경여당胡慶餘堂에서 일하게 되었다.

호설암은 그가 황소처럼 고집불통이라는 사실을 잘 알고 있었지만 크게 신경쓰지 않았다. 오히려 그에게 높은 급여를 주며 대료방大料房의 책임자로 기용했다. 이처럼 호설암은 골칫덩어리일지언정 탁월한 재주를 갖고 있는 인재를 후대했다. 그러나 무사안일하게 지내는 용렬한 사람에게는 쉽게 호의를 베풀지 않았다.

호설암은 호경여당을 위해 공을 세운 사람에게는 특별 위로금을 지급했다. 그 위로금은 회사의 이윤에서 일부를 떼어 마련한 것으로 한번 받으면 죽을 때까지 계속 받을 수 있었다.

어느 날 호경여당 맞은편에 있는 상점에서 불이 나 무서운 기세로 번져나갔다. 불길이 호경여당 문 앞에 세워둔, 금으로 장식한 두 개의 간판을 집어삼키려 하자, 손영강孫永康이라는 젊은 약재공이 온몸에 물을 뿌리고 불길로 달려들어 간판을 다른 곳으로 옮겼다. 그러나 그의 머리칼과 눈썹은 불에 그을리고 말았다. 그 소식을 전해들은 호설암은 직원들을 모아놓고 손영강에게 특별 위로금을 지급한다고 발표했다.

또한 호설암은 호경여당에 공헌한 직원을 대상으로 양봉陽俸과 음봉陰俸 제도를 실시했다. 양봉은 오늘날의 퇴직연금과 비슷한 성격을 갖춘 제도로 병이 들거나 나이가 들어 일을 못 하는 사람에게 지급됐다. 음봉은 오늘날의 유족연금과 비슷한 것으로서 직원이 사망하면 회사에서 근무한 기간을 참조해 남겨진 유족에게 생활비를 차등 지급했다. 물론 양봉과 음봉 실시에 따른 비용이 만만치 않았다.

그러나 이런 제도를 시행함으로써 직원들의 사기를 진작시켜 생산성을 높이는 효과를 얻을 수 있었으며, 그에 따른 수익은 비용을 훨씬 웃돌았다.

호설암은 인재를 얻기 위해서라면 많은 비용이라도 아끼지 않았다. 그는 좋은 물건을 얻으려면 많은 돈을 지불해야 하는 바와 마찬가지로, 충성심과 능력을 갖춘 인재를 얻으려면 당연히 많은 비용을 들여야 한다고 생각했다. 호설암은 이렇게 말했다.

"1원으로는 1원짜리 물건만 살 수 있다."

얼핏 생각하면 가벼운 말 같지만, 그 속에 담겨 있는 이치는 결코 가볍지 않다.

모든 일은 사람에게 달려 있으며, 그런 의미에서 인재는 기업의 생명줄이다. 호설암은 이런 이치를 잘 알고 있었다. 그가 인재를 모으는 방법은 사람들로부터 감탄을 자아내게 했다. 그는 많은 재물로 인재를 샀다. 그러나 단순하게 사람을 산 것이 아니라 그들의 마음을 샀다. 즉 진실한 마음으로 상대를 대하고 한번 신뢰하면 의심하지 않았다. 그 결과 부하 직원들은 모든 일에 적극적이었을 뿐 아니라 호설암의 은덕을 기리며 평생 그를 따랐다.

3 자신을 아는 사람은 지혜롭고, 자신을 이기는 사람은 강하다

지혜는 누가 높은 사람이고, 누가 낮은 사람인지를 구별하는 중요한 척도다. 지혜가 없는 사람은 과장해서 말하면 건장한 몸뚱이만 있고 대뇌가 없는 사람이라고 볼 수 있다. 그런 사람은 다른 사람의 지배를 받으며 그를 위해 힘을 쓴다. 지혜는 많지만 그것을 잘 사용할 줄 모르는 사람은 종종 다른 사람의 참모가 되어 그를 위해 계책을 마련하는 일을 한다. 지혜가 많고 그것을 잘 사용하는 사람은 자신의 지혜를 충분히 발휘할 뿐만 아니라 다른 사람의 지혜를 이용할 줄도 안다. 그런 사람은 당연히 높은 지위를 차지한다.

풍몽룡馮夢龍

오대五代 시대에 살았던 조사관이라는 자는 '사람의 쓸개膽를 먹으면 굳세고 용감해져서 당할 자가 없게 된다' 는 말을 듣고 사람을 죽일 때마다 쓸개를 꺼내 술에 타 먹었다. 다른 사람의 쓸개를 취해 자신의 담력을 키우려 했으니, 이는 지혜롭지 못한 처신이다. 그러나 지혜의 경우는 그렇지 않다. 다른 사람의 지혜를 취해 자신의 지혜를 늘릴 수 있으며, 더욱더 지혜로워지면 담력도 상대적으로 커진다. 옛사람 가운데 마음 속에 지혜를 품고서 위세를 몰아 적을 무찌르고, 탁월한 식견으로 어려운 일을 과감하게 처리한 사람들이 있다. 그들이야말로 우리를 이끌어주는 참다운 스승이다!

강태공의 조 지 釣智
때를 기다리며 지혜를 낚다

강자아姜子牙는 본명이 여상呂尙이고 '자아'는 그의 자字다. 상商나라 말기에 태어났으며, 선조 대대로 귀족이었으나 강자아 대에 이르러 집안이 몰락했다.

강자아는 난세 속에서 살면서 많은 우여곡절을 겪었고, 그런 연유로 그와 관련된 기이한 이야기들이 전해지고 있다. 상나라 수도 조가朝歌에서 살 때는 도축업에 종사했고, 황하와 접한 맹진孟津에서 살 때는 술을 팔아 생계를 이었다.

상류사회에서 밀려나 오랫동안 다양한 부류의 하층 민중과 접촉한

*강자아姜子牙(강태공) 주周나라 초기의 공신

덕분에 그는 세태와 민심을 훤히 꿰뚫어볼 수 있었다. 한편 그는 학문 연구에도 힘을 기울여 고금의 정치변천과 군사투쟁의 성패와 득실에 대해 부지런히 탐구했다. 마침내 그는 뛰어난 학식과 경륜을 지닌 걸출한 인물이 되었다.

강자아의 만년은 상나라 주왕紂王의 통치시기에 해당한다. 동방의 대국이었던 상나라는 쇠퇴의 길을 걷고 있었으니, 사회 전반에는 짙은 먹구름이 드리고 정치는 극도로 부패했다.

노예와 귀족 사이의 갈등, 통치계급 내부의 갈등, 제후국 사이의 갈등, 각 지방 사이의 갈등도 날이 갈수록 깊어졌다.

또한 주왕을 정점으로 상나라 귀족의 사치와 향락은 극에 달해 있었다. 심지어 연못을 파 술로 채우고, 나뭇가지에 고기를 매달아놓고는 남녀가 뒤섞여 밤을 지새우곤 했다. 주왕은 한없이 포악무도해 중형과 중벌을 남발하고, 신하를 죽여 포를 뜨거나 장을 담그고, 제후에게 노역을 부과하고, 백성에게 잔혹한 일을 저질렀다. 그에 따라 대신들은 합심하지 못한 채 서로 눈을 흘겼고, 제후들은 반란을 일으켰으며, 더 이상 참지 못한 노예와 하층 민중은 각지에서 반항과 투쟁을 일삼았다.

한 마디로 온 천하가 비바람에 흔들리는 형국이었다. 이는 상나라의 종말이 임박했음을 알려주는 징표였다.

술에 취해 꿈을 꾸듯 살아가는 통치자들이 현명하고 유능한 인재를 물색할 리 없었다. 강자아는 천하를 놀라게 할 경륜을 미처 펼쳐보지 못한 채 대부분의 삶을 가난과 궁핍 속에서 보냈다.

상나라가 급격히 쇠퇴하는 반면, 서쪽의 주周나라는 날로 번성하고 있었다. 특히 서백후西伯侯 희창姬昌은 성품이 인자하고 겸손하며, 노인을 공경하고 어린아이에게 자애로웠다.

그는 인재를 초빙해 경제를 발전시키는 일에 힘썼다. 또한 몸소 근검절약을 실천하면서 나라를 부강하게 만들고 백성들에게 선정을 베풀었다. 그 덕분에 사회는 질서정연하고 국력은 점점 강성해졌으며, 사방의 민중과 제후들이 진심으로 주나라를 받들고 복종했다.

강자아는 가난한 노년을 맞이했지만 마음 속에는 여전히 웅대한 포부를 간직하고 있었다. 언젠가는 포부를 펼칠 날이 오리라 기약하며 그에 대한 준비를 게을리하지 않았다. 그는 주나라가 부국강병을 도모하기 위해 널리 인재를 구한다는 소식을 듣자 상나라를 떠나 주나라 위수渭水 부근에 자리를 잡고 낚시를 하며 소일했다. 그 곳은 사방이 높은 바위 절벽으로 둘러싸여 인적이 드물고, 대나무 숲과 연못이 어우러져 은거하기엔 안성맞춤이었다. 그러나 강자아는 세상을 등지려는 뜻이 전혀 없었다. 오히려 기회를 잡으면 주나라 정치에 참여해서 큰 일을 이루고 싶었다.

강자아는 사흘 동안 밤낮으로 낚싯대를 드리웠지만 한 마리의 물고기도 잡지 못했다. 그는 은근히 부아가 치밀어올라 옷과 머리의 관을 벗어 던지고는 어떻게 해서든 물고기를 잡고 말겠다고 덤벼들었다. 그 때 부근을 지나던 농부가 말을 건넸다.

"어르신, 오늘은 그만두고 다음에 하세요. 낚싯줄은 가느다란 것으로 바꾸고, 미끼는 향기 나는 것으로 바꾸고, 낚싯대는 튼튼한 것으로 바꾸세요."

강자아는 농부가 일러준 대로 준비를 하고 다시 물가로 나가 매일 대어를 낚았다. 며칠이 지난 뒤 그는 문득 그 비결에 대해 곰곰이 생각했다.

'그래, 그거야! 미끼를 잘 안배하고 긴 낚싯줄을 드리운 후에 앉아서 때를 기다리다가 큰 고기를 낚아챘지….'

강자아는 작은 것에서 큰 것을 찾아내고 큰 것에서 작은 것을 풀어내는 능력을 갖고 있었다. 바로 그런 장점 때문에 뛰어난 인물이 될 수 있었다. 그는 종종 일상의 사소한 일과 정치를 시행하는 방법을 함께 엮어 생각하면서 심오한 이치를 발견하곤 했다.

어느 날 강자아가 낚시를 하고 있을 때 서백후 희창이 사냥감을 좇아 낙계에 이르렀다. 두 사람은 우연히 만나 마음을 터놓고 환담을 나누었다. 천하 대세를 논하는 강자아의 기세는 도도하게 흐르는 강물처럼 거침이 없었으며, 그의 말 한 마디 한 마디는 주옥과도 같았다.

희창이 나라를 다스리는 방법을 묻자 강자아는 세 가지를 거론했다.

"군왕은 항상 현명한 인재를 물색해야 하고, 관리는 항상 현명한 인재를 임용해야 하며, 선비는 항상 현명한 인재를 존경해야 합니다."

한 마디로 국가와 정치의 근본은 인재이므로, 반드시 인재를 발굴해 그에게 일을 맡겨야 하며, 그래야만 부국강병을 기약할 수 있다는 뜻이었다. 그런데 당시 사회는 혈연이 주축인 노예사회였다. 그런 시대상황 속에서 피붙이 대신에 현명한 인재를 임용하라고 건의하기란 쉬운 일이 아니었다.

강자아의 긴 안목과 탁월한 식견, 그리고 정치적 담력과 지모를 엿볼 수 있는 대목이다.

희창은 기쁜 마음으로 강자아의 얘기에 귀를 기울였다.

"제 증조부께서는 '성인이 와서 우리 주나라를 일으킬 것이다' 라는 말씀을 남기셨습니다. 제가 보기에는 선생님이 바로 그 성인입니다. 오래 전부터 제 증조부께서 선생님을 기다려 왔습니다."

희창은 몸소 강자아를 부축해 수레에 태우고 함께 궁궐로 향했다. 희창은 곧바로 강자아를 국사國師에 임명해 나라의 정치·군사 문제를 위임했다. 후세 사람들은 희창이 몸을 낮춰 인재를 섬긴 일을 칭찬했다. 칭찬이 지나쳐 '문왕납견文王拉牽(문왕이 배를 끌다는 뜻—옮긴이)' 같은 이야기를 꾸며내기도 했다. 그 고사에 따르면 문왕이 배를 끌고 880보의 걸음을 걸었고, 그로 인해 주나라가 880년 동안 천하를 다스렸다고 한다. 또한 희창이 '오래 전부터 제 증조부께서 선생님을 기다려왔습니다' 라고 말한 까닭에 강자아를 '태공망太公望' 이라고 높여 부르기도 했다.

오랫동안 사람들은 강자아를 신처럼 받들며 그의 이름을 흠모하고 추앙했다. 특히 당나라 때는 무성왕武成王으로 추존追尊되어 문선왕文宣王으로 추존을 받은 공자孔子와 어깨를 나란히 했다. 이로써 공자와 강자아는 고대 중국에서 문文과 무武를 대표하는 인물로 추앙받았다. 강자아는 정치가이자 군사전략가로서 이름을 드날렸고, 또한 책략가의 선조로 추앙을 받았다. 이는 그의 행적과 업적으로 볼 때 결코 지나친 일이 아니다.

천하 대사를 담당하려면 담력이 있어야 하고, 그 일을 성사시키려면 지혜가 있어야 한다.

물에 빠지는 위험을 알면 깊은 물에 들어가지 않고, 불에 타는 위험을 알면 불에 가까이 접근하지 않는다. 그렇게 처신하는 까닭은 담력이 부족해서가 아니라 지혜가 있기 때문이다.

만약 깊은 물에 들어가도 빠지지 않고, 불에 가까이 접근해도 타지 않을 확신이 있다면, 왜 그렇게 하지 않겠는가? 마음 속에 담긴 지혜는 왕이며 담력은 신하다. 왕이 명령하면 신하는 그대로 따라야 한다. 왕이 명령하는데도 신하가 따르지 않고, 왕이 명령하지 않았는데도 신하가 제 마음대로 행동하는 경우가 있다. 그 이유는 왕이 유약하기 때문이다.

담력이 모자라면 지혜로써 담력을 키워야 하고, 지나치게 담력만 앞세우면 지혜로써 담력을 제어해야 한다. 지혜로 담력을 키울 수는 있지만, 담력으로 지혜를 키울 수는 없다. 굳세면 적을 무찌를 수 있고 용감하면 어려운 일도 과감하게 처리할 수 있는데, 그 이면에는 항상 지혜가 자리 잡고 있다.

●●● 작은 미끼로 큰 이익을 낚다

낚시는 작은 미끼를 이용해서 큰 이익을 낚는 기술이다. 미끼를 잘 안배하고 긴 낚싯줄을 드리운 후에 앉아서 때를 기다리다가 큰 고기를 낚아

챈다. 강자아는 낚시를 하다가 이런 중요한 이치를 깨달았다. 그 이치를 이용해 나라를 다스리고 전쟁을 수행했다. 훗날 그는 책략가의 선조로 추앙을 받았는데, 그래서인지 '낚는다(釣)'는 말은 고금의 책략가들이 즐겨 사용하는 표현이 되었다.

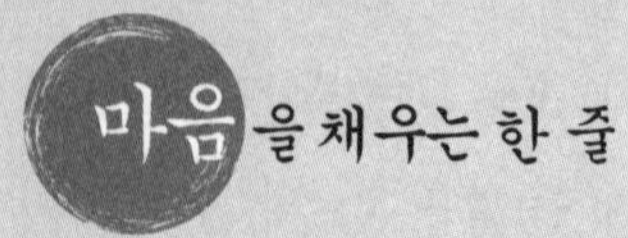# 마음을 채우는 한 줄

백 권의 책에 쓰인 말보다 한 가지 성실한 마음이 더 크게 사람을 움직인다.

– B. 프랭클린

그대의 마음 속에 식지 않는 열과 성의를 지녀라. 그렇다면 당신은 인생의 빛을 얻을 것이다.

–괴테

나는 내 운명의 주인이요, 나는 내 마음의 선장이다. 네 마음의 뜰에 인내를 심어라. 그 뿌리는 쓰다. 그러나 그 열매는 달다.

–제인 오스틴

우리 모두 리얼리스트가 되자. 그러나 마음 속에는 불가능한 꿈을 지니자.

– 에르네스토 체 게바라

마음의 힘은 휴식하는 것이 아니라 운동하는 것이다.

–알렉산더 포프

내 비밀은 이거야. 아주 간단한거지. 마음으로 봐야 잘 보여. 가장 중요한 것은 눈에 보이지 않아.

– 《어린왕자》 중에서

행운은 마음의 준비가 있는 사람에게만 미소 짓는다.

–파스퇴르

사람들은 행복을 찾아 세상을 헤매지만, 정작 행복은 누구의 손에든 잡힐 만한 곳에 있는 것이다. 그러나 마음 속에 만족을 얻지 못하면 행복은 얻을 수 없다.

– 호라티우스

남을 증오하는 감정이 얼굴의 주름살이 되고 남을 원망하는 마음이 고운 얼굴을 추악케 한다. 감정은 늘 신체에 반사적으로 나타난다. 사랑의 감정은 몸 안에 스며들어 따뜻한 모습을 드러낸다. 맥박이 고르며 보통 때보다 힘차게 움직인다. 또 사랑의 감정은 위장의 활동을 도와 음식을 잘 소화시킨다. 따라서 사랑의 감정은 무엇보다 건강에 좋은 것이다.

–데카르트

한신韓信이 한나라 군대를 이끌고 임진 나루터에 당도해 보니, 위魏나라 군대도 이미 도착해 있었다. 한신은 군령을 내려 진영을 정비하고 위표魏豹와 강을 마주보고 대치했다. 한신이 은밀히 관영灌嬰을 불러서 명령을 내렸다.

"황하의 물살이 거센 까닭에 위표는 가교도 설치하지 않고 배도 준비하지 않았소. 우리가 만들어 쓰자니, 시간이 많이 걸리지 않겠소? 장군, 솜씨 좋은 장인들을 뽑아 나무통을 만드시오. 강을 건너는 데는 그게 최고요."

*한신 韓信 한漢나라 고조高祖 유방劉邦의 공신

관영은 밤낮으로 장인들을 독려했다. 오래지 않아 수천 개의 나무통이 만들어졌다. 그러자 한신은 다시 관영에게 지시했다.

"이번에는 나무를 벌목해서 목재를 만드시오. 그러고 나서 준비한 나무통을 목재 위에 묶어 뗏목을 만드시오."

한신은 황하를 건너는 데 사용할 각종 장비를 만들도록 지시하고, 다른 한편으로는 직접 군사를 이끌고 황하의 물가에서 도강 훈련을 실시했다. 누가 보더라도 황하를 건너 공격할 계획이 분명했다. 강 건너편에서 한나라 군대가 도강 훈련하는 것을 지켜보던 위나라의 위표와 백직柏直은 방비를 더욱 튼튼히 하기 위해 군사를 사방에 배치했다.

어느 날 해질 무렵, 한신은 도하 장비를 점검하고 준비가 완료된 것을 확인했다. 한신은 관영에게 수천 명의 군사를 지휘해 깃발을 흔들고 고함을 지르면서 배에 올라타 강을 건너는 시늉을 하라고 지시했다. 그리고 자신은 조삼曹參과 함께 대군을 거느리고 밤낮으로 하양을 향해 진격했다. 하양에 도착한 한나라 군대는 운반해 온 나무통과 뗏목을 물에 띄우고, 나무통 하나에는 두세 명의 군사를, 뗏목에는 말과 수레와 식량을 싣고서 황하 건너편을 향해 노를 저었다. 그런데 한나라 대군이 황하를 건너는 동안 뜻밖에도 위나라 군사는 한 명도 나타나지 않았다.

한신의 대군은 황하를 건너 쉬지 않고 북쪽으로 진격했다. 한나라 군대의 파죽지세 같은 기세를 위나라 군대가 대적하기엔 역부족이었다. 한신은 눈 깜짝할 사이에 안읍安邑을 공격·점령했다. 한신의 대군이 하양 지역에서 황하를 건넜고, 안읍 등의 성이 차례로 함락당했다는 소식을 접한 위표는 소스라치게 놀라 어찌할 바를 몰랐다.

위표는 황급히 군사를 이끌고 임진 나루터를 출발해 구원에 나섰는데, 마침내 곡양曲陽에서 한나라 군대와 마주쳤다. 그런데 한나라 군대는 다른 부대와 떨어져 단독으로 적진 깊숙이 들어와 있는 상태였다. 따라서 앞으로 진격할 길은 있어도 후퇴할 길은 없었다. 한신과 조삼은 장병들을 독려해 모두가 죽을 각오로 전투에 임했다. 위표는 본래 겁이 많고 책략이 부족한 사람이었다. 한나라 군대가 땅이 꺼질 정도로 고함을 지르고 북을 치면서 맹렬한 기세로 달려들자, 위표는 싸울 의지를 잃은 채 남보다 먼저 달아나고 말았다. 장수가 없는 위나라 군대는 산이 무너져 내리는 것처럼 뿔뿔이 흩어져 각기 제 살 길을 찾아 도망치기에 바빴다. 한나라 군대는 승리의 여세를 몰아 추격의 고삐를 늦추지 않았다. 위표는 동원東垣으로 도망쳤지만, 한나라 군대의 포위망에 갇혀 옴쭉달싹할 수 없는 진퇴양난의 어려움에 처했다. 밖에서 도와줄 구원병도 없고, 안에는 투지를 잃은 병사만 남게 되어 그야말로 막다른 골목에 몰린 꼴이었다. 위표에게 남은 길은 오직 하나밖에 없었다. 마침내 위표는 한나라 진영으로 가서 항복하고 말았다.

여러 장수가 위표를 압송해 오자 한신은 가소롭다는 표정을 지으며 말을 꺼냈다.

"지난날 한왕漢王께서 그대를 원수로 임명하고 수십만 대군을 맡겼소. 그런데 어찌 되었소? 저수雎水 전투 한 번의 싸움에서 30만 대군을 잃지 않았소? 그 때 쌓인 시체 때문에 저수의 물줄기가 막혔다는 얘기를 들었소이다. 그래도 한왕께서는 그대를 죽이지 않고 오직 원수의 직책만 거두었소. 그 결과 그대는 왕의 지위를 유지할 수 있었소. 마땅히 한왕의 은혜를 마음에 품고 보답할 길을 찾아야 하거늘, 아랫것들의 황당한 말에 귀가 솔깃해 병사를 일으켜 한왕에게 대항한단 말이오? 지금 당장 목을 베어야 마땅하지만 그래도 일국의 왕을 지냈고, 한왕께서 관용과 은혜를 베풀어 살려줄지도 모르니…"

한신은 위표를 감옥에 가두고 위나라의 나머지 영토를 공략했다. 아울러 그 땅 안의 백성을 어루만져 안심시켰다. 한신은 직권으로 주숙周叔에게 위나라의 통치를 맡기고, 위표와 그 가족을 형양滎陽으로 압송해 그들에 대한 처리를 유방에게 넘겼다. 또한 유방에게 밀서를 보내 계속 북쪽으로 진격해 조趙나라를 정벌하겠으니 3만의 군사를 더 보내달라고 청했다.

유방은 한신의 계획에 고개를 끄덕였다. 먼저 북쪽의 연燕나라와 조나라를 정벌하고, 다음에 동쪽의 제齊나라와 노魯나라를 공격하며, 마지막으로 남쪽 초楚나라의 군량미 수송로를 끊어버리는 순서는 일리가 있었다. 유방은 즉시 3만의 정예병을 선발해 장이張耳에게 내주면서 위나라로 가서 한신을 도우라고 지시했다.

그리고 위표가 도착하자 유방은 크게 화를 내면서 당장 참수하라고 소리를 질렀다. 본래 유방을 두려워한데다가 참수하라는 말을 듣자 위표는 두 다리를 덜덜 떨면서 무릎을 꿇고는 살려달라고 애원했다. 이 모습을 보자 유방은 불쌍한 마음이 들면서 이미 오래 전에 있었던 일을 떠올렸다. 예전의 전쟁에서 위표에게 팽성彭城을 공격하라고 지시했더니, 워낙 겁이 많고 무능한 위표인지라 작은 공도 세우지 못했던 일이 있었다. 결국 유방은 위표에게 실컷 욕을 퍼붓고 목숨을 살려주었다. 겨우 목숨을 부지한 위표는 거듭 머리를 조아리며 유방의 말에 '네, 네' 대답만 할 뿐이었다.

유방은 위표의 가족을 불러들여 한 번 훑어보고는 모두 관청의 노비로 삼으라고 지시했다. 위표의 부인 박씨는 뛰어난 미색과 자태를 지니고 있었는데, 비단을 짜는 곳에서 잠시 일하다가 유방의 첩이 되어 아들을 낳았다. 그 아들은 훗날 황제의 자리에 올라서 문제文帝가 되었다. 유명한 관상가 허부許負가 박씨를 보고 '천하의 어머니'가 될 것이라고 한 예언이 이루어진 셈이었다. 단 한 번의 전투에서 패배해 만고의 웃음거리가 되었으니, 위표는 확실히 무능한 작자다.

한신의 용병술은 귀신도 짐작하기 어려울 지경이었다. 항우도 그와 대적하기 힘들어했는데 위표 같은 무리야 말할 나위가 있겠는가?

●●● 전쟁에서는 속임수를 꺼릴 필요가 없으니

지혜롭게 모략을 꾸며 공을 세운다

당신은 적군이 어디를 공격할지 알고 있는가? 그렇다면 적군은 그 곳을 공격하지 않을지도 모른다. 당신은 적군이 어디를 공격하지 않을지 알고 있는가? 그렇다면 적군은 그 곳을 공격할지도 모른다. 적군을 방어하는 일은 도둑을 방비하는 일과 같다. 도둑에 대한 방비는 끝없이 이어지지만 도둑은 단 한 순간을 노린다. 한신은 겉으로 임진臨晉을 공격하는 척하면서 몰래 방어망이 전혀 없는 하양夏陽을 습격했다. 성동격서聲東擊西란 이를 두고 하는 말이다! 진정한 장수는 이렇게 지혜를 써서 싸운다.

중국역사에서 지혜롭게 상대를 격분시키는 일에 가장 뛰어난 사람은 제갈량諸葛亮 한 사람뿐이다. 상대를 격분시킬 때 그는 사람과 일에 따라서 각각 다른 방법을 사용했다.

제갈량은 상대의 제일 큰 약점을 들춰 격분시키는 방법을 가장 많이 사용했다. 그는 대교大喬가 손책孫策의 부인이고, 소교小喬가 주유周瑜의 부인이라는 사실을 잘 알고 있었다. 그런데도 조조曹操가 강동江東을 침공하는 진짜 이유는 두 명의 교씨喬氏 자매를 찾아서 만년을 즐기려는 의도라고 말하면서, 조식曹植의 〈동작대부銅雀臺賦〉의 내용을 교묘하게 고쳐 그 증거로 제시했다. 화가 머리끝까지 치밀어오른 주유는 "나와 조조, 두 사람 가운데 한 사람은 죽어야 한다"라고 소리를 질렀고, 제갈량에게 조조를 물리치도록 도와달라고 부탁했다.

제갈량은 상대의 약점을 겨냥해서 상대를 격분시키는 방법도 사용했다. 남만南蠻 정벌에 나선 제갈량은 모든 장수에게 임무를 부여했지만 유독 조운趙雲과 위연魏延에게는 아무 일도 맡기지 않았다. 제갈량은 그 이유를 "두 사람을 적의 후방 깊숙한 곳으로 파견하고 싶은데, 지리를 모르는 탓에 일을 맡기지 않는다"라고 설명했다. 그 말을 듣고 조운과 위연은 직접 지리를 살피기 시작했고 끝내 적의 후방 깊숙이 침투해 공을 세웠다.

상대가 마구 우겨대는 경우, 제갈량은 거꾸로 그 점을 이용해 상대를 격분시키기도 했다. 그는 나이 일흔을 넘긴 황충黃忠을 두 차례나 전장에 파견했는데, 그 때마다 황충은 늙어서 안 되겠다고 토를 달아 노익장을 격분시켰다. 황충은 보란 듯이 노련한 계책과 무예를 발휘해 천탕산天蕩山을 점령하고 하후연夏侯淵을 참수했다.

시간의 순서를 따라 제갈량이 지혜롭게 주유를 격분시킨 일을 살펴보자. 유표劉表는 형주荊州를 중심으로 강한江漢의 넓은 지역을 지배하고 있었으나 마음 속에 큰 뜻이 없는 유약하고 무능한 인물이었다. 그런 까닭에 안팎의 복잡한 정세에 능동적으로 대처하지 못했을 뿐만 아니라 집안 일도 엉망으로 꼬여 있었다. 그는 후처 채씨蔡氏의 말에 현혹되어 후처 소생의 아들 유종劉琮을 편애하고 전처의 아들 유기劉琦를 내심 반기지 않았다. 집안 일로 곤경에 처해 있던 유기는 제갈량에게 '일신의 안전을 위한 계책'을 물었다. 그러나 제갈량은 부자간의 일에 타인이 끼여드는 법이 아니라는 핑계를 대면서 거절했다.

어느 날 유기는 제갈량을 초청해 함께 후원을 구경한 다음 높은 누각에 올라가 술잔을 나누며 경치를 감상했다. 유기는 몰래 사람을 시켜 사다리를 치우고서는 애절한 목소리로 말했다.

"우리는 지금 위로는 하늘로 올라갈 수 없고, 아래로는 땅으로 내려갈 수 없습니다. 선생의 말은 오직 저 한 사람의 귀로 들어갈 뿐입니다. 안심하시고 가르침을 내려주십시오!"

그 때서야 비로소 제갈량은 계책을 일러주었다.

"춘추시대 진晉나라의 신생申生과 중이重耳의 고사를 알고 계십니까? 신생은 나라 안에 머물다가 죽음을 당했고, 중이는 나라 밖으로 도망을 가 위험을 모면하지 않았습니까?"

유기는 갑자기 눈앞이 환해지는 느낌이 들었다. 때마침 손권孫權의 군대가 강하江夏를 공격해 태수 황조黃祖를 죽인지라, 유기는 즉시 유표를 찾아가 자신에게 강하를 맡겨달라고 청했다. 이 청을 받아들인 유표는 유기를 강하태수에 임명했다. 제갈량의 한 마디 말 덕분에 유기는 위험지역을 벗어나 안전한 곳으로 몸을 피할 수 있었다. 훗날 유비는 유기로부터 많은 도움을 받았다.

208년 유표가 병으로 죽자, 유종이 스스로 형주목牧의 자리에 올랐다. 그 때 조조는 대군을 이끌고 형주를 향해 진군하고 있었으며, 선봉부대는 이미 신야新野에 당도해 있었다. 유기는 조조에게 사신을 보내 항복했는데, 유비의 방해가 염려되어 그 사실을 알리지 않았다.

조조의 대군이 완성宛城에 도착하자, 유기는 마지못해 번성樊城에 있는 유비에게 항복한 사실을 통보했다. 크게 놀란 유비는 황급히 군사를 이끌고 남쪽으로 달아나 양양襄陽에 이르렀다. 이 때 제갈량이 유종을 공격해서 형주의 병권을 빼앗은 다음, 조조와 맞서자고 제안했다. 그러나 유비는 차마 그렇게 하지 못하고 병사와 백성을 이끌고 강릉江陵 방향으로 도망쳤다. 양동陽東 북쪽의 장판長阪에 도착한 유비 일행은 뒤쫓아온 조조 군대와 일전을 벌였고, 다시 한진漢津 쪽으로 도주하다가 관우關羽의 수군과 합세했다. 때마침 유기도 1만의 군사를 이끌고 도우러 왔다가 함께 하구夏口로 퇴각했다.

조조는 강릉을 점령한 다음 물길을 따라 양자강揚子江 하류 쪽으로 진격했다. 이 때 제갈량이 유비에게 건의했다.

"형세가 너무나 위급합니다. 손권 장군에게 구원을 요청해 보겠습니다."

동오東吳의 사신 노숙魯肅은 제갈량을 데리고 주유를 찾아가서 전쟁과 화친을 놓고 토론을 벌였다. 주유는 조목조목 따져가며 항복을 주장했고, 노숙은 항전해야 하는 이유를 토로했다. 두 사람이 얼굴빛을 붉히면서 갑론을박하고 있을 때 제갈량은 한쪽에 앉아 팔짱을 낀 채 냉소를 지었다. 주유가 고견을 들려달라고 청하자, 제갈량은 차가운 말투로 입을 열었다.

"장군께서 조조에게 항복하면 처자식의 목숨을 보전할 수 있죠. 또 부귀를 잃지도 않을 테고."

얼핏 들으면 주유의 의견에 찬성하는 것 같지만, 이면으로는 주유를 비꼬는 말이었다. 노숙은 그 사실을 눈치 채지 못하고 벌컥 화를 냈다.

"나라의 도적놈에게 무릎을 꿇고 항복하라고요? 우리 주군에게 그렇게 권하겠다는 말이오?"

"항복의 예절을 따져가며 양을 끌고 술통을 짊어질 필요도 없고, 땅을 떼주거나 공물을 바칠 필요도 없습니다. 게다가 직접 강을 건너서 조조를 찾아갈 필요도 없고요. 사신 한 명을 뽑고 작은 배에 두 사람만 태워 강 건너편으로 보내면 그만입니다. 조조가 이 두 사람을 얻으면, 아마 그의 백만 대군은 갑옷을 벗고 깃발을 둘둘 말아 회군할 겁니다."

주유가 그 두 사람이 누구냐고 묻자 제갈량은 강남江南의 두 교씨 자매라고 말했다. 그러자 주유가 되물었다.

"조조가 두 자매를 얻고자 한다는 증거가 있습니까?"

"조조의 막내아들은 이름이 조식이고 자는 자건子建입니다. 붓을 쥐면 곧바로 글을 완성할 정도로 솜씨가 대단하답니다. 조조가 그 아이에게 시 한 수를 짓게 했는데, 제목이 〈동작대부〉입니다. 그 시의 내용인즉, 자기네 집안에서 천자가 나오는 게 합당한 일이며, 반드시 두 교씨 자매를 취하고 말겠다는 내용입니다."

제갈량은 〈동작대부〉을 암송하면서 "동서로 이층의 다리를 놓으니, 하늘에 걸린 무지개 같네連二橋于東西兮, 若長空之蝃蝀"의 두 구절을 "동남쪽에 사는 이교二喬(교씨 자매를 가리킴)를 데려와, 아침과 저녁 더불어 즐기네攬二喬于東南兮, 樂朝夕之與共"로 고쳐서 읊었다.

제갈량의 암송이 끝나자 주유는 잔뜩 화가 난 얼굴로 자리에서 벌떡 일어나더니 손가락으로 북쪽을 가리키며 욕을 해댔다.

"이 늙은 도적놈아! 내가 그렇게도 우습게 보이더냐!"

제갈량은 급히 자리에서 일어나 주유를 만류했다.

"예전에 흉노족이 자주 침범하는 까닭에 한漢의 천자는 공주를 시집 보내어 화친을 맺었습니다. 거기에 비하면 민간의 두 여인쯤이야 대수롭지 않죠."

"공이 몰라서 하는 소리요. 대교는 손백부孫伯符 장군의 부인이며, 소교는 바로 저의 아내입니다."

제갈량은 일부러 깜짝 놀란 척하며 얼이 빠진 사람처럼 허둥댔다.

"정말로 몰랐습니다. 그런 줄도 모르고 실언을 했으니…. 깊이 사과 드립니다."

"나와 조조, 둘 가운데 한 사람은 죽어야 합니다!"

주유는 방금 항복을 주장했는데, 그것은 제갈량의 의중을 떠보기 위한 말이었다고 변명하며 조조를 물리치도록 도와달라고 부탁했다. 본래 제갈량이 주유에게 도움을 청하러 왔는데, 거꾸로 주유가 제갈량에게 도움을 청하고 있다. 제갈량이 상대를 격분시키는 방법이 참으로 절묘하지 않은가?

제갈량은 주유의 가장 아픈 곳을 찔러 그를 격분시켰다. 대교는 손권의 형수이며, 소교는 주유의 부인이라는 사실은 알 만한 사람은 모두 알고 있었다. 지혜가 특출한 제갈량이 사신의 자격으로 동오에 가면서 어찌 그 곳의 정황을 파악하지 않았겠는가?

또한 그는 동오와 인접한 융중隆中에서 오랫동안 은거했으니, 그 사실을 몰랐을 리 없다. 더구나 제갈량은 조식의 시를 암송하면서 이

교二橋를 이교二喬로 바꿨는데, 이것은 주유를 격분시키려는 의도로 볼 수밖에 없다.

결국 주유는 조조와는 함께 세상을 살 수 없고 그와 맞서 싸우겠다고 밝혔으니, 제갈량의 목적은 달성된 셈이다. 그런데 조조는 정말로 두 명의 교씨 여인을 취할 생각을 했을까? 다리橋를 교씨 성의 여인喬으로 바꾼 사람은 조조가 아니라 제갈량이다. 그러나 당시의 정황을 살펴볼 때 이는 사실일 수도 있다.

조조는 호색한으로서 욕구를 채우기에 급급할 뿐 결과는 고려하지 않았다. 조조는 그 전에도 장수가 항복하자 그의 숙모를 범했다가 크게 낭패를 당한 적이 있었다. 조조가 동오정벌에 성공했다면, 아마도 두 교씨 여인은 욕을 당했을 것이다.

지혜롭게 상대를 격분시킬 수 있다면 다방면에 걸쳐 좋은 결과를 얻을 수 있다. 친구가 분발하고 노력하도록 자극할 수 있고, 외교적으로 소정의 목적을 거둘 수 있으며, 전쟁터의 군인이 용맹하게 싸우도록 만들 수도 있다. 그 수법을 잘 쓰면 절반의 노력으로 두 배의 효과를 얻을 수 있지만, 잘못 쓰면 역효과가 돌아온다.

제갈량은 지혜로운 계략으로 주유뿐 아니라 손권도 격분시켰다.

제갈량은 노숙과 함께 시상柴桑으로 건너가 손권을 만났다. 그 때 손권은 전쟁의 승패를 가늠하며 군대를 움직이지 않고 있었다. 제갈량이 손권에게 말했다.

"조조는 이미 북쪽의 모든 지역을 평정하고 형주를 함락하는 등 그 위세가 천하를 진동시키고 있습니다. 유비 장군도 조조에게 쫓겨 하구로 퇴각한 상태입니다. 장군, 동오의 역량을 헤아리시어 어찌하실지 결정하십시오. 만약 오월吳越 지역의 사람을 동원해 조조와 대적할 만하다고 판단되면, 조조와 모든 관계를 끊으십시오. 그러나 대적하기 힘들다고 판단되면 군대를 거두어 빨리 항복하십시오. 지금 장군께서는 조조에게 복종하는 척하면서 마음 속으로는 망설이고 계십니다. 일이 다급한 상황에서 결단을 못 내리면 큰 화를 당하고 맙니다.”

손권은 아니꼽다는 말투로 제갈량에게 물었다.

“선생의 가르침, 잘 들었습니다. 그런데 유비 장군은 왜 조조에게 항복하지 않나요?”

“그 옛날 전횡田橫은 일개 무인에 불과했지만 굳게 의리를 지키면서 욕된 꼴을 당하지 않으려고 했습니다. 유비 장군은 황실의 후손이자 당대의 영웅으로서 강물이 바다로 흐르듯 많은 사람이 유비 장군을 흠모하며 따르고 있습니다. 어찌 조조에게 굴복할 수 있겠습니까?”

손권은 잔뜩 화가 난 얼굴로 소리를 질렀다.

“내 어찌 오나라와 10만의 대군을 팽개친 채 조조에게 굴종하면서 사사건건 간섭을 받겠소! 결심했소이다, 조조와 싸우기로!”

그러고는 걱정스럽다는 말투로 유비의 일을 물었다.

“그런데 유 장군이 얼마 전에 조조에게 패하지 않았습니까? 앞으로 어떻게 조조와 대적할 생각인가요?”

“비록 장판에서 지기는 했지만 흩어졌던 병사들이 다시 모이고, 관우의 수군이 합세해서 약 1만 명의 군사를 거느리고 있습니다. 또한 유기의 군대도 1만을 헤아립니다. 조조의 군대는 먼 길을 와서 피로에 지쳐 있습니다. 멀리 날아간 화살은 점점 아래로 처지는 법이지요. 게다가 북방의 군사들은 수전水戰에 익숙하지 않습니다. 형주의 군사들은 어쩔 수 없이 조조에게 항복을 했고, 그런 까닭에 아직도 마음속으로는 조조에게 복종하지 않고 있습니다. 요소요소에 용맹한 장수를 파견할 뿐만 아니라 장군 스스로도 직접 수만의 군졸을 이끌고 진격해서 유비 장군과 마음을 합해 협력한다면, 틀림없이 조조의 군대를 무너뜨릴 것입니다. 조조가 패배해서 북쪽으로 돌아가면 형주와 오吳가 발전하게 되며, 천하가 셋으로 나뉘는 국면을 맞이할 것입니다. 이 전쟁에 모든 승패가 걸려 있습니다. 부디 현명한 선택을 해주십시오.”

손권은 제갈량의 정밀한 분석을 듣고 조조와 싸우기로 마음을 굳혔다. 노숙과 주유도 극력 항전을 주장하자 손권은 조조가 보낸 협박 편지를 무시하고는 장소張昭의 항복론을 일축하며 전의를 불태웠다. 손권은 칼을 빼들어 책상 모서리를 내리치며 말했다.

“또다시 항복을 거론하는 자는 이 책상과 같은 일을 당할 것이오.”

손권은 주유, 정보程普, 노숙에게 수군 3만의 병력을 내주어 제갈량과 함께 번구樊口로 진군해 유비와 힘을 합쳐 조조와 싸우라고 명했다.

제갈량은 말 한 마디로 손권을 격분시켰다. 마침내 손권은 용기를 내 조조와 맞서 싸우기로 결정했다. 제갈량의 지혜가 어느 정도인지 엿볼 수 있는 대목이다.

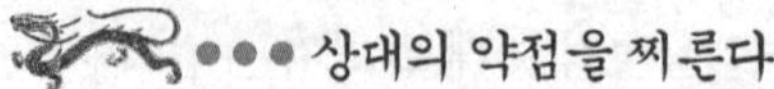

상대의 약점을 찌른다

제갈량은 지혜의 화신과 같은 존재다. 예로 부터 '아무리 못나도 셋이 모이면 제갈량 같은 지혜가 나온다' 는 속담이 있을 정도다. 제갈량은 지혜를 이용해 상대를 격분시키는 전략에 뛰어났다. 지혜롭게 상대를 격분시키면 상대의 생각과 감정은 신속하게 변화하며, 부지불식간에 놀라운 능력을 발휘해 충심으로 나를 위해 일하게 된다.

조조曹操는 중국역사에서 음모와 임기응변에 능했던 대표적 존재다. 그의 기지와 속임수는 조조라는 용광로 안에서 하나로 융합되어 있어 구분하기가 어렵다. 재능, 모략, 기민한 처세, 속임수, 잔인성 등의 면에서 타의 추종을 용납하지 않았던 정치가이자 모략가다. 그의 지모와 재능, 선행과 행적 속에는 탐욕과 지독한 속임수라는 개인적 심리와 개성이 스며들어 있다.

《삼국지》에 이런 기록이 있다.

"태조(조조)는 어릴 때부터 기지가 있고 민첩했으며 권모술수에 뛰어났다."

조조는 소년 시절부터 뱃속에 잔꾀를 잔뜩 지닌 인물이었다. 조조는 시정잡배와 어울려 지내며 방탕한 생활을 했고 사냥을 즐겼다. 그런 동안에 그는 자신의 뜻대로 행동하는 지혜와 용기, 기지와 속임수를 체득했다. 또한 많은 책을 보았는데, 특히 병법서를 좋아했다. 그는 각각의 일에 따라 기이한 계책을 내놓아 사람들을 부려먹었으며 속임수를 잘 사용해서 사람들을 놀라게 했다.

그의 숙부가 여러 차례 아버지 조숭曹嵩에게 자신의 방탕한 생활상을 고하자, 조조는 숙부의 감시를 피할 방법을 모색했다. 어느 날 길을 가다가 우연히 숙부를 만난 조조는 얼굴을 일그러뜨리고 입과 눈을 비틀면서 "중풍이 들었다"고 소리를 질렀다.

숙부는 황급히 조숭에게 알렸다. 크게 놀란 조숭은 조조가 있는 곳으로 달려갔다. 아버지가 도착할 즈음 그는 원래의 모습으로 돌아와서는 숙부가 자신에 대해 없는 말을 꾸민다고 모함했다. 이는 분명 부잣집 자식의 무례하고 사악한 자작극이었다. 하지만 기이한 속임수를 써서 '자신이 숙부에게서 미움을 받아 무고한 일을 당한다'고 믿게 만든 점은 조조의 진면목을 보여주는 실례다.

조조는 원소袁紹와 어울려 다니다가 어느 집에서 결혼식이 벌어지고 있음을 발견했다. 그 날 밤 두 사람은 몰래 그 집의 정원으로 숨어들어가 큰 소리로 "도둑이야!"라고 외쳤다. 사람들이 우르르 몰려나오는 틈을 타 조조는 신방으로 잠입해 칼을 들이대고 신부를 납치했다. 그러나 중간에 길을 잃어버린 탓에 그들 일행은 숲 속을 헤매었고, 조조는 신부가 도망치도록 내버려두었다. 원소가 허둥대기만 할 뿐 제대로 도망치지 못하고 뒤로 처지자, 조조는 "담을 넘은 도둑이 여기 있다!"라고 크게 고함을 질렀다. 그 때서야 원소는 죽을 힘을 다해 도망치기 시작했다.

기지와 해학이 넘치는 소년 조조의 품성 속에는 잔혹하고 냉혹하며 잔인한 요소가 잠복해 있었다. 그가 출세 길에 들어선 이후 이 같은 요소는 서서히 머리를 내밀기 시작했고, 시간이 흐르면서 완전히 제모습을 드러냈다. 조조는 관리생활 초창기에 중상시中常侍 장양張讓의 거처에 침입했고, 중상시 건석蹇碩의 숙부를 때려죽였으며, 장안의 악당들을 징벌했고, 사악한 풍속을 금지시켰다. 그 과정에서 드러난 모질고 냉혹한 조조의 개성과 수단은 사람들로부터 외면을 받기는커녕 오히려 박수갈채를 받았다. 당시 그는 자신의 험난한 벼슬길을 개척하기 위해, 다른 한편으로는 자신이 엄정하고 엄격하다는 인상을 심기 위해 잔혹하고 차가운 개성을 충분히 이용했다. 결국 조조는 환관과 탐관오리에게 공포의 대상이 되었는데, 독은 독으로 다스리고 악은 악으로 제어한다는 말을 연상시키는 대목이 아닐 수 없다.

조조의 개성과 행동에는 정치적 색채가 짙게 묻어 있다. 그가 장양의 거처에 침입한 사건은 무뢰배에서 벗어나 관리로 들어가기 직전에 벌인 정치적 예행연습이었다. 한나라 영제靈帝 주변을 에워싸고 있던 환관들은 황제의 총애를 받으며 부귀영화를 누리고 있었다. 제후에 책봉된 환관들은 거드름을 피우면서 못된 짓을 일삼았다. 그들의 가족들도 지방 곳곳에서 관리로 일하며 '탐욕스럽고 잔인한 일을 저지르고, 좀벌레처럼 백성에게 해를 끼쳤다'고 한다.

그 가운데서도 특히 장양은 커다란 권세를 누리고 있었다. 어느 누구도 그에게 시비를 걸지 못했다. 그런 상황에서 조조는 장양을 죽이려고 바람이 거세게 몰아치는 캄캄한 밤 그의 거처로 뛰어들었다. 비록 '정원에서 칼을 휘두르다가 담을 넘어 달아났다'고 하지만 참으로 가상한 용기가 아닐 수 없다.

스무 살이 되던 해에 조조는 사마의司馬懿의 아버지 사마방司馬防의 추천을 받아 낙양 북도위洛陽 北都尉에 임명되었다. 당시 낙양성에는 권력가와 부자들이 많았고, 악당들이 활개를 치고 있었다. 조조는 먼저 세 가지 일을 시행했다.

첫째, 북도위가 관할하는 네 군데의 성문을 수리해 그 위용을 드러냈다. 둘째, 오색 막대기 수십 개를 만들어서 네 군데 성문의 좌우에 매달아 위엄을 과시했다. 셋째, 법을 어기는 자는 지위고하를 막론하고 오색 막대기로 때려죽임으로써 법을 엄격하게 적용하겠다고 천명했다. 그 때문인지 몇 달 동안 감히 법을 어기는 사람이 없었다.

어느 날 황제의 총애를 받고 있는 조카를 믿은 건석의 숙부가 야간 통행 금지법을 어기고 돌아다녔다. 오색 막대기를 사용할 대상을 구하지 못해 고민하던 조조는 얼씨구나 하면서 그를 잡아 본때를 보였다. 삽시간에 낙양성 안에 소문이 퍼지고 조조의 이름이 알려지면서 권세가와 부자는 몸을 움츠렸고 악당은 자취를 감추었다.

청년 조조의 개성과 품성은 기지, 속임수, 모진 성격, 권모술수, 과단성이라는 말로 표현할 수 있다. 그런 까닭에 그는 "나라가 평안하면 좋은 신하가 되겠지만, 세상이 어지러우면 간사한 영웅이 될 것이다"라는 평판을 들었다. 그 평판은 그의 진면목을 잘 드러내고 있다. 즉 조조는 좋은 신하가 될 자질을 지니고 있었다. 하지만 다른 한 편으로는 천하를 어지럽힐 간사한 영웅으로 성장할 가능성도 지니고 있었다.

조조는 자신의 개성과 품성이 시키는 대로 잔혹하고 모진 방법을 동원해 환관과 탐관오리를 응징했다. 그러나 사람들은 조조의 잔혹함에 겁을 먹기는커녕 오히려 그의 지략과 재능을 칭찬하며 '좋은 신하'가 나타났다고 기뻐했다. 오랫동안 갖가지 흉악한 일을 저질렀던 모리배들은 마땅히 응징을 당해야 했기 때문이다. 그러나 선량하고 무고한 친구와 관리에 대해서도 조조는 똑같이 냉혹하고 잔인한 수단을 사용했다. 그런 까닭에 조조는 후세 사람들의 비난을 받았다. 조조의 품성과 개성은 이렇게 어둡고 잔인한 면도 갖고 있었다.

●●● 격동의 시대에 처해 예사롭지 않은 술수를 발휘하다

조조는 격동의 시대를 살며 예사롭지 않은 술수를 부려 큰 공적을 이룩한, 걸출한 인물이다. 사람 됨됨이와 행적은 젖혀두고 당대와 후세의 평가를 통해 조조를 살펴보면, 중국역사에서 보기 드문 '음흉한 방법으로 남을 해치는 영웅'의 대표적 인물이다.

마음을 자극하는 감성 키워드를 찾아라

인간의 이성에 대한 연구는 인류의 역사와 함께 계속돼 왔다. 오랫동안의 연구에도 불구하고 '인간은 이성적 동물인가?'라는 질문에 대해 '그렇다' 또는 '아니다'라고 쉽게 대답할 수 없다. 인간은 이성적 동물인 동시에 감성적 동물이라는 사실을 우리는 잊고 있다. 인간은 이성과 마음을 함께 지니고 있는 존재다. 그러나 이성적 측면만을 지나치게 강조하다 보니 스스로 커다란 불균형과 오류에 빠져들었다. 그 동안 감성의 측면은 이성의 비중에 비해 열세에 있었고, 많은 부분 외면당했다. 그러나 최근 들어 IQ보다 EQ를 더 중요하게 생각하는 추세에 힘입어 감성 역시 이성만큼 중요한 것으로 인식되기 시작했다. 이런 인식은 마케팅 시장에도 큰 변화를 가져왔다. 얼마 전만 해도 스타 중심의 마케팅 또는 제품 중심 마케팅이 주류를 이루었지만, 이제는 사람의 마음에 호소하는 감성 마케팅으로 홍보의 패러다임이 바뀌었다.

21세기 들어 새로운 문화 코드로 자리잡은 감성은 어느 날 갑자기 생겨난 것이 아니다. 예전부터 사람의 본능 속에 내재해 있던, 즉 '心'이다. 마음을 파고드는 감성 마케팅이란 제품이 아닌 이미지를 심는 일이다. 사람들의 기억 속에 친근하고 편안한 이미지로 각인되길 바라는 것이다. 농심에서 출시되는 유명한 과자 새우깡. 이 제품의 브랜드(새우깡)와 관련한 뒷얘기가 있다. 상품을 만들어놓고 마땅한 이름이 없어 고심하던 한 직원은 이제 겨우 몇 마디 말을 하는 자신의 딸아이가 쉽게 발음할 수 있는 '깡'이라는 음절에 주목했다고 한다. 결국 그 아이디어가 선택돼 새우에다 깡을 덧붙인 새우깡이 만들어졌다. 만약 그 과자가 새우깡이라는 이름이 아니었다면, 지금처럼 성공할 수 있었을까? 결과적으로 새우깡은 훌륭한 감성 키워드였던 것이다. 이와 같은 감성 키워드를 개발하지 않는다면, 세계적인 브랜드는 고사하고 국내에서도 적응하기 어려울 것이다. 사람의 마음을 자극할 수 있는 감성의 키워드를 찾아라! 이것이 상대의 마음을 설득하는 지름길이다.

위징魏徵은 산동성 말단 관리의 집안에서 태어나 수나라 말기의 병란을 겪으면서 장성했다. 그는 어릴 적부터 마음에 큰 뜻을 품고 있었으며, 오랫동안 독서에 몰두하다가 도포를 걸치고 사방을 떠돌아다니며 하층사회와 접촉했다. 와강채의 반란이 일어나자 그는 자진해서 반란군에 합류했고, 뒷날 두목 이밀과 함께 이연에게 항복했다. 그러나 장안에 당도한 이밀과 위징은 크게 중용되지 못했다. 그러자 위징은 산동 지역의 반란군을 귀순시키는 일을 자청해 정치적 능력을 발휘하며 공을 세웠다. 그 뒤에는 태자 이건성에게 발탁되어 상빈上賓으로 지내

*위징 魏徵(580~643) 당唐나라 초기 문신

며 참모 역할을 수행하다가 현무문의 변란(이세민이 형제들을 죽이고 626
년 제2대 황제에 오른 사건—옮긴이)을 맞았다. 그 때 이세민은 그의 재주
를 높이 평가해 그를 살려주고 관직을 주었다. 그 후 위징은 충직하게
이세민을 보필했다. 특히 이세민의 과오를 바로잡는 데 많은 힘을 기
울였다. 이세민도 마음을 비우고 그의 간언을 받아들여 후세에 '훌륭
한 군왕에 올곧은 신하' 라는 아름다운 이름을 남겼다. 위징은 상서우
승尙書右丞과 비서감秘書監을 거쳐 시중侍中에 임명되었고, 이세민이
가장 신뢰하는 대신 가운데 한 사람으로 자리잡았다.

순박한 사람은 대개 성품이 솔직하다. 모든 사람이 솔직함을 훌륭
한 미덕으로 여기고 있다. 그러나 현실생활은 어떠한가? 미덕을 지닌
사람이 반드시 사회적으로 좋은 위치를 차지하는 것은 아니다. 또한
강직함은 종종 변통을 모른 채 완고하며 거칠다는 의미로 해석된다.
직지直智, 즉 '올곧게 처신하는 지혜' 는 올곧은 성품과는 다르다. 직
지는 천성天性이라는 바탕 위에서 형성되는 지혜다. 직지는 아무 때
나 드러나지 않으며 가장 적절한 경우에, 그리고 가장 적절한 사람 앞
에서 드러난다. 위징은 산동성 출신의 호걸답게 강직한 천성을 지니
고 있었다. 그렇다고 해서 일개 무인은 아니었다. 그는 자신의 올곧음
을 이용해서 목숨을 보전하고 높은 지위에 올랐다.

618년 와강채의 두목 이밀은 왕세충에게 패배했고, 결국 이연에게
항복하는 길을 택했다. 그러나 이밀은 좋은 대접을 받지 못했기 때문
에 산동으로 가서 옛 부하들을 귀순시키는 일을 하겠다고 제안했다.
그런데 이연은 이밀에 대한 의구심을 떨치지 못했다. 그래서 일단 그

제안을 받아들여 이밀을 파견했다가 곧 밀령을 내려 장안으로 소환했다. 이는 이밀의 마음을 흔들어 반란을 유도한 뒤에 제거하려는 계책이었다. 이러지도 저러지도 못하는 처지에 놓인 이밀은 결국 반란을 일으켰다가 피살당한다. 이연은 이밀의 수급을 베어 와강채의 본거지인 여양黎陽으로 보내 이밀의 부하들에게 대세를 과시했다.

당시 위징도 이밀과 마찬가지로 반란군을 회유하는 일을 하며 나름대로 성과를 얻고 있었다. 이밀이 죽자 여양에 있던 위징은 큰 충격을 받았다. 위징은 이밀의 묘지명墓志銘을 손수 지으며 그를 높이 추켜올렸다. 또한 이밀이 장안에서 냉대를 받았기 때문에 먼 곳으로 도망가서 숨어 지내려 하다가 길이 막힌 채 화를 당했다고 밝혔다. 즉 이밀이 죽은 까닭은 반란을 일으켰기 때문이 아니라 정치적 박해를 받았기 때문이라는 뜻이었다. 위징은 묘지명의 글을 통해 황제 이연의 잘못을 드러내고, 여전히 충직한 자세로 옛 주인 이밀을 추모했다. 그런 점에서 그는 분명히 대담하고 솔직했다. 그러나 그 충직함 이면에는 또 다른 의미가 담겨져 있었다. 당나라 건국 초창기는 사방팔방에서 군웅이 난립하던 시기였다. 그들을 정벌하기 위해선 많은 시간과 인재가 필요했다. 당시 일반적인 여론은 항복한 사람에게 배반이라는 딱지를 붙여주었으며, 그런 까닭에 항복한 사람을 경시하고 차별대우하는 경우가 많았다. 위징의 입장에서 보면 어떻게든 충의를 과시할 필요가 있었다. 이밀의 묘지명은 은연중 '나는 죽은 옛 주인에게도 이처럼 충성스러웠다. 하물며 살아 있는 새 주인에게는 어떠하겠는가?' 라고 외치고 있었다.

위징은 와강채 출신의 항복한 장수 가운데 비교적 지위가 높았다. 이연의 입장에서 볼 때 위징을 잘 이용하면 와강채의 반란군을 효과적으로 회유할 수 있고, 그런 점에서 위징은 일정 수준의 '자본(매력)'을 지니고 있었다. 이밀이 핍박받아 죽자 와강채의 반란군은 크게 슬퍼했다. 이연이 보기에 이밀의 묘지명은 지극히 불순한 내용이었지만, 이는 와강채 장사들의 마음을 사로잡았고, 그에 따라 위징의 '자본'은 더욱 늘어났다. 위에서 말한 '가장 적절한 경우'는 바로 이런 상황을 말한다.

이건성과 이세민이 차기 황제의 자리를 놓고 권력투쟁을 벌일 때, 위징은 이건성을 위해 일했다. 권력투쟁이 절정에 이르자 위징은 이건성에게 "마음을 굳게 먹고 즉시 이세민을 제거하라"고 촉구했다. 그러나 이건성은 위징의 의견을 받아들이지 않았다. 이건성이 실각한 후 이세민을 제거하려던 위징의 음모는 백일하에 드러나고 말았다. 이세민은 평소 위징에 대한 소문을 듣고 있었지만 한 번도 얼굴을 대면한 적이 없었다. 이세민은 자신을 사지로 몰아넣으려던 위징이란 자가 도대체 어떤 인물인지 직접 만나보고 싶었다.

어느 날 이세민은 위징을 불러 물었다.

"너는 무슨 까닭으로 우리 형제 사이를 갈라놓으려고 했느냐!"

위징의 얼굴에는 두려운 기색이 전혀 없었다.

"그 때 태자께서 제 의견에 귀를 기울였다면, 오늘날 이와 같은 화를 당하지는 않았을 겁니다."

이 또한 매우 솔직한 말이다. 이세민은 그를 죽이기는커녕 예의를 갖춰 대우하면서 관직을 내렸다. 이세민이 인재를 아끼고 중시하는 사람임을 깨달은 위징은 그의 노골적인 질문에 굽힘 없이 응수했다. 만약 위징이 구차한 변명을 하거나 무릎을 꿇고 목숨을 구걸했다면, 이세민은 위징을 죽였을지도 모른다. 위에서 말한 '가장 적절한 사람'이란 바로 이세민 같은 인물을 가리킨다. '임금과 함께 지내는 것은 호랑이와 함께 사는 것과 같다'는 속담이 있다. 군주는 신하의 생사여탈권을 갖고 있으며 수시로 기쁨과 분노가 교차한다. 신하가 제아무리 아부를 일삼더라도 전혀 예기치 못한 일로 화를 당할 수 있다. 위징은 남아 있는 일생 동안 이세민의 곁에서 직언과 간언을 서슴치 않았다. 때로는 황제 이세민의 노여움을 사 급박한 때도 있었지만 큰 위험을 맞지는 않았고, 오히려 이세민으로부터 깊은 신뢰를 받았다. 위징은 단지 충성스럽고 순박한 마음을 지녔기 때문에 직언을 한 게 아니라, 이세민이 직언을 해줄 신하를 원한다는 사실을 간파하고 그 역할을 맡은 것이다. 그렇다면 왜 이세민은 직언을 해줄 신하를 원했을까? 첫째, 이세민은 온갖 어려움 끝에 천하를 얻었고, 신하들이 군왕의 눈과 귀를 가리면 어떤 결말에 이르는지 잘 알고 있었다. 그런 까닭에 그는 거리낌 없이 진실을 말해 줄 신하가 옆에 있기를 원했다. 이세민은 신하들에게 이렇게 말한 적이 있다.

"모든 사람이 말하기를, 천자는 지고한 존재이며 아무것도 겁내지 않는다고 한다. 그러나 나는 그렇지 않다. 위로는 하늘의 감시가 두렵고, 아래로는 신하들이 우러러보는 눈초리가 무섭다. 하늘의 뜻과 일치하지 않을까 전전긍긍하고 뭇 사람의 기대에 부합하지 못할까 노심초사한다."

어느 날 이세민은 위징에게 자문을 구했다.

"어떻게 하면 현명한 군왕이 되고, 어떻게 하면 우매한 군왕이 됩니까?"

"귀에 거슬리는 의견에도 귀를 기울이면 현명해지고, 듣고 싶은 의견에만 귀를 기울이면 우매해집니다."

위징은 진秦나라 이세二世 황제와 수나라 양제를 예로 들며, 두 사람 모두 소인배에게 속아 나라를 잃었다고 논평했다.

이세민은 자신이 겪은 일화를 신하들에게 들려준 적이 있다.

"나는 어릴 때부터 활쏘기를 좋아해서 좋은 활을 열 개가 넘게 모았소. 그 동안 더 좋은 활은 없다고 생각해 왔는데, 최근 몇몇 장인에게 보여주니 한결같이 재료가 좋지 않다고 평가하더이다. 그래서 무슨 뜻이냐고 물으니, 그들은 '나무의 속부분이 곧지 않아서 그 결이 똑바르지가 않습니다. 활 자체는 튼튼하고 힘이 있지만 화살을 쏘면 일직선으로 나가지 않는 흠이 있죠' 라고 말하더군요. 나무의 속이 곧지 않으면 화살이 똑바로 나가지 못하고, 사람 마음이 곧지 않으면 말과 행동이 어디로 튈지 누가 알겠소?"

위징은 이런 이세민의 마음을 잘 읽어냈기에 직언을 서슴치 않았다.

"내가 거리낌 없이 직언할 수 있는 까닭은 황제께서 가상히 여기고 받아들이기 때문이다. 만약 그렇지 않다면 어찌 함부로 입을 열 수가 있겠는가?"

이는 직언 중에 직언이라고 할 수 있다.

이세민이 직언을 해줄 신하를 고대한 두번째 이유는 현명한 임금이라는 이름을 역사에 남기고 싶었기 때문이다. 그런데 혼자서는 제아무리 능력이 탁월하고 재주가 있어도 그 일을 이룰 수 없다. 그래서 한 사람은 이름을 사고, 한 사람은 이름을 파는 역할을 맡아 성군聖君과 명신名臣의 아름다운 이야기를 후세에 남길 수 있었던 것이다.

어느 날 이세민은 조정의 일을 마치고 숙소로 돌아가서는 잔뜩 화가 난 표정으로 장손長孫 황후에게 말했다.

"내 언젠가는 이 촌놈을 죽이고야 말겠소!"

황후가 그 촌놈이 누구인지 물었다.

"조정에 일이 있으면 늘 위징이란 놈이 나에게 대든단 말이오."

그 말을 듣고 황후는 공손한 자세로 몸을 일으켰다.

"주상이 현명하면 신하가 충직하다고 들었습니다. 듣자하니 위징이 충직하다고 하는데, 폐하께서 현명하시기 때문 아니겠습니까? 폐하, 감축드리옵니다."

이세민은 황후의 말을 듣고 크게 기뻐했다. 황후도 성군의 이름을 갈구하는 황제 이세민이 가장 좋은 조연배우인 위징을 죽이지 않으리라는 사실을 간파하고 있었다. 위징 또한 자신이 '올곧음을 파는 상징적인 인물'이라는 사실을 숙지하고 있었다. 위징이 더욱 거칠고 올곧은 자세로 고집을 부릴수록 이세민은 더욱 돋보이는 형태로 마음을 비우게 되어 있었다. 훗날 위징은 자신이 간언한 내용을 정리해서 사관 저수량에게 보여주었는데, 그 소식을 듣고 이세민은 기뻐하지 않았다고 한다. 조연배우인 위징이 주연배우인 자신의 자리를 넘보고, 무대를 가로채서 청사靑史에 이름을 남기려 한다면, 이세민 입장에서는 불쾌한 일이었으리라.

위징은 직언을 통해 이세민의 실정을 시정하는 데 크게 기여했다.

그렇다고 위징을 참견 잘 하고 고집불통인 노인으로 간주하기는 어렵
다. 위징은 산동과 하북 지역의 호걸들과 친분이 두터웠지만, 근본적
으로 산동 지역의 귀족도 아니고 관롱 지역의 귀족도 아니었다. 이세
민의 입장에서 볼 때, 바로 이런 점에서 위징은 이용가치가 많은 인물
이었다. 즉 산동과 하북의 호걸들을 토닥거리고, 산동과 관롱지역의
귀족을 감시하면서 각종 세력집단의 이해관계를 조종하는 일에 가장
적합한 인물이 바로 위징이었다. 그런데 훗날 위징은 관동과 관롱지역
의 귀족과 밀착하는 경향을 보였다. 비록 그가 살아 있을 때는 그런 사
실이 드러나지 않았지만, 그가 죽은 다음에 이세민에게 발각되었다. 분
노한 이세민은 어명을 내려 그의 묘비를 없애버렸다. 위징은 올곧은 마
음 속에 야심과 간교함을 감추고 있었던 것이다. 올곧음의 가면을 쓰고
일시적으로 속일 수는 있지만, 오랜 세월에 걸쳐 감추기란 어렵다.

●●● 사람과 정황을 살펴서 올곧게 처신해 총애를 받다

중국역사에서 군왕에게 직간直諫을 서슴치 않은 사람 중 대표적인 인물
이 위징이다. 올곧음直은 사람의 성정에 속하지만 지혜의 측면에서 살펴
볼 수도 있다. 정직함과 지혜로움은 별개의 사안이다. 흔히 강직하면 부러
지기 쉽다고들 말한다. 그러나 위징은 일평생 황제의 뜻에 반대하며 직언
을 해댔지만 위험이 큰 상황을 맞지는 않았다. 상대방의 사람 됨됨이를 알
아보는 안목을 바탕으로 '올곧음을 팔았기賣直' 때문이다. 다시 말해 올곧
은 성품을 '올곧게 처신하는 지혜直智'로 승화시킬 줄 알았던 것이다.

172

증국번의 완지緩智

천천히 나아가는 지혜를 발휘하다

증국번曾國藩은 원래 고집이 세고 두려움을 모르는 사람이었다. 특히 성미가 몹시 급했는데, 뒷날 조급히 굴면 일을 그르치기 쉽다는 사실을 깨닫고 조금씩 고쳐나갔다. 과거에 합격해 진사가 된 증국번은 당감唐鑑을 스승으로 모시고 성리학 연구에 몰두했다. 특히 성리학자들은 조금씩 배우고 익히면서 점차 깊은 경지로 나아가는 연구방법을 중시했다. 당감과 왜인倭仁의 가르침 덕분에 그는 성리학의 점진적인 연구방법을 깊이 체득했고, 매일 '조금씩 조금씩, 천천히 나아간다'는 내용의 문구를 쓰면서 마음을 다져나갔다. 이 같은 학문과 수양에 대한 가치관은 자연스럽게 성품에도 영향을 주어 성급하고 조급했던 그는 침착하고 느긋한 모습으로 바뀌었다.

그러나 공직생활에서는 그렇지 못했다. 관리의 부패가 만연하고, 백성은 끼니를 잇지 못하며, 사방에서 도적이 봉기하는 상황에 대해 증국번은 하루 빨리 대책을 세워 해결하고 싶었다. 함풍 황제 즉위 초기에 그는 1년 동안 네 번이나 상소문을 올리는 등 많은 힘을 기울여 난국을 타개하자고 역설했다. 황제가 반응을 보이지 않자, 이번에는 직접 황제를 겨냥해 헛된 것을 추구하며 현실을 도외시한다고 비판했다. 그는 그 일 때문에 목숨을 잃을 뻔했다.

처음 군대를 지휘할 때도 증국번은 국면을 빨리 전환시키고자 서두르다가 많은 시행착오를 겪었다. 또한 최초의 몇 차례 전투에서도 승리를 거두려고 조급하게 덤비다가 패배하고 말았다. 공직생활과 전쟁에서 좌절을 맛본 증국번은 일 처리도 성리학 연구처럼 조금씩, 천천히 진행해야 하며 절대로 조급히 굴면 안 된다는 사실을 깨달았다. 그는 상군湘軍을 확대 재편하는 작업에 착수해서 상군의 전투능력을 높이고 일사불란한 지휘체계를 수립했다. 그 후 상군은 전투를 거듭하면서 점점 강해졌으며, 마침내 유명무실한 녹영綠營을 대신해 청나라를 지탱하는 군대로 성장했다.

증국번은 여러 우여곡절을 겪은 뒤, 완지緩智(천천히 나아가는 지혜)라는 처세의 비결을 체득했다. 비로소 그가 학문·공직·군사 등 모든 방면에서 성숙했음을 알려주는 표시였다. 덮어놓고 천천히 하는 것은 문제가 있지만, 증국번이 일을 처리하는 과정을 살펴보면 '덮어놓고 천천히 하는 것'과는 차원이 달랐다. 혈기왕성한 젊은이 이홍장은 그런 차이점을 간파하지 못하고 증국번에 대해 '너무 느리다'는 비판을 가했다. 그러나 관리로서 이리저리 부대끼며 여러 가지 일을 경험하게 된 이홍장 역시 차츰 그의 스승을 닮아갔다.

영국과 프랑스 연합군이 북경과 천진을 유린한 후 태평천국의 홍수전洪秀全과 석달개石達開는 결국 갈라서고 말았다. 홍수전은 관리를 선발할 때 자신과 친분이 없으면 요직에 앉히지 않았고, 걸핏하면 남을 시기하고 멀리했다. 이를 참지 못한 석달개는 20만 대군을 거느리고 안휘성安徽省을 출발해 광서성廣西省, 귀주성貴州省을 거쳐 사천성四川省으로 난입했다.

1858년 이래로 석달개 부대와 전투를 벌이고 있던 증국번은 소계강蕭啓江에게 5,000명의 군사를 거느리고 석달개 부대를 추격하라고 명령했다. 1859년 6월 함풍 황제는 증국번에게 상군을 이끌고 사천으로 가서 석달개를 섬멸하라는 조칙을 하달했다. 그러나 증국번은 두 가지 이유 때문에 사천으로 가기를 꺼렸다.

첫째, 상군의 군사들은 대부분 상강湘江지역 출신이어서 멀리 사천으로 갈 경우 반드시 고향을 그리워할 테고, 그에 따라 전투력이 저하될 것이기 때문이다. 둘째, 석달개 부대는 이제 머리와 몸통이 끊긴 잔당 같은 신세이며, 증국번은 시간이 흐르면 저절로 사라질 잔당의 졸개들을 상대하고 싶지 않았다. 증국번은 동생 증국전曾國荃과 열흘이 넘게 논의한 끝에 황제의 명령을 따르지 않기로 결정했다. 6월 18일 그는 황제에게 상소문을 올렸다.

"지금 경덕진景德鎭 전투가 한창입니다. 이런 와중에 병사를 이끌고 서쪽으로 가면 사천성을 구원할 수 없을 뿐만 아니라 이제 막 안정시킨 강서성江西省을 잃고 맙니다. 석달개의 병졸이 20만이라고 하는데, 지금 동원할 수 있는 상군은 1만 명 남짓입니다. 석달개를 토벌하기는커녕 지키기도 힘든 상황입니다. 얼마 안 되는 상군을 거느리고 멀리 사천으로 들어가면 대세를 그르칠까 두렵습니다.”

이 밖에도 증국번은 여러 가지 이유를 들어 사천 진군에 반대했다. 며칠 후 상군이 경덕진을 함락하자 사태가 급변했다. 호광 총독 관문官文은 증국번을 사천성에 파견해 그 곳의 모든 일을 맡기자는 상소문을 올렸다. 관문의 말인즉 증국번을 사천 총독에 임명하라는 뜻이었고, 그에 대한 호응도 높았다. 당시 증국번의 관직은 시랑侍郎에 불과했던 탓에 총독에 임명되는 것은 흐뭇한 일이었다. 이에 증국번은 장운란張運蘭에게 양자강을 따라 서쪽으로 진군해서 호구湖口에 주둔하라고 지시했다. 그런데 며칠 후 호북순무 호림익이 그에게 밀서를 보냈다.

“조정은 그대를 총독에 임명할 뜻이 없나봅니다. 대신에 강서성 수비를 맡길 생각인 것 같습니다.”

기운이 쑥 빠진 증국번은 사천 진군을 포기하고 호림익에게 답장을 보냈다.

“조정은 딱 부러지게 말하지 않습니다. 늘 천천히 생각해 보자는 투죠. 다시 주청奏請을 올려서 일신의 영달을 꾀하고 싶지 않습니다. ‘집안에 일이 생기면 자식의 의견을 참고해서 처리한다’ 는 속담이 있는데, 하물며 조정의 일이니 어찌 의견을 묻지 않을 수 있겠습니까?”

증국번은 호림익에게 대책을 묻는 한편 장운란에게 호구에 주둔한 채 움직이지 말라고 지시했다. 8월 23일 증국번은 무창에 도착해서 호림익, 관문과 의논했다. 그 결과 관문이 다시 상소를 올려 증국번과 함께 호북성을 지키면서 기회를 보아 안휘성을 공격하겠다고 주청했다. 조정은 이를 받아들였다. 조정은 낙병장을 사천 총독에 임명했다. 마침내 낙병장은 대도하大渡河에서 석달개의 부대를 섬멸했다.

증국번이 '완지'를 발휘해 일을 처리한 예는 매우 많다. 또한 다른 사람에게도 그 비결을 깨우쳐주었다. 1860년 정월 호림익이 상소문 초고를 증국번에게 보내 의견을 묻자, 증국번은 답장을 통해 자신의 의견을 개진했다.

"포초鮑超의 인내심을 설명한 부분은 글이 평이하면서도 모나지 않아 좋았습니다. 최근에 부대 지휘관들이 올린 상소문을 보면, 효과를 높이기 위해 표현을 강하게 하고 있습니다. 그러나 실제 전투에서는 영 딴판이며, 심지어 적을 평정할 생각이 없는 사람도 있습니다. 그리고 이 상소문에 다른 사람의 연명을 받을 생각이 없다면 며칠 늦춰서 보내는 것이 좋겠습니다. 일기가 불순한데다가 정월인지라 큰 전투를 벌이기는 어려울 테니까요. 깊은 인상을 남기는 것은 오래 가지 않습니다. 천천히 싸우는 것도 좋은 방책이라고 생각합니다."

증국번은 호림익의 상소문이 장병들에게 끼칠 심리적 영향을 염려해 날짜를 늦춰 보내라고 충고했다. 적당한 시기를 기다리다가 상황이 변하면 상소문을 고쳐 쓸 수 있지만, 일단 보내고 나면 엎질러진 물을 다시 주워 담기란 힘들기 때문이다. 이처럼 증국번 · 호림익 · 이홍장 · 좌종당 등은 상소문을 올릴 때마다 서로 연락을 주고받았는데,

상호간 모순점을 해결하고 조정의 오해를 불러일으키지 않으려는 의도였다.

같은 해 윤삼월에 관직생활이 순탄치 않았던 곽숭도가 사직하고 고향으로 돌아갔다. 곽숭도는 본래 사직할 생각이 없었는데, 호림익이 편지를 보내 빨리 사직할 것을 권유한 탓에 그런 결정을 내리고 말았다. 증국번은 너무 성급한 처신이며 부정적인 영향을 끼칠 것이라고 생각했다. 증국번은 곽숭도의 아우 곽곤도郭昆燾에게 편지를 보내 불만을 토로했다.

"내가 보기에는 너무 성급했습니다. 기왕 조정에 들어갔으니, 반년이나 일 년 정도 더 일하다가 사직하는 게 좋았겠죠. 그 사이에 산동성의 난이 평정되기를 기다릴 수도 있고, 시간적인 여유를 갖고 진퇴를 생각해 볼 수도 있으니까요. 이처럼 갑작스럽게 사직하고 말았으니 대세에도 좋지 않은 영향을 끼치리라고 봅니다."

곽숭도는 성격이 매우 급했고 공직생활도 순탄치 못했다. 상군을 재정비하는 과정에서 비록 많은 공을 세웠지만 높은 벼슬에 이르지는 못했다. 또한 공사로서 외국에 나가 일한 경험을 바탕으로 하루 빨리 서방세계와 같은 정책을 펴야 한다고 주장했다. 조정 관리들은 그를 매국노라고 몰아세웠고, 심지어 당장 죽여야 한다고 목소리를 높인 사람들도 있었다. 훗날 곽숭도는 이런 일들을 비관하면서 숨을 거두었는데, 이 모두가 천천히 일을 진행하는 지혜를 깨우치지 못한 탓이었다.

증국번은 군사 업무에서도 완만한 진행을 즐겼다. 어떤 경우엔 기

이한 계책으로 재빨리 적을 응징할 필요가 있다. 당나라의 명장 이정
李靖은 2,000리 길을 달려가 돌궐 힐리가한頡利可汗의 주둔지를 급습,
단 한 번에 북방을 평정했다. 역사상 기이한 계책으로 신속한 승리를
거둔 장수는 생각보다 많다. 반면에 느리지만 확실한 방법으로 승리
를 거둔 장수도 많은데, 제갈량이 대표적인 인물이다. 증국번도 느린
방법을 통해 예상 밖의 성과를 거두었다.

1860년 3월 태평천국의 이수성李秀成이 절강성浙江省을 기습하자
장옥량張玉良은 강남본부의 군사를 이끌고 구원에 나섰다. 그러나 그
것은 이수성의 유인전술에 말려든 꼴이었다. 이수성은 길목을 지키고
있다가 장옥량의 구원부대를 궤멸시키고, 이어 각처의 군사를 모아
강남본부를 공격해 청군을 궤멸시켰다.

장옥량은 스스로 목숨을 끊었으며 화춘和春은 상주常州로 퇴각했
다. 이수성이 그 여세를 몰아 상주마저 함락시키자 결국 화춘도 자결
하고 말았다. 그 해 4월 들어 태평천국의 군대는 소주蘇州를 함락시켰
고, 강소순무江蘇巡撫 서유임徐有壬도 스스로 목숨을 끊었다.

강소성과 절강성은 자원이 풍부한 지역으로서 청나라에게는 곳간
과도 같은 요충지였다. 황제는 수 차례에 걸쳐 증국번에게 강소성과
절강성을 구하라고 엄명을 내렸다. 이 때 증국번은 전력을 다해 안경
安慶을 공격하고 있던 중이었다. 안경은 남쪽에서 북경과 천진으로
가는 길목에 자리하고 있었다. 따라서 그 곳을 함락하면 북경과 천진
의 위험을 제거할 수 있었다. 그런 까닭에 증국번은 강소성과 절강성
으로 가고 싶지 않았다.

또한 증국번은 평소 '주객지도主客之道'라는 병법의 논리를 신봉하고 있었다. 만약 강소성과 절강성으로 가면 자신의 군대는 주인의 위치에서 손님의 입장으로 바뀌는 셈이며, 결국 태평천국군의 의도대로 끌려다닐 게 뻔했다. 증국번이 보기에 장국량과 화춘이 패배한 원인도 주객지도의 원리를 어겼기 때문이었다.

또한 절강순무 왕유령王有齡은 바로 증국번의 정적이었는데 두 사람은 군량미 문제로 격렬하게 다투고 있었다. 증국번은 이 기회를 이용해 왕유령을 제거하고 싶었다. 증국번이 이런저런 핑계를 대며 날짜를 끌자 다급해진 조정은 상금을 하사하고, 병부상서兵部尙書와 양강총독兩江總督의 관직을 제수하면서 빨리 출병토록 유도했다. 황제는 다섯번째 조칙을 내려 하루 빨리 항주杭州를 구하라고 지시했지만, 증국번은 또다시 상소문을 올려 갈 수 없는 이유를 피력했다. 얼마 후 항주가 함락되고 왕유령이 살해당하자, 조정은 더 이상 재촉하지 않았다.

증국번은 '완지'를 발휘해 한꺼번에 몇 가지 일을 처리했다.

첫째, 장국량과 화춘을 구원하는 일을 늦춘 결과 조정이 믿고 의지하던 녹영의 마지막 부대가 전멸했다. 결국 조정은 상군에게 의지할 수밖에 없었다. 얼마 전까지만 해도 조정은 증국번을 홀대했다. 호림익 등은 순무로 승진했지만 증국번은 그럴 듯한 직함 하나 얻지 못했다. 그러나 증국번은 이제 대리代理 양강총독의 자리에 올랐다.

둘째, 증국번은 기회를 놓치지 않고 정적 왕유령을 제거했다. 왕유령이 죽은 후 4개 성省의 순무는 좌종당, 이홍장, 심보정沈葆楨, 이속의李續宜가 차지했는데, 그들은 모두 상군 출신이었다. 강남의 대권은 이제 상군의 손아귀에 들어간 셈이었다.

셋째, 증국번은 만전을 기해 천천히 나아감으로써 휘하부대가 수동적인 위치로 전락하는 것을 방지했다. 만약 증국번이 서둘러 강소성과 절강성으로 갔다면 이수성의 계책에 휘말렸을 것이다. 이수성이 강소성과 절강성을 공격한 것은 자원이 풍부한 지역을 탈취하고 싶은 이유도 있었겠지만, 근본적으로 상군의 이동을 노린 수였다.

즉 상군이 근거지를 떠나 머나먼 강소성과 절강성으로 이동하면 자연히 피로해질 테고, 그 동안 자신의 부대는 푹 쉬면서 힘을 비축했다가 일거에 상군을 격파하자는 속셈이었다. 또한 상군의 주력부대가 궤멸하면 안경의 포위망이 저절로 풀어질 테고, 그러면 안경의 1만여 군사는 호북성을 공격해서 상군의 본거지를 점령할 수 있었다. 이 계책이 성공하면 청나라는 그야말로 죽을 날만 기다리는 신세가 되는 셈이었다. 그러나 증국번은 이수성의 계략에 말려들지 않고 천천히 나아가는 지혜를 발휘해서 패전의 나락으로 떨어지지 않았다.

1860년 영국과 프랑스는 조약체결을 핑계 삼아 제2차 아편전쟁을 일으켜 같은 해 8월 천진에 진입, 10월에는 통주通州를 점령하고 북경을 포위했다. 영국과 프랑스 군대가 천진에 진입할 무렵 함풍 황제는 황급히 피신하면서 증국번에게 조칙을 내려 빨리 군대를 보내 황실을 보호하라고 명령했다.

"증국번과 원갑삼袁甲三은 각각 용맹한 군사 2,000~3,000명씩 선발하고, 포초와 장득승張得勝을 지휘자로 삼아 밤낮으로 길을 재촉해 북경으로 와 승보勝保의 지시를 받도록 하라. 핑계를 대며 지체하지 말고, 황제의 곤궁한 처지를 앉아서 구경만 하지 말라.”

그 조칙은 북경이 포위된 지 1주일 뒤에야 증국번에게 전달되었다. 증국번은 숙고에 숙고를 거듭한 끝에 자신이 직접 가기로 결정했다. 그 때 장패각張沛却이 말했다.

“단순히 군사를 거느린 대신의 신분이면 황궁으로 가서 황제를 보호해도 됩니다. 그러나 양강총독에게는 맡은 곳을 지켜야 하는 책임이 있습니다. 지난 번 패전의 상처가 채 아물지도 않았는데, 이 곳을 버려둔 채 떠나시려 합니까?”

증국번은 장패각의 말에 일리가 있다고 생각했다. 그렇지만 포초를 보내어 ‘패전 보증수표敗保’ 라고 놀림을 당할 정도로 무능하고 부덕한 승보의 지휘를 받게 할 수도 없는 노릇이었다. 때마침 이홍장도 반대 의사를 표시하자 증국번은 또다시 ‘완지’ 를 발휘해 난관을 헤쳐 나가기로 결정했다.

1860년 9월 6일 증국번은 상소를 올려 임금을 구하고 나라를 지키는 신하의 도리를 언급했다. 그러나 그의 숨겨진 의도는 시간 끌기였다. 증국번은 딱 잘라서 거절하지는 않았으나 북경으로 가지 못하는 이유를 밝히면서 새로운 해결책을 제시했다.

“포초와 수천 명의 군사를 보내더라도 난국을 타개하기가 어렵습니다. 또한 현재의 주둔지에서 북경까지는 5,000리가 넘으니 3개월이 지나서야 북경에 도착할 수 있습니다. 곧 적군이 황궁을 포위할 텐데, 이 일을 어찌해야 좋을지 모르겠습니다. 그래서 다음과 같이 청하는 바입니다. 저와 호림익 가운데 한 사람을 선택해 주시면, 선택받은 사람이 대군을 이끌고 북상하고자 합니다. 저를 선택할 경우 좌종당과 동행할 것이며, 안휘성 이남 지역에서는 전투를 멈추고 강서성을 지킬 것입니다. 만약 호림익을 선택하면 이속과 동행할 것이며, 안휘성 이북지역에서는 전투를 멈추고 호북성을 지킬 것입니다.”

상소문은 매우 간절했다. 그러나 상소문과 조칙이 오가는 데 한 달이 넘게 걸린 탓에 북경이 함락되고, 영국 · 프랑스 등의 열강과 굴욕적인 조약을 체결한 뒤에야 조칙이 도착했다. 그 조칙의 내용은 증국번과 호림익에게 북경으로 오지 말라는 것이었다. 증국번으로서는 이래저래 북경으로 갈 필요가 없어진 셈이었다.

당시의 정황으로 볼 때, 상군이 북쪽으로 가는 것은 매우 위험한 일이었다. 소주와 항주를 점령한 태평천국의 군대는 많은 병력과 풍부한 식량을 바탕으로 호시탐탐 안휘성을 노리고 있었다. 상군이 북쪽으로 가면 안휘성은 텅 비는 꼴이 되고, 태평천국의 군대는 손쉽게 이 전략요충지를 차지할 게 뻔했다. 그럴 경우 청나라와 태평천국의 전쟁은 예측 불허의 국면으로 접어들 것이다.

증국번은 멀리 앞을 내다보면서 대책을 세우고 침착한 자세로 일을 처리했으니, 이런 비결 때문에 그는 후대에 이름을 남길 수 있었다. 빨리 성취하기 위해 서두르면 어떤 점에서는 유리할 수도 있겠지만, 전체적인 국면에서 판단해 보면 불리함을 자초하는 경우가 많다. ‘빨리 나아가면 목적지에 이르지 못한다’ 는 속담이 있는데, 이 또한 같은 맥락의 말이다.

증국번은 군사작전에서도 서두르는 것을 반대했다. 지나치게 서두르면 여러 가지 필요한 조치를 간과하기 쉽고, 조그만 실수도 참패로 이어질 수 있다. 또한 병사들의 능력이 저마다 다르기 때문에 지나치게 빠른 속도로 진군하면 전군이 함께 움직이기가 어렵다. 고립된 채 적진 깊숙이 진격하면 반드시 패배하고 만다.

●●● 일을 천천히 진행하면 이것저것 효과적으로 챙길 수 있다

이홍장은 증국번에게 일 처리가 너무 늦는 것을 두고, 그것은 큰 병폐라고 비판했다. 그러나 증국번이 다른 사람보다 뛰어난 까닭은 매사에 천천히 나아갔기 때문이며, 그런 점에서 이홍장은 아직 더 배워야 했다. 이홍장은 그런 사실을 깨닫지 못하고 스승을 비판한 것이다. 천천히 나아가면 조급한 폐단을 바로잡을 수 있고, 일을 처리할 때 이런저런 가능성을 충분히 남겨놓을 수 있다. 이것저것 면밀하게 고려하고 더욱 엄밀한 계획을 세우면 실패를 방지할 수 있다. 증국번의 지혜는 기지機智의 형태로 드러나지 않고 '성숙'이라는 형태로 드러났다. 증국번이 실수와 실패가 적은 까닭은 바로 이런 이유 때문이다.

호설암은 신화전장信和錢莊에서 수금원으로 일했다. 어느 날 수금한 은자 500냥을 왕유령에게 주어 북경으로 가 벼슬을 사는 데 쓰도록 했다. 그러나 그것은 호설암 스스로 밥줄을 끊는 행위였다. 전장 업계의 규칙은 매우 엄격했으며, 공금 유용은 가장 금기시되는 일이었다. 동료들은 호설암이 총명하고 부지런하며 재능이 있음을 안타깝게 여겼지만, 그는 결국 회사에서 쫓겨났다. 또한 다른 전장업 회사들도 이 소문을 듣고 그를 고용하기를 꺼렸다. 그 후 추락을 거듭하던 호설암은 날품을 팔아 생계를 유지하는 지경에까지 이르렀다.

시간이 흘러 관리가 된 왕유령이 절강으로 돌아오자 의지할 곳을 얻은 호설암은 직접 전장회사를 차리기로 결정했다. 그러나 전장업을 시작하려면 최소한 은자 5만 냥이 필요한데 호설암은 무일푼 신세였다. 왕유령이 해운국에서 일하고 있지만 금전적으로 호설암을 도울 처지는 못 되고, 오히려 왕유령의 업무추진 경비를 호설암이 마련해야 할 형편이었다.

호설암은 '닭을 빌려 계란을 얻는 수법'을 이용하기로 결정했다. 닭을 빌리는 방법에는 두 가지가 있었다.

첫번째는 신화전장이 절강해운국에 빌려주는 은자 20만 냥을 이용하는 것이다. 부임 후 왕유령은 공출미 운송이 매우 복잡하고 번거로운 것을 깨닫고, 순조로운 임무완수를 위해 우선 은자 20만 냥을 빌려 운송료를 지급하기로 결정했다. 왕유령과 호설암은 신화전장에서 돈을 빌리기로 의견을 모았고 호설암이 나서 일을 주선했다. 신화전장도 해운국과 관계를 맺고자 애쓰던 참에 좋은 기회를 잡은 터라 대출상담은 일사천리로 진행되었다. 이는 원래 단기대출이었으나 호설암의 요구에 따라 장기대출로 전환되었다. 이로써 호설암은 신화전장의 돈으로 자기 회사를 창립할 계획에 박차를 가했다.

두번째는 좀더 장기적인 안목에서 왕유령의 도움을 받아 나라의 공금을 대신 관리해 주는 일이었다. 호설암이 보기에 왕유령은 일정 기간 절강해운국에서 근무하다가 주현州縣의 수령으로 자리를 옮길 게 분명했다. 그러면 왕유령이 다스리는 지방의 공금을 대신 관리할 수 있으며, 더욱이 나라의 공금에는 이자를 주지 않는 게 관례이니 한마디로 땅 짚고 헤엄치기 아닌가!

전장회사를 차리면 지금 당장은 내실이 없어 고전하겠지만, 왕유

령이 주현의 수령으로 나가면 풍부한 나라의 공금을 바탕으로 알부자
가 되는 건 시간문제였다.

　호설암은 왕유령을 등에 업고 해운국에서 은자 5,000냥을 빌려 직
원을 뽑고 목이 좋은 곳에 사무실을 얻어 전장업을 시작했다. 몇 년
간 전장업을 경영하면서 점차 전장보다 규모가 큰 부강은호阜康銀號
라는 회사형태를 도입하는 한편, 예금과 대출 업무를 혁신했다.

　늘 조심하고 애쓴 덕분에 호설암은 전장업무에 대해 모르는 게 없
었으며, 전장업계의 유일한 강적은 산서표호山西票號(산서성 상인이 경
영하는 개인 금융기관—옮긴이)라고 생각했다. 원래 산서표호는 환어음
업무를 취급하면서 북경을 중심으로 활동했다. 그런데 전란이 일어나
길이 막히자 나라의 공금을 북경까지 운반하기가 매우 어려워졌다.
이에 산서표호가 암암리에 일부 현과 성의 공금을 대신 처리해 주고
있었다. 나라의 공금이니 이자를 줄 필요도 없고, 환어음 수수료도 짭
짤한지라 산서표호는 큰 이익을 챙겼다. 또한 각 성의 거상巨商과 고
위관리 들은 북경이 가장 안전한 곳이라고 여기게 되어 거금을 북경
으로 보내는 일이 많았다. 산서표호 입장에서 볼 때 그것은 일종의
'예금' 인 셈이었다.

　왕유령이 호주부湖州府 지부知府로 임명된 후 부강은호는 막대한
이득을 챙기며 내실을 다졌다. 그리고 호설암은 과감한 대출을 실시
했다. 거기에는 산서표호로부터 배워 응용한 내용도 들어 있었다. 그
후 호설암의 사업은 눈덩이가 불어나듯 날로 번창할 수 있었다.

장사의 관건은 융통성이다. 따라서 마음의 눈을 닫아서는 안 된다. 또한 한 가지에 얽매이지 말고 여러 가지 수단을 동원해야 한다. 땡전 한 푼 없던 호설암이 가세를 일으킬 수 있었던 원인은 바로 융통성을 발휘했기 때문이다. 즉 호설암은 닭을 빌려 계란을 얻는 수법으로 가난을 극복하고 사업을 크게 키웠다.

하장령賀長齡은 청나라 도광陶光 연간의 유명한 실무파 관리이자 '경세치용經世致用'을 받드는 학자다. 그는 강소의 순무인 도주陶澍와 함께 세간의 폐단에 대한 개혁을 추진했으며 명망이 아주 높았다. 좌종당左宗棠은 일찍부터 하장령의 학문과 인물 됨에 탄복하고 있었다. 도광 10년(1830년) 10월, 하장령은 부모의 상喪을 치르기 위해 장사長沙에 돌아왔다. 좌종당은 이 절호의 기회를 놓치지 않고 하장령을 찾아가 가르침을 받았다.

하장령은 얼굴도 모르는 이 젊은이가 비범한 인품과 깊은 뜻을 품은 것을 보자 그를 매우 높게 평가하면서 국사國士로 간주했다. 그래서 집안에 소장하고 있는 서적들을 마음껏 빌려보게 했다. 좌종당이 찾아올 때마다 하장령은 직접 위층에 올라가서 책을 가져왔다.

그는 빈번히 오르락내리락했지만 번거롭게 생각하지 않았으며, 오히려 좌종당에게 나라의 인재가 부족하니 뜻을 크게 세울 것이며 사소한 성과에 자만하다가 앞날을 그르치는 일이 없어야 한다고 충고했다. 하장령과의 접촉을 통해 좌종당의 학문은 곧 한 차원 높아졌다. 특히 명인과 교류를 가진 수확은 아주 컸다. 이 때부터 좌종당은 원대한 뜻을 세우기 시작했다.

이듬해 좌종당은 장사에 있는 성남城南서원에 들어갔다. 성남서원은 역사가 유구하고 명성이 아주 높았다. 이 서원은 남송南宋 시대에 금나라에 항거한 명장 장준張浚과 유명한 성리학자 장식張拭이 세웠다. 그리고 성리학자 주희朱熹도 여기에서 강의한 적이 있었다. 당시 서원 책임자는 하장령의 동생 희령熙齡이었다.

하희령도 유명한 경세치용의 학자였다. 그는 '의리義理'로써 경세의 학문을 가르치고자 노력했다. 좌종당은 이 곳에서 한나라와 송나라의 유가 서적들을 섭렵했을 뿐 아니라 훗날 상군湘軍의 명장이 된 나택남羅澤南을 만나 함께 품행을 연마하고 학문과 의리를 연구했다. 하희령도 좌종당을 매우 좋아해서 일찍이 이렇게 말한 적이 있다.

"나이는 비록 어리지만 여유가 있으며 능력이 뛰어나 자립할 수 있다. 학문을 물어보아도 확실히 얻은 바가 있다."

하씨 형제는 당대 명사名士였기 때문에 당시 빈궁했던 젊은 좌종당을 높이 산 것은 그를 감동시켰으며 평생 잊지 못하게 했다. 하씨 형제도 이처럼 전도 유망한 제자를 잊지 않고 한결같은 관계를 유지했다.

1년 후 하장령은 부모의 상을 치르고 나자 원래의 직무로 돌아갔으며, 6년 후에는 귀주貴州의 순무로 부임했다. 그는 여러 차례 좌종당에게 서한을 보내 귀주에 가서 일을 볼 것을 권했다. 그러나 당시 좌종당은 이미 도주의 아들을 가르치고 있었기 때문에 이 같은 권유를 받아들일 수 없었다. 도광 26년, 하장령이 장사에서 사망했다. 그런데 그가 사망하기에 앞서 좌종당의 맏아들 효위孝威가 태어났다. 하장령은 이 소식을 듣자 아주 기뻐하면서 막내딸을 갓 태어난 효위에게 허락했다. 이 때부터 하장령과 좌종당은 스승과 제자의 관계에서 사돈 관계로 발전했고 재미난 이야기를 남겼다.

도광 17년, 순무 오영광吳榮光의 초청으로 좌종당은 예릉醴陵에 가 담강潭江서원의 주요 강의를 맡았다. 이 서원에는 하숙하는 서동書童이 60여 명뿐이었기에 소득이 아주 적었다.

얼마 후 양강 총독 도주가 강서江西에 와서 군대를 사열하던 차에 고향으로 성묘省墓를 가다가 예릉을 경유했다. 당시 도주는 매우 유명한 국경의 관리로서 10여 년 간 양강 총독을 지내고 있었다. 재임 기간 동안 그는 임측서, 하장령, 위원魏源, 포세신包世臣 등의 협조 에 힘입어 이로운 것을 일으키고 해로운 것을 없앴다. 즉 선박 운송을 정돈하고 수리 시설을 건설했으며 소금업의 폐단을 개혁했다. 도주는 뛰어난 업적을 쌓아 명망이 높았다.

그는 출신이 빈천했지만 젊었을 때부터 이미 경세의 뜻을 품었다. 현실을 직시하고 민생에 관심을 가졌으며, 사회의 부패를 밝히고 내정 개혁을 요구했다. 또한 아편을 금지할 것을 주장하고, 군비를 강화해 열강의 침임을 막자고 역설했다.

도주가 오자 현령은 크게 기뻐하며 그를 위한 관사官舍를 마련하고, 또 좌종당에게 주련柱聯(기둥이나 바람벽 따위에 장식으로 써 붙이는 글씨—옮긴이)을 써서 환영을 표했다. 좌종당은 경세치용의 학문을 숭상했기에 도주 등에 대해서도 일찍부터 잘 알고 있었다. 그는 붓을 들어 주련을 썼다.

봄날의 궁전에 여유로움이 넘치고
이십 년이 지나도록 가산家山에는 인심석印心石이 여전하네
강물은 낮과 밤을 이어 도도히 흐르고
사람들은 머리를 들어 그 분이 돌아오길 기다리네

이 주련은 도주에 대한 고향 사람들의 존경과 환영의 심정을 표현한 것인데, 도주의 일생에서 가장 마음에 드는 한 단락의 경력을 환기시켰다. 도광 15년 11월 말, 도광 황제는 북경의 궁전에서 14차례나 도주를 만났으며, 친필로 그가 어릴 때 글을 배운 '인심석옥印心石屋'에 편액을 써주었다. 인심석옥은 뜨락의 연못에 있는 인심석 때문에 붙여진 이름이었다.

이 일은 조정 안팎에 전해져 흠모를 받았으며 당대의 영광으로 간주되었다. 도주는 이 주련을 보자 매우 기뻐하면서 누가 쓴 글인지 물었다. 현령이 좌종당의 작품이라고 하자, 도주는 즉시 만나기를 청했다. 도주는 좌종당을 만나자마자 기재奇才라고 감탄하며 뒤늦은 만남

을 후회했다. 그는 특별히 좌종당을 하룻밤 유숙하게 했으며, 이로 인해 고향에서 하루를 더 묵으며 좌종당과 함께 예릉을 돌아보았다. 그들은 망년忘年의 친구가 되었다.

도광 18년, 좌종당은 세번째로 북경에 가서 과거를 보았으나 역시 합격하지 못했다. 남쪽으로 돌아가던 도중, 그는 길을 우회해 남경으로 가서 도주를 알현했다. 도주는 좌종당이 연이어 낙방한 것을 마음에 두지 않았다. 그는 특별히 좌종당을 총독의 절서節署에 10여 일 머무르게 했으며 날마다 막료와 친지들에게 그와 이야기를 나누게 했다.

어느 날 도주는 다섯 살에 불과한 자신의 외아들 도광陶珖과 역시 다섯 살배기인 좌종당의 맏딸 효리孝璃의 정혼을 제의했다. 그 때 도주의 나이 이미 60세였지만 좌종당은 스물일곱밖에 되지 않았다. 그러나 좌종당은 높은 가문에 빌붙는다는 오해를 피하기 위해 서로간의 지위, 문벌, 직위가 맞지 않는다는 이유로 도주의 제의를 완곡히 사양했다. 도주는 이 말을 듣고 시원스럽게 웃으면서 말했다.

"당신은 개의치 마시오. 당신의 재능을 볼 때 앞으로의 명성과 직위가 나보다 높을 것이오."

도주는 여전히 자신의 제의를 고집했다. 하지만 좌종당은 궁합이 맞지 않는다는 이유로 이를 거부했다. 결국 혼사를 뒤로 미루게 되었는데, 수 년 후 도주가 사망하자 도주의 부인이 거듭 이 혼사 문제를 거론했다. 게다가 스승 하희령이 적극적으로 나서자 비로소 혼사가 정해졌다. 도주는 당대의 명신名臣이면서도 과거에 낙방한 가난한 학자에게 구혼했는데, 이는 그가 좌종당의 재능과 인품을 귀중히 여긴다는 증거였다. 좌종당은 도주를 통해 명성이 점점 높아지면서 세상이 다 아는 인물이 되었다.

도광 19년 6월, 도주는 남경에서 사망했고 가족들은 안화安化로 돌아갔다. 이듬해 하희령의 부탁을 받은 좌종당은 도주의 외아들 도광에게 8년 남짓 글을 가르쳤다.

도씨 집안에는 장서藏書가 아주 많았기 때문에 좌종당은 글을 가르치면서 틈틈이 많은 서적을 읽었다. 이 곳에서 그는 《고금도서집성古今圖書集成》 중의 〈강희여도康熙輿圖〉와 〈건륭내부여도乾隆內府輿圖〉를 자세히 고증·정정했다. 또한 황정, 수리, 염정, 선박운수 등의 학문을 연구했다. 특히 당시 두드러진 병학兵學과 서양식 업무洋務를 연구해 훗날 관리가 되는 데 좋은 기초를 마련했다.

도광 29년 11월, 운귀云貴 총독 임측서林厠徐는 귀주貴州와 호남을 거쳐 고향인 복건福建으로 질병을 치료하러 갔다. 임측서는 아편전쟁때 직무를 박탈당하고 신강에 유배되었다. 그는 도광 25년에 유배에서 풀려나 섬감陝甘 총독이 되었고, 이듬해 섬서陝西의 순무로 부임했다. 도광 27년, 그는 운귀 총독으로 다시 발령받았다.

임측서는 충직한 명신名臣으로서 비록 유배를 당했지만 시종 국사를 잊지 않았다. 그는 신강에서 적극적으로 국경을 보호·강화할 수 있는 정책을 추구했으며, 아울러 둔전屯田을 만들고 수리공사를 벌였다. 운남에서는 광업 정책을 정비하고 민족의 단결을 강화하기 위해 노력했다. 이처럼 온갖 난관을 겪다가 끝내 중병에 걸리고 말았는데,

그 때서야 비로소 상소를 올리고 고향으로 요양을 떠났던 것이다.

임측서의 관선官船은 동정호洞庭湖를 거쳐 상강湘江을 거슬러 올라갔다. 11월 21일 관선은 장사에 도착해 상강 기슭에 닻을 풀었다. 이 소식을 들은 호남의 문무 관리들이 앞다투어 천하에 이름을 떨친 대신을 만나러왔다. 그러나 임측서는 한 번도 만난 적 없는 좌종당을 떠올리고는 즉각 사람을 상음湘陰의 유장柳庄으로 보내 그를 초청하게 되었다.

임측서의 편지를 받은 좌종당은 기쁨을 감추지 못했다. 평소에 그가 존경해 마지않았던 인물로부터 초대를 받은 영광스러운 일이 아닐 수 없었다. 아편전쟁에서 탁월한 애국심과 위대한 인격을 보여주었던 임측서를 좌종당은 마음 깊이 존경하고 있었다.

임측서와 하경령 두 사람은 도주의 부하로서 호림익과 두터운 관계를 맺고 있었다. 이 세 사람은 늘 함께 천하의 일을 담론하며 고금의 인재를 평하곤 했다. 그들은 좌종당의 인물 됨을 높이 평가했기 때문에 임측서는 좌종당이 그리 낯설지 않았다. 바로 1년 전, 호림익이 귀주 안순安順 지부에 임직하고 있을 때, 그는 거듭 임측서에게 좌종당을 추천했다.

"상음에 좌종당이라는 인물이 있는데, 품성과 학식이 호남 선비들 가운데 으뜸입니다."

이 말을 들은 임측서는 즉시 호림익에게 편지를 써 좌종당을 운귀의 총독 막부로 불러들였다. 그러나 당시 좌종당은 세상을 뜬 맏형의 아들 세연世延의 혼사 준비로 분주한 날들을 보내고 있었다. 게다가 도씨 가문의 아들을 가르쳐야 하는 약속 때문에 운귀에 갈 수 없었다. 호림익은 회신을 통해 자신의 등용을 완곡히 거절하며 깊은 유감을 나타냈다.

편지를 받은 좌종당은 곧바로 장사로 향했다. 임측서의 집앞은 방문객들로 인산인해를 이뤘다. 임측서는 '호남 거인擧人 좌종당' 이라고 쓴 붉은 명함을 보자 급히 사람을 보내 좌종당을 집안으로 청했다. 그리고 다른 손님은 일절 들이지 말 것을 일러두었다.

두 사람은 함께 임측서의 배에 올랐다. 그러나 좌종당은 너무 흥분한 탓인지 헛걸음을 딛는 바람에 물에 빠지고 말았다. 옷을 갈아 입은 후 그는 임측서와 대화를 나누었다. 날이 어두워지자 임측서는 관선에 명령을 내려 악록산岳麓山 아래의 조용한 곳에 배를 정박시켰다. 그리고 배 위에 불을 밝게 밝히고는 주연을 베풀어 좌종당을 환대했다. 두 사람은 술잔을 기울이며 천하 고금의 일들에 대해 의견을 나누었다.

천하의 대세에서부터 서북 국경과 동남 해안의 방어에 관한 이야기와 지형의 병법에서부터 서양식 업무에까지, 또한 신강의 둔전과 수리에서부터 운남의 전란戰亂에 이르기까지 서로의 흉금을 털어놓았다. 그들은 이튿날 아침까지 대화를 멈추지 않았다.

나중에 임측서는 신강에서 정리한 귀중한 자료들을 전부 좌종당에게 넘겨주며 이렇게 말했다.

"나는 이미 늙었소. 다만 러시아에 맞서 싸울 뜻은 있지만 끝내 이룰 날은 요원합니다. 하여 남은 삶 동안 대업을 이어갈 인재들을 찾아

왔습니다. 비로소 이 무거운 책무를 당신에게 맡기려고 합니다."

그는 계속해서 말을 이어나갔다.

"앞으로 동남쪽에서 서양 세력을 견제할 인물은 있겠지만, 서쪽의 신강을 평정하는 데는 당신이 아니면 안 될 것이오. 몇 년에 걸친 내 염원을 당신에게 드리니, 앞으로 신강을 다스리는 데 도움이 될 것입니다."

작별을 앞둔 임측서는 주련을 써서 좌종당에게 선물로 주었다.

그 후 임측서는 사람들 앞에서 기회가 있을 때마다 좌종당은 '비범한 인물'이며, '세상에 둘도 없는 인재'라는 칭찬을 아끼지 않았다.

이번 만남은 좌종당에게 매우 각별한 영향을 끼쳤다. 그로부터 20여 년 후 좌종당은 서북을 경영하고 신강을 수복해 행성行省을 세웠으며, 둔전과 황무지를 개간하고 수리시설을 건설했다. 또한 동남 연해에서 어로단漁撈團을 편성 · 조련했으며, 선박 정책을 세우고 해안 방어를 강화하기에 이르렀다. 외세 침략에 맞서 싸웠는데, 이 모든 업적은 임측서에게서 영향을 받은 결과였다.

이듬해 광서廣西에서 천지회天地會(하늘을 아비처럼 숭배하고 땅을 어미처럼 떠받들며, 청을 무너뜨리고 명을 다시 세운다는 반청복명反淸復明의 큰 뜻을 가지고 있었던 비밀조직—옮긴이)의 봉기가 일어났다. 청나라 조정은 재차 임측서를 흠차대신으로 임명해 반란을 진압케 했다. 그러나 임측서는 조주潮州에 도착하자마자 뜻밖의 병을 얻어 사망했다. 임종을 앞두고도 여전히 좌종당을 잊지 못했던 그는 자신의 아들을 시켜 함풍咸豊 황제에게 마지막 글을 올리게 했다. 상서上書를 통해 황제에게

"좌종당은 얻기 어려운 인재"라며 거듭 추천했던 것이다.

그로부터 한 달 후, 좌종당은 장사에서 임측서가 사망했다는 소식을 들었다. 좌종당과 임측서가 만난 지 꼭 1년이 되는 날이었다. 슬픔에 젖은 좌종당은 애틋한 추모의 정을 담아 대련對聯을 지었다. 이 대련은 훗날 복주福州 서호西湖에 있는 임측서의 사당에 새겨졌다.

하장령, 도주, 임측서 등 명사들과의 왕래는 좌종당의 자신감을 크게 북돋아주었다. 제갈량은 자신을 관중과 악의에 견주었으나, 좌종당은 스스로를 제갈량에 비유하곤 했다. 그래서 다른 사람에게 보낸 서한에서 늘 '량亮', '소량小亮', '금량今亮' 이라는 낙관을 사용했다. 비록 당시의 좌종당은 변변한 관직조차 없는 가난한 서생이었으나, 이미 천하에 그의 이름이 알려지고 있었다. 얼마 후, 호남 지방의 관리들은 거듭 그의 출사를 청했다. 이로써 좌종당은 벼슬길에 올라 군대를 다스리고, 정무를 보았으며, 많은 공훈과 업적을 쌓았다.

●●● 거인의 어깨 위에 서는 지혜를 발휘하다

하루빨리 두각을 나타내려면 반드시 거인의 어깨 위에 서야 한다. 이미 공명을 이룬 인물을 이용해 자신의 길을 닦는 것은 매우 편리하고 빠른 방법이다. 좌종당은 비록 진사시에도 합격하지 못했지만, 자신의 출중한 재능과 품위를 나타낼 줄 알았기 때문에 하장령, 도주, 임측서 등 유명한 인물로 하여금 자신의 가치를 발견토록 했다. 이로써 즉각 자신의 명성과 지위를 높였으니 진사에 합격한 것보다 더 입신양명의 길이 빨랐다.

권력이 없으면 위엄이 없고, 세력이 없으면 일을 할 수 없다

역량은 실력과 다르다. 역량은 크고 작음에 달려 있지 않고 이용 방법에 달려 있다. 역량을 충분히 발휘하면 진정한 실력으로 변한다. 힘을 잘 이용하는 사람은 신비한 무인武人처럼 넉 냥 무게의 도구로 천근의 무게를 지탱한다. 반대로 힘을 잘 이용하지 못하는 사람은 몇 마리의 소를 부리면서도 공연히 땀만 흘릴 뿐 아무 일도 이루지 못한다. 이용은 관건 가운데 관건이며, 기교이며, 지혜이며, 절대로 없어서는 안 되는 큰 계책이다.

증국번 曾國藩

군사를 지휘하는 데 만일 권력이 없으면 위엄을 확립할 수 없으며, 세력이 없으면 일을 할 수 없다. 나는 권력이 없고 세력이 없는 지위에 처해 있지만, 늘 권력 다툼과 세력 다툼의 혐의를 무릅쓰고 해마다 다른 사람에게 의지하지만 완고하고 둔해서 그 효과가 아주 미미하다. 다만 도가 있는 군자 한두 명이 제때에 계책을 내놓아 나의 고충을 양해해 주기 바란다. 그렇게 되면 설사 깊은 밤의 어둠 속을 걷더라도 반드시 광명을 볼 때가 있을 것이다. 만일 근본을 가늠하지 않고 지엽적인 데 얽매인다면, 나를 이해하지 못하는 사람은 나를 버리게 될까 두려워할 것이고, 나를 이해하는 사람도 면밀하게 생각하지 못할까 꾸중할 것이다. 그러면 기로에서 또 기로로 나아가게 되어 어쩔 줄 모를 것이다.

어린 시절 유비劉備는 집안이 가난해서 모친과 함께 신발을 팔고 돗자리를 짜 생계를 이어갔다. 그는 한漢나라의 종친이었지만 사람들은 한나라에 대해 염증을 내고 있었다. 그래서 유씨 성이라는 간판은 사람들에게 호소력이 없었다. 청년 유비는 큰 상인의 도움을 얻어서 일군의 병사를 모아 황건적의 난을 평정하는 데 공을 세움으로써 현위縣尉라는 하급관리로 일하다가 공손찬의 추천으로 평원상平原相이 되었다.

유비가 젊은 시절 많은 호걸들이 그를 따랐다. 그러나 일부 권세

*유비 劉備 (161~223) 삼국시대 촉한蜀漢의 제1대 황제

있는 사람들은 그를 업신여겼다. 특히 그가 평원상으로 재직할 당시 지방의 세력가 유평劉平은 그의 통제를 받는 것을 수치로 여겨 자객을 보내 암살하려고까지 했다. 군사를 일으키기 전부터 유비는 관우·장비와 좋은 관계를 유지하고 있었다.

그들은 한 침대에서 같이 자면서 마치 형제처럼 지냈다. 유비가 공개석상에 나가면 관우와 장비는 종일토록 유비의 곁에서 호위했고, 그가 옮겨가는 곳마다 좇아다니면서 주위를 맴돌았다. 관우는 조조에게 포로로 붙잡혔을 때 융숭한 대접을 받았다. 그러나 관우는 옛 주인을 잊지 못해 조조와 작별하고 유비에게 돌아갔다. 조운趙雲은 원래 공손찬의 부하였는데, 유비를 만나 돈독한 대우를 받은 일을 계기로 유비에게 귀의했다.

194년, 유비는 조조의 침공을 받은 서주목徐州牧 도겸陶謙을 구원해 주었다. 이 때 도겸은 유비를 서주자사에 임명해 달라는 상소를 올렸다. 도겸이 죽은 후 서주 관리들의 옹호와 지지를 받은 유비는 서주목이 되었고, 당시 천자 대신 대권을 휘두르고 있던 조조는 유비를 진동장군鎭東將軍에 임명, 의성정후宜城亭侯에 책봉했다.

196년에 여포呂布의 습격을 받은 유비는 조조에게 몸을 의탁했다. 조조는 유비를 예주목豫州牧 좌장군左將軍에 임명했다. 199년에 조조는 유비에게 서주에 있는 원술袁術을 공격하라고 지시했는데, 그 기회를 이용해 유비는 다시 서주를 차지했다. 그러나 유비는 곧 조조에게 패배하고 원소에게 몸을 맡겼다. 그 후 유비는 원소를 떠나 형주荊州로 가서 유표劉表에게 몸을 의탁했다.

유비는 부하들로부터 존경을 받았을 뿐만 아니라 당대 사람들에게서도 칭송을 얻었다. 임종을 앞둔 도겸은 유비에게 서주를 맡아달라고 당부하며 부하들에게 이렇게 말했다.

"이 곳을 안전하게 지켜줄 사람은 유비밖에 없다."

도겸이 죽자 서주 관리들은 유비를 서주자사에 옹립하고자 했다. 그러나 유비는 자사의 직책을 감당하기 어렵다면서 극구 사양했다. 그 때 공융孔融이 유비 앞에 나섰다.

"지금 여론을 살펴보니 백성이 그대에게 자사의 자리를 주는 형국입니다. 하늘이 주는 것을 받지 않으면 뒷날 후회하게 됩니다."

그 소문을 듣고 원소는 이렇게 말했다.

"유현덕劉玄德은 도량이 넓고 신의가 있다. 서주 백성이 즐거운 마음으로 그를 추대하니 참으로 복된 일이다."

조조의 모사인 정욱程昱은 유비를 다음과 같이 평가했다.

"유비는 큰 재주를 갖고 있으며 많은 사람으로부터 인심을 얻었다."

201년 유비는 신야新野에 주둔해 있었고, 많은 형주의 호걸들이 그에게 귀의했다. 여러 차례 거듭된 패배의 원인을 곰곰이 따져보던 유비는 곧 자신에게 우수한 참모진이 없기 때문이라는 사실을 깨달았다. 그래서 유비는 인재를 찾기 위해 온 심혈을 기울였다.

유비는 양양襄陽의 명사 사마휘司馬徽를 찾아가 천하의 계책을 물었고, 사마휘는 제갈량을 추천했다. 또한 유비가 신임하던 서서도 제갈량을 추천하기에 이른다. 그리하여 유비는 제갈량이라는 인물을 흠모하게 되었고, '삼고초려三顧草廬'라는 미담이 탄생하게 된 것이다.

　당시 유표의 부하들은 두 파로 나뉘어 각각 유표의 두 아들을 추종하고 있었다. 유표의 둘째아들 유종은 유표의 후처와 고위관리의 지지를 받으며 절대적 우세를 점하고 있었으며, 유비와 친밀하게 지내던 유표의 장자 유기는 유종 일파의 압력을 이기지 못한 채 강하군江夏郡으로 피신해 태수로 재직하고 있었다. 유표가 병사하자 결국 유종이 대를 이어 형주목이 되었다. 하지만 조조가 대군을 동원해 침공하자 유종은 싸워보지도 않고 항복하고 말았다. 그 바람에 유비는 황급히 강릉으로 퇴각할 수밖에 없었다.

　강릉은 인구와 물자가 풍부한 지역이었다. 조조는 유비가 강릉을 차지하지 못하도록 5,000명의 정예 기병을 거느리고 급히 추격에 나섰다. 10만이 넘는 형주 사람들은 조조의 군대를 피해 유비를 따라 남쪽으로 피란을 떠났다. 행군 속도가 늦어지자 유비의 부하들은 피란민을 버리고 빨리 강릉으로 가자고 청했지만 그는 단호했다.

　"큰 일을 이루려면 백성을 근본으로 삼아야 한다. 나를 따르는 백성을 어떻게 버릴 수 있겠느냐?"

　유비 일행은 당양의 장판에서 조조군의 공격을 받았다. 유비는 처자식을 돌볼 겨를도 없이 제갈량·장비 등 몇몇 측근들과 겨우 달아났다.

　강릉을 점령한 조조는 더 이상 유비를 안중에 두지 않고 승세를 몰아 단숨에 강동 지역을 평정할 마음을 품었다. 그러나 유비와 손권은 연합전선을 구축해 조조군을 대파했고, 그 결과 유비는 형주와 양자강 이남의 4개 군郡을 평정할 수 있었다. 하지만 땅이 좁고 인구가 적은데다가 경제마저 파탄이 났으며, 설상가상으로 조조와 손권 세력의 틈바구니에 끼어 있는 상황인지라 오랫동안 그 지역을 지키기 힘든 형편이었다. 이 때 방통龐統이 상소를 올렸다.

"형주는 황폐한 땅으로 변했고 쓸 만한 인물도 거의 없습니다. 또한 동쪽에는 손권이, 북쪽에는 조조가 버티고 있습니다. 이런 상황에서는 정족지세鼎足之勢를 구축하기가 어렵습니다."

그러나 뾰족한 수가 없던 유비는 '하늘이 내려준 땅' 익주益州를 손에 넣었고, 219년에는 조조로부터 한중을 탈환할 수 있었다. 이로써 천하는 삼분되어 바야흐로 '정족지세'를 형성했다.

유비는 거듭된 패배를 딛고 승리를 거두었으며, 땅 한 조각 없던 처지에서 일약 한 나라의 황제로 떠올랐다. 한 마디로 그것은 인재를 적극적으로 찾고 중용한 결과였다.

유비는 제갈량과 쌍벽을 이루던 봉추鳳雛 방통도 중용해 제갈량과 함께 군사軍師, 중랑장中郞將에 임명했다. 방덕은 유비가 익주를 공격할 때 좋은 계책을 내어 혁혁한 공을 세웠다.

법정法正은 유비가 익주를 얻는 과정에서 큰 공을 세운 인물이다. 유비는 익주를 얻은 뒤에 그를 촉군 태수, 양무장군揚武將軍에 임명해 밖으로는 도성 인근을 다스리게 하고, 안으로는 모사謀士로 활동하도록 조치했다. 그가 사망하자 유비는 며칠 동안 눈물을 흘렸다고 한다.

유비는 장비 대신 위연을 한중 지역의 책임자로 임명해 모든 사람을 놀라게 만들었다. 일찍이 유비는 장비의 약점을 알고 있었다. 장비는 이름난 사대부에게는 깍듯하게 대우했지만 관료와 병사에게는 함부로 대했다. 유비는 늘 장비를 타이르곤 했다.

"자네는 너무 지나치게 형벌을 남발하네. 또한 건장한 병사를 매질하고 곧바로 자네의 주변에 배치해 두니 늘 화를 당할까 걱정일세."

그러나 위연은 군율을 잘 정비했고, 무엇보다 용맹무쌍했다. 훗날 제갈량을 따라 북벌에 나선 위연은 많은 전공을 세웠다.

유비는 인재를 알아보는 탁월한 안목을 지니고 있었으니, 임종 직전에 그는 제갈량에게 애틋한 유언을 남겼다.

"마속馬謖은 말이 앞서는 인물이니, 절대로 중책을 맡기지 마세요."

그러나 제갈량은 그렇지 않다고 판단했다. 위나라 정벌에 나선 제갈량은 마속을 선봉장에 임명했다. 그 결과 가정街亭 전투에서 참패를 당하고 말았다.

유비는 부하들의 능력은 물론이고 저마다의 품성에 대해서도 정확히 판별했다. 당양 전투에서 패배했을 때 조자룡이 조조에게 투항했다는 보고를 들은 유비는 세차게 고개를 저었다.

"조자룡은 나를 버리고 갈 사람이 아니다!"

아니나다를까 조자룡은 유비의 아들을 품에 안고 돌아왔다.

또 유비는 부하들의 형편을 헤아려주고, 때로는 그들을 위해 희생을 감수하기도 했다. 효성이 지극한 인물인 서서는 자신의 모친이 조조에게 붙잡혀 있다는 소식을 듣고 눈물을 글썽이며 떠날 것을 간청했다. 서서의 재능을 깊이 아끼고 있던 유비는 모자간의 정을 위해 애끓는 마음을 억누르며 그를 보내주었다.

유비가 대군을 일으켜 오나라를 정벌할 때 황권黃權이 건의했다.

"물길을 따라 진격하기는 쉽지만 퇴각하기는 어렵습니다. 폐하, 제가 먼저 적군과 대적하겠으니, 폐하는 뒤를 맡아주십시오."

유비는 이를 물리치고 황권에게 강 북쪽으로 군사를 움직여 위나라의 공격을 방비하라고 지시했다. 전투에서 대패해 촉나라로 귀환할 길이 막히자, 황권은 위나라에 항복하고 말았다. 그러자 법을 관장하는 관리들은 황권의 처자식을 처벌해야 한다고 주장했다. 유비는 고개를 저었다.

"황권이 나를 버린 것이 아니라 내가 황권을 버린 것이다."

모든 사업의 핵심은 인재다

기업 간 경쟁은 바로 인재 경쟁이라고 할 수 있다. 이는 인재의 능력을 최대한 발휘하는 쪽이 승리하게 마련이기 때문이다. 그러나 인재를 얻기란 어려운 일이며, 인재를 적재적소에 배치하기란 더욱 어려운 일이다. 유비는 인재를 알아보고, 인재를 기용하고, 인재를 대우하는 데 탁월한 능력을 발휘했다.

고객의 마음을 읽어내는 과학

백화점에서는 제품을 파는 직원들에게 특별한 교육을 시킨다. 즉 매장을 찾은 고객의 태도나 신체적 특징을 통해 소비자의 구매행동과 심리를 파악할 수 있도록 하는 심리학적 방법과 사상의학 등을 가르치는 것이다. 급한 성격의 고객과 느긋한 성격의 고객에게 제공하는 서비스 방법이 달라야 한다는 말이다. 예를 들어 급한 성격의 고객에게 느긋하게 대응하면 고객을 만족시키기 어렵다. 손님의 유형에 따라 알맞은 서비스를 제공하고 원하는 상품을 지체없이 보여줘야 한다.

고객의 소비 유형을 파악하는 데 가장 많이 쓰이는 방법은 심리학 교수 윌리엄 맷스턴이 만든 행동유형 모델 'DISK'다.

이 모델은 사람의 유형을 주도형·사교형·안정형·신중형으로 나눈다. 주도형 고객은 외향적 성격의 소유자다. 이런 사람들은 매사에 급하고 제품을 구입하는 데 판매 직원의 의견을 신경 쓰지 않는다. 그렇기 때문에 그들이 원하는 제품을 바로 갖다주어야 한다.

사교형 고객은 사람들과 만나기를 좋아하고 무엇보다 칭찬에 약하다. 따라서 '손님이 입으니 너무 잘 어울린다'는 식으로 칭찬하면 구매를 유도하기 쉽다.

안정형 고객은 슬그머니 매장에 들어와 멀리서 제품을 바라본다. 자기 의견은 말하지 않고 "이 제품은 어때요?"라며 차분하게 묻는다. 내성적이고 침착한 편인 안정형 고객에게는 편안하게 대하며 구매를 유도하는 것이 좋다.

신중형 고객은 제품의 질을 꼼꼼히 따져 구매한다. 이들은 매장 직원에게 제품 특성을 꼬치꼬치 캐물어보는 경향이 있다.

신중형 고객에게는 단도직입적으로 제품의 관한 정보를 알려주는 것이 좋다. 백화점 직원들은 이 같은 이론적 틀을 근거로 고객에게 제품을 권한다. 이것이 '고객의 마음을 읽어내는 과학'인 것이다.

이세민李世民은 집권 초기에 신하들과 많은 토론을 벌였다.

'수나라는 왜 단명했는가?'

'그 교훈은 무엇인가?'

'우리는 나라를 어떻게 다스려야 하는가?'

'군신君臣 간의 관계는 어떠해야 하는가?'

어느 날 위징은 수나라 양제가 도적을 체포하라는 명령을 내리고 하루 동안에 2,000명이 넘는 사람을 처형시킨 일을 거론했다. 그에 대해 이세민은 이렇게 대답했다.

"신하는 죽음을 무릅쓰고 임금의 잘못을 바로잡아야 하오. 아첨을 일삼으며 임금의 비위나 맞추려고 하면 안 된다는 말입니다. 양제와 그의 신하들이 그 모양이었으니 나라가 망한 것 아니겠소? 군신 간의 관계는 물과 물고기 같아야 하오. 그래야 천하가 편안해집니다. 내가 비록 불민不敏하기는 하나, 그대들이 내 잘못을 일일이 지적해 주기를 바라고 있소. 그래서 태평성대를 이루고 싶소이다!"

임금과 신하가 함께 나라를 다스리는 목표를 실현하기 위해서 이세민은 인재를 선발하고 기용하는 일에 세심한 주의를 기울였다. 그는 인재의 등용문을 넓히기 위한 조치로서 평민도 관리가 될 수 있는 길을 열었고, 관리와 민간인이 함께 관리를 선발하는 조치를 시행했으며, 출신을 따지지 않고 관직에 등용하는 정책을 추진했다. 그 결과 위징·왕규·마주 등의 인재가 몰려들어 그야말로 인재가 차고 넘치는 형국을 이루었다.

한편 이세민은 자신에게 부족한 점이 많다고 토로하곤 했다.

"스스로를 아는 사람은 현명한 사람이다. 그런 인물이 되기는 참으로 어렵다."

"임금 혼자서 만 가지 일을 판단하고 처결한다면 어떻게 되겠는가? 근심 어린 얼굴로 애를 쓸지라도 올바르게 되기는 힘들다."

이세민은 황제도 완전한 인간이 아니므로 신하들의 생각을 모아서 부족한 점을 보충해야 한다고 생각했다. 그는 위징에게 이렇게 말했다.

"아름다운 옥은 돌로 만든 상자에 넣어 보관한다. 솜씨 좋은 공인이 다듬지 않으면 옥도 한낱 기왓장이나 자갈에 불과하다. 하지만 솜씨가 좋은 공인이 정성을 기울여 다듬으면 대대로 전해지는 보물로 거듭난다. 내가 비록 아름다운 옥은 아닐지라도, 그대들이 솜씨 좋은 공인처럼 마음을 기울여서 나를 다듬어주기 바란다."

왕규에게는 이렇게 말했다.

"산 속에 묻혀 있는 금은 아직 귀하지가 않습니다. 대장장이가 담 금질을 통해 좋은 그릇으로 만든 다음에야 사람이 귀하게 여기죠. 나는 아직 세공을 하지 않은 산 속의 금이고, 주공께서는 좋은 솜씨를 지닌 대장장이라고 할 수 있습니다."

이처럼 이세민은 군신이 함께 나라를 다스려서 태평성대를 이룩하겠다는 희망을 갖고 있었다. 이를 위해서는 먼저 신하에게 너그럽게 대하고 간언을 받아들여 자신의 결점을 보완해 나가야 한다고 생각했다.

634년, 재상 방현령과 고사렴高士廉이 길에서 소부감少府監 두덕소竇德素를 만나 궁중에서 무슨 공사를 벌이느냐고 물었다. 두덕소가 이 사실을 보고하자, 이세민은 크게 화를 내면서 두 재상을 소환했다.

"조정 대사나 잘 관리하면 되지, 왜 궁중의 일까지 기웃거리는 거요?"

이세민이 몹시 분노한 것을 본 두 재상은 아무 대답도 하지 않고 사죄하면서 자리를 물러났다. 그 소식을 듣고 위징은 즉시 상소를 올렸다.

"폐하가 왜 두 재상을 문책했는지, 그리고 두 재상이 왜 사죄를 해야 했는지 신臣은 도무지 이해할 수 없습니다. 두 재상은 폐하의 두 팔이자 두 귀이니 당연히 나라 안에서 벌어지는 모든 일을 알고 있어야 합니다. 그런데 폐하가 무슨 근거를 가지고 그들을 문책했는지, 신은 종잡을 수가 없습니다. 공사를 하는 데 돈이 얼마나 필요한지, 또 꼭 필요한 공사인지 재상은 알고 있어야 합니다. 그래서 필요한 공사라면 폐하를 도와 공사를 완성해야 하고, 불필요한 공사라면 폐하께 중지토록 요청해야 합니다. 이것이 임금이 신하를 기용하고 신하가 임금을 받드는 도리라고 생각합니다. 두 재상이 합당한 일에 참견하면 폐하는 그들을 문책하지 말아야 합니다. 왜 그들이 사죄를 해야 합니까? 폐하, 대신의 임무가 무엇인지 알고 계신 겁니까?”

며칠 후 이세민은 두 재상을 불러 부끄럽다는 뜻을 전했다. 청나라의 역사학자 조익趙翼은 이세민에 대해 다음과 같이 평가했다.

“이세민은 수나라 양제의 과오를 잘 알고 있었다. 양제는 심성이 강퍅하고 시기심이 많은데다 스스로 지혜가 많은 인걸이라고 자부했다. 그런 탓에 인심이 흩어지는 것을 눈치채지 못했고, 사방에서 도적이 일어나는데도 보고를 받지 못했다. 그래서 이세민은 한 사람의 능력에는 한계가 있기 때문에 여러 사람의 의견을 모아 서로 보충하지 않으면 나라를 다스리기 힘들다고 여겼다.”

이세민은 끊임없이 신하들과 토론을 벌였다. 이를 통해 그는 국정 운영에 대한 철학을 정립할 수 있었다.

“임금에게는 훌륭한 신하가 필요하다.”

“임금과 신하가 공정한 마음으로 토론·연구하면 태평성대를 이룰 수 있다.”

631년 당나라는 사방의 오랑캐가 복종하고, 마을마다 풍년이 들고, 도적이 사라지고, 조정 안팎이 편안한 형국을 맞이했다. 이세민은 신하들에게 이 공을 돌렸다.

"어찌 나 혼자서 이런 일을 이룰 수 있겠는가? 신하들이 나를 잘 보필한 덕분이다."

628년에 열린 궁중의 연회석상에서도 이세민은 똑같은 뜻을 피력했다.

"나와 여러 신하가 함께 나라를 다스린 결과 천하가 안정되고 사방의 오랑캐가 조용해졌다. 신하들이 충성스런 마음을 발휘해서 나와 함께 치적을 쌓은 결과다."

637년 7월 이세민은 새로운 조칙을 반포했다.

"앞으로는 충성을 다하고 뒤로는 빠뜨린 것을 보충해야 하며, 좋은 점은 장려하고 나쁜 점은 바로잡아야 한다. 그것이 함께 나라를 다스리는 길이다."

631년 대신들과 환담을 나누는 자리에서 이세민이 나섰다.

"임금과 신하는 한 몸과 같으니, 마땅히 힘을 합하고 마음을 함께해야 합니다. 그리고 조금이라도 불안한 구석이 있으면 진언을 서슴지 말아야 합니다. 임금과 신하가 서로 의심하면서 마음을 드러내지 않으면 나라에 큰 해를 끼치게 됩니다."

이세민과 그의 신하들이 힘을 합해서 나라를 다스린 결과 중국 역사에서 태평성대로 칭송받는 위대한 '정관貞觀의 시대'가 열리게 되었다.

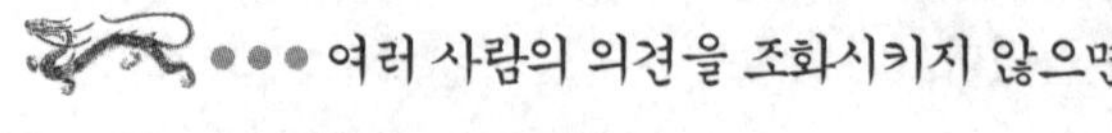

여러 사람의 의견을 조화시키지 않으면 나라를 다스리기가 힘들다

아무리 능력이 많은 인재일지라도 한 사람에 불과할 뿐이다. 무슨 일을 하든지 다방면에 걸친 역량을 발휘해야 일을 성사시킬 수 있다. 이세민은 중국 역사상 가장 안정적인 태평성대를 열었다. 그러나 이세민 혼자서 이룩한 것이 아니라 그를 중심으로 한 통치집단이 이룩한 것이다. 이세민은 개인의 재능을 지나치게 강조하지 않았다. 그 대신 임금과 신하가 함께 나라를 다스리고, 한마음으로 협력해서 태평성대를 이룩하려고 했다. 즉 많은 사람의 힘을 모으는 통치 전략을 구사한 것이다.

이적李勣은 조주曹州 사람이다. 원래는 서씨徐氏였는데, 당나라에 귀의해 이씨 성을 하사받았다. 수나라 말기의 대혼란기에 청년 이적은 와강채에 가입했고, 승진을 거듭하며 2인자의 자리에까지 올랐다. 와강채 수령 이밀이 당나라에 항복하자 이적도 당나라에 귀순했다. 그후 이적은 이세민 휘하에서 두건덕을 격파하고 왕세충을 항복시키는 등 큰 공을 많이 세웠다. 나중에는 16년 간 병주幷州를 지켰는데, 그때 돌궐족은 감히 병주를 침공할 엄두를 내지 못했다.

이적은 매우 용감한 장수였지만 장비나 이규李逵처럼 거친 사람은

*이적李勣 (?~669) 당唐나라 때의 무장

아니었고, 비록 많은 책을 보지는 않았으나 깊은 책략과 권모술수를 지니고 있었다. 특히 어려운 처지에 빠지거나 돌연한 압력을 받을 때 는 일종의 화해를 이끌어내는 탁월한 재주가 있었다.

이적이 와강채에 가입할 무렵, 와강채는 생존의 문제에 직면해 있었다. 당시 산동과 하남 일대에는 여러 의병 조직이 있었지만, 서로 협조하지 못하고 따로따로 움직이는 탓에 큰 역량을 발휘할 수가 없었다. 게다가 일부 조직은 생존을 위해 도둑떼처럼 노략질을 일삼으면서 서로 다투기도 했다. 수나라 군대로서는 각개격파하기 딱 좋은 형국이었다. 이적은 심사숙고 끝에 다음의 제안을 내놓았다.

"우리 와강채에는 본토 사람이 많이 있어서 서로 누가 누구인지 훤히 알고 있습니다. 그러니 이 곳뿐 아니라 인근의 송宋, 정鄭 지역에서도 식량을 빼앗을 수는 없는 상황입니다. 송과 정 지역 안에 있는 수나라 선박을 털고 상인에게서 뺏는 게 어떨까요?"

태극권太極拳의 고수들은 중용을 지키면서 내부의 조화를 이루어야 한다고 가르친다. 이적의 책략은 근본을 튼튼히 하고 이웃을 친구로 만드는 방책이었다. 태극권에 비유해 말하면 무술을 펼치기 전에 '운기조식運氣調息(전통 무예에서 말하는 검과 무공의 경지―옮긴이)'을 하는 셈이다.

와강채가 큰 조직으로 성장한 뒤에는 내부적인 갈등에 봉착했다. 수나라 대장이었던 양현楊玄은 이밀에게 깊은 감명을 받아 와강채에 합류했는데, 시간이 지나자 두령 적양翟讓의 지위를 넘보기에 이르렀다. 적양의 부하들은 불평불만을 털어놓았고, 적양 본인도 언행을 함부로 해서 이밀의 미움을 받게 되었다. 마침내 이밀은 연회를 연 뒤에 복병을 잠복시켰다가 적양을 죽이고 말았다. 그런데 병사들은 이적마저 죽이려고 덤벼들었지만 다행히 여러 사람과 이밀이 나서서 타이른 덕분에 사태가 진정되었다.

당시 이적은 적양과 친밀하게 지냈으며 와강채의 2인자 자리에 있었다. 이적은 차분한 마음으로 사태를 분석했다. 이밀은 이적 자신이 지지하고 옹립한 사람이라서 와강채 안에는 이밀을 대신할 만한 인물이 없었다. 이적은 그런 이밀을 차마 죽일 수 없었다. 이적은 대세를 위해, 그리고 자신의 목숨을 보전하기 위해 계속 이밀을 지지하는 태도를 표명함으로써 의병 내부의 균열을 봉합했다.

618년 9월, 이밀은 왕세충의 공격을 받아 대패했다. 달리 뾰족한 수가 없던 이밀은 2만 명의 병사를 이끌고 당나라에 귀순했다. 당시 이적은 이밀과 왕세충의 전투에 참여하지 않은 채 여양의 식량창고를 지키고 있었다. 이밀이 당나라에 귀순하자, 이적의 부대는 와강채 제일의 부대로 부상했다. 그렇지만 여양 주변에는 많은 강적이 분포해 있었고, 적은 군사로 여양의 식량창고를 지키고 있다가는 목숨을 잃을 게 뻔했다.

이적은 천하의 군웅들을 찬찬히 살펴 그 가운데 당나라가 중원을 차지할 가능성이 가장 높다고 판단했다. 마침내 이적은 당나라에 투항하기로 결심했다.

그러나 이적은 무조건 투항하는 길을 선택하지는 않았다. 이적은 자신의 실력과 재능을 믿고 당나라가 투항을 권유할 때까지 기다리기로 했다. 이적의 예상은 적중했다. 그로부터 두 달이 지나자, 이연은 산동 지방의 문제를 해결하기 위해 위징을 파견했다. 이적은 오랜 친구의 신분으로 위징을 초대해서 당나라의 내부사정을 전해들을 수 있었다. 이적은 위징의 제안을 받아들여 당나라에 귀순했고, 이연은 기쁜 마음으로 이적을 중용했다. 태극권의 고수들은 이런 경우를 가리켜 '물길을 따라 배를 젓는다' 고 표현한다.

당나라에 투항한 이적은 연이어 큰 공을 세웠으며, 매사에 조심한 덕분에 갈수록 지위가 높아졌고 벼슬길도 순탄했다. 그런데 이세민이 죽기 직전에 일대 파란이 일어났다.

649년, 이세민은 재상의 반열에 있던 이적을 느닷없이 감숙甘肅 첩주疊州의 일개 도독으로 강등시켰다.

이적에게 무슨 허물이 있었던 것도 아니었다. 그리고 11일 후에 이세민은 죽음을 맞이했다.

누가 보더라도 태자 이치李治의 외삼촌 장손무기와 이적은 고명顧命 대신의 자격으로 새로운 황제를 보필해야 마땅했다. 그러나 이세민은 최후의 순간에 생각을 고쳐먹고 극비리에 태자를 불러서 타일렀다.

"이적은 재주와 지혜가 많은 인물이다. 그런데 너는 이적에게 큰 은덕을 베푼 적이 없다. 그래서 이적이 너에게 복종하지 않을까 걱정이다. 지금 이적의 직위를 강등시켰으니 잘 지켜보거라. 만약 이적이 즉시 부임지로 떠나거든, 훗날 이적을 불러들여 복야僕射에 임명하고 늘 신뢰하거라. 그러나 만약 부임지로 떠나지 않고 미적거리면 즉시 없애야 한다."

이적은 지혜로운 사람이었다. 그는 분명히 무슨 곡절이 숨어 있다고 짐작하면서 집에도 들리지 않고 곧장 임지로 출발했다. 태극권에서 중시하는 공격 비결은 '힘에 따라 힘을 발휘하는 것'이다.

655년 9월, 고종高宗은 왕王 황후를 폐위하고 무측천을 새로운 황후로 맞아들이겠다는 의사를 밝혔다. 그에 대해 장손무기와 저수량褚遂良(당나라의 서예가. 우세남·구양순과 초당 3대가라 불림—옮긴이)을 비롯한 관농 지역의 귀족들은 왕 황후를 옹호하면서 적극적으로 반대했지만 이적은 오히려 찬성했다. 무측천의 부친은 상인이었고, 이적도 산동의 미미한 집안 출신이었다. 그 결과 두 사람은 알게 모르게 서로 비슷한 정치적 성향을 갖고 있었다.

두 파벌은 치열한 공방전을 주고받았는데, 그 와중에 고종은 이적을 단독으로 불러 의견을 물었다.

"나는 무소의武昭儀를 황후 자리에 앉히고 싶소. 그런데 저수량은 절대로 안 된다며 반대하고 있소. 저수량은 고명대신 아니오? 이 일을 어찌하면 좋겠소?"

"폐하, 이는 폐하 집안의 일입니다. 어찌하여 외부 사람들에게 물으십니까!"

이적은 반대파를 공격하지도 않았고, 왕과 황후를 질책하지도 않았다.

그러면서도 그 일을 자신이 의도하는 대로 매듭지었다. 태극권에서는 반격을 가할 때 부드럽고 무겁게 반격하라고 가르친다.

●●● 태극권의 고수처럼 순리를 좇아 관직생활을 풀어나가다

때로는 원만하게 처신해야 한다. 그래야 충돌을 피하고 계속 앞으로 나아갈 수 있다. 지나치게 강직하면 이리저리 충돌하다가 곧 머리가 깨져 피를 흘리고 만다. 물론 원만하게 처신해도 정면충돌을 피하기 어려운 경우가 있다. 이 경우에도 '눈에는 눈, 이에는 이' 라는 최악의 상황은 피할 수 있다.

태극권의 초보자는 온몸의 힘을 빼고, 힘을 소화하는 방법을 배운다. 그러다가 고수의 경지에 이르면 상대방의 힘을 이용해서 상대방을 무너뜨린다. 이 같은 의미에서 이적은 태극권의 고수였다.

송宋 태조太祖 조광윤趙匡胤은 재물과 이익의 분배에 뛰어났다. 우선 그는 재물을 아끼지 않았고, 재물에 대한 탐욕이 없었으며, 돈과 재물의 이치를 잘 알고 있었다. 큰 일을 성취한 사람은 대체로 재물을 모으거나 사치스런 생활을 하지 않는다. 그 까닭은 아무리 많은 재물도 일시에 물거품으로 사라질 수 있고, 사치스러운 생활은 원대한 견해와 진취성을 없애기 때문이다. 황제가 된 조광윤에게 훗날 그의 집안 사람들이 물었다.

"당신이 이토록 오랫동안 천자로 있었는데, 보석과 진주로 장식한 가마를 타고 황궁을 출입할 수 없단 말입니까?"

조광윤이 대답했다.

"나는 모든 궁전을 전부 금과 은으로 장식할 수 있지만, 천하를 위해 재물을 지켜야 하거늘 어찌 마음대로 쓸 수 있겠는가? 옛사람들은 '한 사람으로 천하를 다스리지, 천하로 한 사람을 받들지 않는다' 고 하였네. 만일 천하의 재부財富로 천자 한 사람을 봉양한다면, 사람들은 누구를 믿고 따르겠는가?"

일찍이 오월吳越왕 전숙이 조광윤에게 보석 요대腰帶를 바친 적이 있다. 조광윤은 이 요대를 보자 이렇게 말했다.

"짐에게는 요대가 세 개 있는데 이것과는 다릅니다."

전숙은 조광윤의 말을 듣자 크게 부끄러웠다. 나라의 임금으로서 관심사가 무엇인가 하는 것은 그의 국정 운영 수준을 직접 드러낸다. 오월왕은 다만 기이하고 진귀한 보석을 보배로 알았지만, 조광윤은 그의 생각과 정반대였던 것이다. 조광윤이 가장 뚜렷한 특징은 이익은 나누어 주어도 권력은 나누어 주지 않는 것이다. 이익과 권력을 바꾼 것이니, 그야말로 작은 것으로 큰 것을 바꾸었다고 할 수 있다.

'술잔으로 병권을 박탈할' 때도 그는 목숨 바쳐 싸워온 사람들에게 정성을 다해 대우했다. 권력을 거두어들이면서 그것을 이익으로 보상하지 않으면 더욱 위험하다는 사실을 잘 알고 있었기 때문이다. 이것은 실제로 '유상몰수' 정책이었는데, 이 정책의 영향으로 무장武將이 땅을 약탈하고 재물을 모으는 기풍이 점차 성행하기 시작했다. 그런데도 조광윤은 그들을 그대로 놔두었는데, 그들의 행위가 황권 통치에 위협을 주지 않았기 때문이다.

조광윤은 오래 된 신하뿐만 아니라 새롭게 등용한 인물에게도 돈

만 주고 권력은 주지 않았다. 조빈曹彬은 남당南唐을 멸한 큰 공신이
다. 남당 토벌시 조광윤은 그에게 이렇게 말했다.

"당신이 이욱李煜(남당의 왕)을 사로잡으면 승상으로 삼겠소."

남당을 멸한 후 조빈과 동행한 반미潘美가 조광윤의 말을 떠올리며
조빈에게 축하의 뜻을 전하자, 조빈이 정색을 했다.

"축하하지 마십시오. 폐하는 나에게 승상 자리를 상으로 내리지 않
을 것입니다. 승상은 제일 높은 관직인데, 이를 지금 내린다면 앞으로
또 무엇을 상으로 내린단 말입니까?"

두 사람을 만난 자리에서 조광윤은 조빈에게 고생이 많고 공로가
높다고 치하했다.

"원래 승상의 직위를 수여하려 했지만, 북쪽의 유계은劉繼恩이 아
직 멸하지 않았으니 조금만 더 기다리시오."

이 말을 들은 반미는 저도 모르게 조빈을 바라보면서 웃음을 금치
못했다. 조광윤이 그 모습을 보고 이유를 묻자, 반미는 어쩔 수 없이
곧이곧대로 대답했다. 조광윤 또한 크게 웃었다. 그는 조빈에게 다시
후한 상금을 내렸으며, 조빈은 물러난 후에 반미에게 말했다.

"인생을 살면서 반드시 승상이어야 할 필요가 있습니까? 높은 관
직에 올라봐야 재물만 약간 많아질 뿐입니다."

조빈의 말은 진심이기도 하거니와 짐짓 조광윤이 들으라고 한 소
리였다. 그는 황제가 신하들이 재물은 즐길지언정 권력만은 탐내지
말 것을 바란다는 사실을 알고 있었다. 그는 자신의 속내를 털어놓음
으로써 황제를 안심케 했다. 조광윤이 이익을 나누는 것은 인심을 장

악하는 방법이었다. 이익을 보장해 주어야만 변함없이 자신을 위해 목숨을 바칠 것이며, 그렇지 않으면 갖은 방법을 동원해 자신만의 이익을 추구하기 때문이다. 황제의 지위에 오른 지 얼마 안 된 조광윤에게는 변경邊境의 안정이 가장 중요했다. 밖으로는 강한 적을 대비하고 안으로는 민심의 동요를 막아야 했기 때문이다. 특히 전쟁이 일어나면 전체적인 국정을 효과적으로 통제할 수 없기 때문에 조광윤은 가장 믿을 만한 사람을 선발해 국경수비를 강화했다. 그러나 신뢰는 신뢰고 이익은 이익이었다. 조광윤은 변방의 장수들을 위해 적잖은 특권을 베풀었다. 그들에게 더 많은 봉록을 주고 관직과 작위를 높였을 뿐만 아니라, 그들이 관할 구역 안에서 무역에 종사하는 것을 허용하고 각종 세제 혜택을 주었다. 아울러 변방의 장수가 조정에 올 때마다 조광윤은 그들의 노고를 치하하며 많은 음식과 상을 내렸다.

조광윤은 신하들이 경제적으로 안정되어야만 자신의 뜻을 받들 것이라고 생각했다. 따라서 그는 황실이 근검절약함으로써 그 비용을 충당하고자 했다. 그는 일찍이 낙주洛州 방어사 곽진郭進의 주택을 지을 당시 대청은 전부 유리 기와로 설비할 것을 명령했다. 누군가 이런 대우는 황족만이 누릴 수 있다고 하자, 조광윤은 단호하게 말했다.

"곽진은 서산을 10여 년 동안 빈틈없이 방어해 나의 근심을 씻어주었는데, 그를 자식보다 못하다고 간주하란 말입니까? 빨리 가서 노역이나 제대로 감독하시오."

조광윤은 또 관리의 봉록이 높아야 비로소 '청렴함'의 기강이 바로 설 수 있다고 강조했다. 개보開寶 4년(971년), 그는 명령을 내렸다.

"관리가 청렴하지 않으면 정국이 안정될 수 없다. 봉록이 부족하면 빈곤하게 마련이고, 이 때문에 작은 이익을 얻기 위해 백성을 착취하는 것이다. 관리들에게 청렴하게 일하라고 했으면, 당연히 황제는 그들에게 은혜를 표시해야 한다."

그렇다고 해서 조광윤이 원칙 없이 베풀기만 한 것은 아니었다. 법을 어기거나, 장물을 받거나, 직무에 소홀하거나, 무고하게 백성을 죽이거나, 장사를 하면서 이익을 챙기는 자는 모두 엄격하게 벌하고 추호도 용서치 않았다. 이익으로 사람을 장악하는 최고의 경지는 이익으로 사람을 묶어놓는 것이다. 재물을 아끼는 결점을 이용해 이익을 주면, 상대의 마음을 장악할 수 있을 뿐만 아니라 자칫 속박할 수도 있다.

승상 조보趙普는 재물을 아끼기로 소문난 사람이었다. 한 번은 남당의 왕 이경李景이 은 5만 냥을 그에게 보냈다. 조보는 재물이 탐났지만 혹시라도 누군가가 외국과 내통한다고 하지 않을까 마음에 걸려 조광윤에게 이 일을 보고했다. 조광윤이 말했다.

"그가 보내왔으니 받지 않을 수도 없습니다. 또 공께서 나에게 이 일을 보고했으니, 나도 의심을 하지 않습니다."

그래도 조보는 감히 받으려 하지 못한 채 거듭 머리를 조아리며 사양했다. 그러자 조광윤이 말했다.

"이것은 공과 남당 사이의 일입니다. 송나라는 대국으로서의 체면을 잃을 수 없으며 스스로 약하게 보일 수도 없습니다. 남당으로 하여금 우리를 가늠할 수 없게 하는 것이 바로 저의 본뜻입니다."

조보는 그 때서야 비로소 그 예물을 받았다. 조광윤이 조보에게 은

자를 받게 한 것은 조보의 마음 속에 지울 수 없는 불안의 그림자를 남김으로써 자신에게 그 어떤 숨김도 없게 하려는 데 있다. 이것이 바로 조광윤이 조보에게 가한 가장 효과적이고 무거운 압박과 통제였다.

그 후 남당의 왕이 동생 이종선李從善을 파견해 송나라를 알현했다. 조광윤은 그에게 관례에 따른 포상 외에 남몰래 백은 5만 냥을 주었다. 이것은 남당의 왕이 조보에게 준 금액과 같았다. 이 사실이 전해지자, 남당의 군신들은 깜짝 놀랐다. 조광윤은 이 일을 통해 남당의 일거일동을 모두 통찰하고 있음을 과시했다. 똑같은 은 5만 냥이었지만 그 효과는 뚜렷이 달랐다.

조광윤의 이익 분배에는 평화주의의 경향이 있었으며, 군대와 백성의 생명을 담보하면서까지 모험을 하지 않겠다는 깊은 뜻이 깃들여 있었다. 그는 천하를 위해 검소한 생활을 했지만, 천하가 필요로 할 때는 기꺼이 재물을 내놓았다.

●●● 이익을 효과적으로 분배해 권력을 얻다

황제는 먼저 문무 관리들의 부귀를 보전해야 하며, 나아가 백성들의 생활을 안정시켜야만 이득을 볼 수 있다. 그렇지 않을 경우 황제의 권좌는 뒤집혀질 것이다. 이 때문에 큰 일을 이룬 자는 작은 이익에 집착하지 않고 큰 재물을 보전할 수 있을 만한 인심人心, 토지, 권력 등을 살펴본다. 조광윤은 이 이치를 잘 알고 있었다. 그는 적절한 이익 분배를 통해 민심과 권력을 안정시키고 평안을 유지했다.

칭기즈칸成吉思汗이 청년이 되자, 모친 가액륜訶額侖은 그를 동생 별륵고태別勒古台와 함께 옹길랄부翁吉剌部에 가서 신부를 맞게 했다. 장인 덕설선德薛禪은 딸 발아첩을 칭기즈칸에게 주었다. 신부측 예물은 소와 양이었고, 가장 값진 것은 검은담비 가죽옷이었다.

당시 칭기즈칸의 세력은 부친이 사망하고 부족 전체가 뿔뿔이 흩어졌던 터라 그 위세가 매우 약했다. 집안 사람들은 태적오泰赤烏 사람들이 찾아올까 늘 두려워했으며, 이로 인해 정착지를 자주 옮기며 유랑생활을 했다. 어른이 된 칭기즈칸은 자신이 짊어져야 할 책임이 무겁다는 것을 알고 있었다. 그는 가족을 보호해야 할 뿐만 아니라 기회가 되면 아버지를 위한 복수도 해야 했다.

중국에는 다음과 같은 속담이 있다.

'아버지를 죽인 원수와 아내를 빼앗은 자와는 같은 하늘을 이고 살 수 없다.'

'원수를 갚지 않는 사람은 군자가 아니다.'

실제로 복수의 관념은 유목민족에게 더 강했다. 친족을 위한 복수는 늘 전쟁의 직접적인 원인으로 작용했다. 만일 원수를 갚지 않으면 무능한 자로 낙인찍히고, 명성이 땅에 떨어지는 등 위신을 잃었다. 청년 칭기즈칸은 복수와 부족의 재건을 책임지고 있었다. 그러나 무엇에 의지해야 하는가? 그의 형제들에게 의지한다는 것은 망상이었다. 강한 군대를 갖고 있는 태적오인이나 타타르塔塔兒인과 싸운다는 것은 계란으로 바위를 치는 셈이었다. 그는 고민을 거듭한 끝에 강한 부족의 힘을 빌려 자신의 세력을 키우는 것이 상책이라는 판단을 내렸다. 그렇다면 누구와 연합해야 하는가?

칭기즈칸은 극렬부克烈部의 왕한王罕을 생각했다. 왕한은 칭기즈칸의 아버지에게서 도움을 받은 적이 있었다. 칭기즈칸은 자신의 아버지와의 인연을 빌려 그의 지지를 얻을 수 있다고 생각했다. 그러나 왕한은 실리實利에 밝은 인물이었다. 따라서 그의 마음을 움직일 만한 대가를 제시해야 했다. 당시 칭기즈칸의 집에서 가장 귀중한 것은 바로 아홉 필의 말이었다. 무슨 일이 있어도 말만큼은 다른 사람에게 줄 수 없었다. 결국 칭기즈칸의 어머니인 가액륜은 며느리가 준 검은담비 가죽옷을 꺼냈으며, 칭기즈칸은 이 선물을 들고 왕한을 찾았다.

왕한을 만난 칭기즈칸은 존경의 뜻을 적극적으로 표현하며 그 진귀한 선물을 바쳤다. 왕한은 내심 매우 기뻐했다. 그는 야속해也速該(칭기즈칸의 아버지)와의 옛 정을 떠올리곤 칭기즈칸에게 어려움이 있으면 반드시 도와주겠다고 승낙했다. 왕한과 야속해는 서로 의형제를 맺은 바 있었다. 따라서 칭기즈칸이 왕한을 '양아버지'라고 부르자 그는 더욱 즐거워했다. 이로써 칭기즈칸은 강력한 후원자를 얻게 되었다.

'극렬부'라는 큰 기치 아래에서 칭기즈칸은 자신의 힘을 키우기 시작했다. 몇몇 옛부하들도 그에게 의탁할 뜻을 비쳤으며, 주변에는 자륵멸者勒蔑, 박이술博爾術 등 용감한 참모들이 모여들었다.

그러나 위기는 아직 끝나지 않았다. 어느 날 밤, 집안의 모든 사람들이 조용히 잠들어 있는 가운데 갑자기 여자 시종 활아흑신豁阿黑臣이 고함을 질렀다.

"태적오 사람들이 몰려오고 있어요!"

칭기즈칸은 깜짝 놀라 잠에서 깨어났다. 집안 사람들은 당황한 나머지 옷도 제대로 입지 못한 채 밖으로 뛰어나갔다. 땅이 쿵쿵 움직였고 전마戰馬의 울부짖음이 멀리서 들려왔다.

가액륜은 칭기즈칸에게 먼저 도망치라고 당부한 다음 다른 아들과 함께 산 속으로 몸을 피했다. 너무나 경황이 없는 틈을 타 아홉 필의 말은 모두 다른 사람이 타고 가버렸다. 발아첩, 활아흑신, 그리고 별륵고태의 어머니는 타고 갈 말이 없었다. 적군이 접근하면서 횃불은 먼 곳의 하늘까지 붉게 물들였다. 그들이 당황해서 어쩔 줄 모르고 있는데, 여시종이 우차를 몰고 와 발아첩과 별륵고태의 어머니를 수레에 태우고 달아났다.

아무리 재촉해도 늙은 소는 꾸물거리는 걸음걸이를 계속했다. 적군이 장막을 포위하고 고함을 지르며 다가왔다. 집이 텅 비었음을 발견한 그들은 부근을 수색했다.

먼저 우차가 적들에게 발견되어 발아첩과 두 여자가 그들의 수중에 떨어졌다. 발아첩은 곧 닥쳐올 불행을 예감했다. 그러나 사태는 더욱 심각했으니, 그들을 사로잡은 적들은 태적오인이 아니라 멸아걸蔑兒乞인이었다. 여러 해 전에 칭기즈칸의 아버지 야속해는 멸아걸인들의 수중에서 가액륜을 빼앗아왔던 것이다. 이제 상황이 뒤바뀌어 칭기즈칸의 아내이자 가액륜의 며느리가 멸아걸인의 수중에 들어갔다.

멸아걸인들은 그녀가 칭기즈칸의 아내라는 것을 알게 되자 몹시 기뻐했다. 수십 년 전의 큰 원수를 갚을 때가 왔기 때문이다. 그들은 불아한不兒罕 산을 포위한 채 칭기즈칸 형제의 행방을 찾아나섰다. 그러나 날이 점점 어두워지자 아무 성과없이 물러갔다.

칭기즈칸은 산에서 꼬박 하루를 머문 뒤 비로소 산에서 내려왔다. 집은 불에 타버렸고 소와 양은 강탈됐으며 숙영지는 어수선하기 짝이 없었다. 칭기즈칸은 무너진 폐허를 바라보자 가슴이 아프고 화가 치밀어올랐다. 특히 그를 감당하기 어렵게 한 것은 발아첩의 실종이었다.

'그녀가 태적오인들에게 잡혔단 말인가?'

그는 수소문 끝에 자신들을 공격한 것은 흉포한 멸아걸인들이며, 자신의 아내가 겁탈당했음을 알게 되었다. 사랑하는 아내가 호랑이

굴에 떨어지고 적들의 온갖 유린을 받고 있다는 사실을 생각하자, 칭기즈칸은 온몸의 피가 거꾸로 솟는 것 같았다.

어떻게든 그는 아내를 다시 찾아오고 싶었다. 그러나 무엇에 의지해야 하는가? 고작 남아 있는 몇 사람이 그에게 전부였다. 잔혹한 현실은 칭기즈칸을 냉정하게 만들고 강한 힘이 모든 것임을 깨닫게 했다.

아내가 겁탈당한 모욕은 칭기즈칸과 멸아걸인 사이의 전쟁을 피할 수 없게 만들었다! 이는 그의 성장과정에서 진정한 의미가 담긴 첫 싸움이었다. 우리는 아무것도 가진 게 없는 그가 전투를 준비하기 위해 얼마나 큰 노력을 기울였을지 상상할 수 있다. 칭기즈칸의 힘은 갈수록 커졌고, 몇몇 부족들도 그의 주변으로 돌아왔다. 그러나 강력한 멸아걸인과 엉큼한 태적오인을 상대로 목숨을 지키기에도 부족했던 몽고인들이 어찌 복수를 꿈꿀 수 있었으랴! 칭기즈칸은 낭만적인 시인이 아니라 현실적인 정치인이었다. 어떻게 해야 아내를 찾아오고, 어떻게 해야 초원의 맹주였던 몽골인들의 지위를 회복할 수 있겠는가?

중국 옛사람들은 이렇게 말했다.

"머리를 쓰는 자가 사람을 부린다."

정치인은 잘 싸우는 장수도 아니고 재정을 잘 관리하는 경제학자도 아니다. '머리를 쓸 줄 아는 사람'이 정치인이다. 칭기즈칸은 결코 거칠고 경솔한 일개 필부가 아니었다. 그는 사려 깊고 지혜로운 사람이었다. 따라서 힘이 부족할 때는 적들과 억지로 싸워서 화를 자초하지 않았다. 대신에 그는 동맹자를 찾아서 그의 칼을 빌려 복수했다.

당시 칭기즈칸은 제일 먼저 왕한을 떠올렸다. 그리고 동생 합철아合撤兒와 함께 그를 찾아가 도움을 청했다. 그는 왕한을 양아버지로 따랐으니, 말하자면 스스로를 왕한의 신하이자 아들로 간주한 것이다. 칭기즈칸의 아내라면 곧 왕한의 며느리이거늘, 왕한이 어찌 돕지 않을 수 있으랴!

칭기즈칸이 왕한의 도움을 얻을 수 있다고 생각한 것은 멸아걸인이 왕한의 적이기도 했기 때문이다. 왕한이 일곱 살 때 그의 부족이 멸아걸인의 약탈을 받았던 것이다. 왕환의 어머니를 비롯해 여자들은 모두 겁탈당했고, 그는 멸아걸인의 노예로서 고통스런 유년 시절을 보냈다. 사람들은 대체로 어린 시절의 일을 평생 잊지 못하게 마련이다. 따라서 극렬부 대한大汗으로서 왕한은 절치부심하며 그 시절의 일들을 가슴 깊이 새기고 있었다. 게다가 칭기즈칸이 이렇게 선동하니 어찌 군사를 풀지 않겠는가!

왕한은 찰척랄부札隻剌部의 찰목합札木合을 청해서 함께 출병했다. 찰척랄부는 몽골부와 동일한 조상이었으며, 당시 지도자는 찰목합이었다. 찰목합도 멸아걸인의 침략을 받아 수많은 재산과 부하들이 큰 모욕을 받았기 때문에 왕한의 청을 흔쾌히 받아들였다. 또한 찰목합은 자신이 돕는 사람이 칭기즈칸이라는 것을 알게 되자 매우 기뻐했다. 왜냐하면 그와 칭기즈칸은 어릴 때 의형제를 맺었기 때문이다.

마침내 왕한의 병사 2만과, 찰목합의 병사 2만, 그리고 칭기즈칸이 1만 명의 병사를 차출해 멸아걸인을 공격하기로 뜻을 모았다. 하지만 뜻하지 않은 폭우가 내려 왕한과 칭기즈칸의 군대는 집결 예정지에 사흘이나 늦게 도착했다. 본래 최고 지휘관은 세력이 크고 지위가 높은 왕한이 되어야 했지만, 찰목합은 그들 두 사람이 늦게 도착한 이유를 구실로 이의를 제기하고 나섰다.

"설사 태풍을 만났다 해도 약속은 반드시 이행돼야 하며, 제아무리 폭우가 쏟아지더라도 집결지에는 제 시간에 도착해야 합니다. 몽골인은 약속을 어기는 법이 없습니다."

그의 비판은 표면적으로는 '몽골인' 운운하면서 칭기즈칸을 비난하는 듯했지만, 실제로는 왕한을 겨냥한 것이었다. 왕한은 어쩔 수없이 이렇게 말했다.

"원래 사흘 전에 모이기로 했지만 그만 늦었습니다. 어떤 벌을 내리든지 모두 찰목합 형제에게 맡기겠소."

결국 찰목합이 연합군의 지휘관이 되어 전투를 총 지휘했다.

연합군이 야간 기습을 했기 때문에 미처 방어준비를 못한 멸아걸 진영은 아수라장이 되었다. 멸아걸의 세 족장들은 왕한과 찰목합이 칭기즈칸을 위해 복수하지 않을 거라고 생각하고 있었다. 전혀 대비하지 않은 상태에서 강가에 있던 어부로부터 많은 군대가 강을 건넌다는 보고를 받았지만 이미 때는 늦었다. 그리하여 탈흑탈아脫黑脫兒, 답역아물손答亦兒勿孫 등 족장들은 당황한 나머지 수행원들만 데리고 도망쳤으며, 칭기즈칸과 왕한, 찰목합 등은 대군을 동원해 사람뿐만 아니라 소와 양, 수레와 말, 장막 등 유용한 물건은 남김없이 약탈했다.

칭기즈칸은 돌진하면서 큰 소리로 외쳤다.

"발아첩! 발아첩!"

천신만고 끝에 칭기즈칸은 아내를 찾아냈다. 두 사람은 서로 부둥
켜안은 채 오랫동안 떨어질 줄 몰랐다. 사실상 전투는 거의 끝났다.
멸아걸인의 일부는 도망했으며, 일부는 연합군에게 사살되었고, 죽지
않은 자들은 연합군의 포로가 되었다. 멸륵고태의 모친과 발아첩은
멸아걸인들에게 포로가 되었다가 구원을 받았지만, 기뻐하기는커녕
오히려 수치스러워하면서 얼굴을 감싼 채 깊은 산중으로 몸을 숨겼
다. 그 누구도 그들을 다시 만날 수 없었다.

이번 출정의 최대 승리자는 칭기즈칸이 아니라 왕한과 찰목합이었
다. 대부분의 전리품은 왕한과 찰목합에게 돌아갔다. 왕한은 칭기즈
칸의 부친 야속해와의 인연으로 칭기즈칸을 위한 복수에 참여했으니,
당연히 자기 부족을 위해 많은 것을 차지하려 했다. 또한 찰목합이 출
병에 동의한 것은 전적으로 자신의 세력을 확장하기 위한 것이었다.
그는 멸아걸의 포로와 재산뿐 아니라 발아첩 부락의 백성들도 멸아걸
의 포로로 간주해 독차지했다.

이를 지켜본 칭기즈칸은 속이 개운치 않았다. 그러나 찰목합에게
공개적으로 이의를 제기할 수도 없었다. 지금 당장 찰목합과 다툴 수
없는 현실 때문이었다. 좀더 원대한 목표에 이르기 위해서 부득이 자
신의 이익을 나누어야 했다. 칭기즈칸은 적극적으로 찰목합에게 의탁
했고 그와 함께 찰척랄부의 영지로 돌아갔다.

칭기즈칸은 이번 전투에서 얻은 금띠와 보마寶馬 한 필을 찰목합에
게 바치며 말했다.

"노인들에게서 들었습니다만, 동맹이라면 서로 목숨을 아끼지 않

고 생사고락을 함께 해야 합니다. 지금 우리가 다시 모일 수 있었던 것은 아주 어려운 일이니, 더욱더 서로 친밀하게 지내야 합니다. 저에게 이런 물건은 아무런 쓸모가 없으니, 동맹의 벗인 당신에게 바치고자 합니다."

찰목합은 그 물건을 보자 아주 기뻐했다. 그 또한 전투에서 빼앗은 좋은 말과 금띠를 칭기즈칸에게 주었으며 연회를 마련해 함께 술을 마셨다. 그들은 술에 취해 함께 잠이 들었다.

찰목합은 새롭게 빛을 발하는 하나의 별이었다. 또 연합군 지휘관으로 이번 전투에 참여한 터라 전과戰果 처리에 관한 발언권이 있었다. 칭기즈칸이 그를 따르겠다고 한 것은 그의 신하가 된 것이나 다름없었기 때문에 찰목합은 기쁨을 감추지 못했다. 그는 칭기즈칸을 통제하면 곧 몽골부를 통제할 수 있으며, 칭기즈칸의 깃발을 들고 다른 몽골인들을 규합하면 자기의 역량을 확대할 수 있다고 생각했다. 이는 찰목합의 계산이었다.

물론 칭기즈칸이 찰목합을 따라간 데에는 부하로서 복종하는 측면이 있었을 뿐만 아니라 나름대로의 계산도 작용했었다. 만일 그가 계속 독립을 유지한다면, 왕한과 찰목합 어느 누구도 그를 어쩌지 못할 것이다. 그러나 그는 이 두 사람의 지지를 잃을 수 없었다. 그들의 지지를 잃으면 멸아걸인과 태적오인 들의 공격을 받아 위기에 처할 수도 있기 때문이었다. 그는 이 두 사람의 위세를 빌려 자신의 영향을 확대하고 몽골부족의 힘을 비축했다. 당시 실력이 없었던 칭기즈칸에게 이는 성공으로 향하는 지름길이었다. 칭기즈칸은 이번 전쟁을 통해 왕한과 찰목합에게 의탁함으로써 광활한 초원에 위대한 첫걸음을 내디뎠다.

●●● 이익을 이용해 더 큰 지원을 쟁취하다

칭기즈칸은 인정의 차가움과 뜨거움, 그리고 냉담한 세태를 두루 맛보았다. 그러나 이로 인해 인간관계의 진리를 발견했다. 즉 이익은 바로 관계이며, 또 이익이 있어야만 각종 관계를 맺을 수 있다는 것이다. 큰 일을 치를 때 칭기즈칸은 바로 이런 관계를 이용하는 것으로부터 시작했다.

증국번과 제갈량은 매우 비슷하다. 그러나 두 사람을 서로 비교해 보면 오히려 증국번이 더 뛰어나다. 제갈량은 중국 역사상 거의 완벽에 가까운 정치인이다. 《삼국지》의 저자 진수陳壽는 제갈량에 대해 "책략은 그의 장점이 아니다"라고 평했는데, 이로 인해 정작 그 자신은 천년에 걸쳐 비난을 받았다. 사람들이 제갈량을 역사상 그 누구와도 견줄 수 없는 완벽한 인물로 여겼기 때문이다.

증국번은 근대 역사에서 가장 뛰어난 인물 중 하나다. 태평천국太平天國을 진압해서 멸망 직전의 청나라를 구했으며, 거의 마비 상태에 빠진 청나라의 군대, 정치, 지방, 세수稅收제도 등에 대한 새로운 틀을 마련했다. 그의 수하인 좌종당·이홍장·심보정 등은 가장 현대적인 과학 기술, 관리, 정치제도를 받아들인 수뇌부였다.

제갈량과 증국번의 차이점은 후계자 육성에 있다. 제갈량은 이미 유비를 통해 세상에 등용되기 전, 천하의 대세를 꿰뚫고 있었다. 실제로 그는 촉한蜀漢이 중흥할 수 없다는 사실을 잘 알고 있었다. 형주가 함락된 후, 촉한은 부흥의 희망이 없어졌다. 제갈량은 이 점을 잘 알고 있었지만, 그는 '하늘의 뜻을 어겨가며' 기어코 3국 분립의 정세를 만들었다. 그러나 제갈량은 후계자 양성에서는 이상적이지 못했다.

그가 양성한 후계자 중에서 〈전출사표前出師表〉에 언급된 자들은 절반 이상이 훗날 확실히 그가 바라던 직무를 맡았으며 장완蔣琬, 비위費禕, 강유姜維는 모두 촉나라를 이끌어가는 책임을 계승했다. 그러나 이 세 인재를 가늠해 보면 중책을 맡을 만한 재목은 한 명도 없었다. 제갈량은 일생 동안 신중했고, 이 세 사람도 사려가 깊었기 때문에 세간의 주목을 받았다. 그러나 제갈량은 신중함 외에도 명철한 관찰력과 넓은 시야를 갖고 있었지만, 그 부분에 있어서만큼은 세 사람이 제갈량에 비해 크게 모자랐다. 여기서 제갈량의 안목에 결함이 있음을 알 수 있다.

독자적인 안목이 없기 때문에 일단 상황이 변하면 그들은 더 이상 발전할 수 없었는데, 제갈량은 이 점을 소홀히 한 것이다. 말년에 양성한 강유는 기백과 열정, 안목도 있었지만 신중함이 부족했다. 제갈량의 안배에는 착오가 있었다. 가령 안목 있고 기백 있는 자를 후계자로 삼고 신중한 사람으로 보좌하게끔 했다면, 그가 죽은 후에 난국을 피할 수 있었을지도 모른다.

　증국번의 신중함은 제갈량과 매우 비슷했다. 그러나 증국번은 후계자 선발에서는 제갈량보다 훨씬 나았다. 그는 일생 동안 "자신이 서고 싶으면 남을 먼저 세우고 자신이 하고픈 바가 있으면 남이 먼저 하게 하라"는 유가의 처세술을 신봉했다. 특히 뜻이 크고 재능이 많은 사람의 자기계발을 도왔으며, 나아가 자신의 후계자로 양성했다. 증국번이 이홍장에게 대한 태도는 음미할 만한 가치가 있다.

　일찍이 증국번과 이홍장은 스승과 제자의 관계에 있었다. 이홍장이 희망을 품고 증국번에게 그의 몸을 의탁했을 때 증국번은 군무가 바쁘다는 핑계로 만나지 않았다. 이홍장은 단순히 일시적인 바쁨인 줄 알고 며칠 지나면 만날 수 있으리라고 생각했다. 그런데 여인숙에서 한 달 동안 머물러 있어도 아무런 소식을 얻지 못하자 마치 솥뚜껑 위의 개미처럼 안절부절못했다. 이홍장은 증국번 막부幕府에 있는 진내陳鼐와 가까운 동료라고 할 수 있었다. 이홍장은 진내를 시켜 증국번의 의도를 알아보게 했는데, 증국번이 주위를 둘러보면서 태도를 표명하지 않을 줄 누가 알았으랴!

　이홍장은 증국번이 아끼던 제자였는데 어째서 이토록 냉담하게 굴었을까? 실로 알기 힘들었다. 진내도 이해할 수 없어서 증국번에게 물었다.

　"소전少荃은 스승님과 친분이 있으며 지난날 함께 보내지 않았습니까? 선생님은 그를 아주 신뢰하셨습니다. 지금 그가 스승님의 힘을 빌리고 싶어하고 스승님의 문하에서 가르침을 얻고자 하는데, 스승님은 어이하여 그를 멀리하십니까?"

증국번은 차갑게 대답했다.

"소전은 뜻이 높고 재능이 많습니다. 그러나 이 곳 상황이 아직 안정되지 않았기 때문에 그처럼 큰 함정을 이 곳의 시냇물이 용납할 수 없을까 두렵습니다. 왜 경사京師로 돌아가 좋은 일을 얻지 않습니까?"

진내는 이홍장을 위해 변명했다.

"여러 해 동안 소전은 많은 좌절과 고생을 겪었습니다. 예전 어린 나이의 시절과 다르니, 스승께서 그를 받아들여서 한번 시험해 보십시오."

증국번은 고개를 끄덕였다. 그리하여 1858년에 이홍장은 증국번의 막부에 들어갔다.

실제로 증국번은 이홍장에게 입문의 첫 과목을 가르친 것이었다. 증국번은 이홍장을 받아들이지 않으려고 한 것이 아니라, 이홍장의 날카로운 예기를 원만하게 하려는 것이었다. 그 후 증국번은 이홍장의 모난 곳을 의도적으로 다스리게 함으로써 그를 세태에 원만하게 적응시켰다. 여기서 증국번이 처음부터 이홍장을 후계자로 양성했음을 엿볼 수 있다.

증국번은 작은 지주 집안 출신이었다. 그는 '닭이 홰를 치면 일어나야 한다' 는 집안의 고훈古訓을 잊지 않고 있었다. 그래서 집을 다스리든지 군대를 다스리든지, 가장 먼저 해야 할 일은 일찍 일어나는 것이었다. 이홍장은 아침잠이 많았기 때문에 일찍 기상하는 일이 아주 힘들었다.

군영에서 증국번은 막료들을 불러 함께 아침식사를 들곤 했는데, 어느 날 아침 이홍장이 사람을 시켜 한 마디 말을 전해왔다. 머리가 아프니 아침식사를 하지 않겠다는 것이었다. 증국번은 즉각 부하를 불러서 청했으나, 이홍장은 여전히 잠에서 깨어나지 못했다. 얼마 후 증국번은 시종과 함께 가서 이홍장을 불렀다.

"증대인은 오늘 반드시 전체 막료들과 함께 식사를 들겠다고 합니다."

어쩔 수 없이 이홍장은 황급히 옷을 걸치고 졸린 눈을 비비며 식사하러 왔다.

그가 자리에 앉자마자 증국번은 식사를 하라고 명령을 내렸다. 밥을 먹을 때 사람들은 한 마디 말도 하지 않았다. 식사 후에 증국번은 젓가락을 던지면서 이홍장에게 한 글자씩 씹어가며 말했다.

"소전, 기왕 자네가 나의 막부에 왔으니 한 마디 알려주겠네. 여기서 숭상하는 것은 '성실함'일세."

말을 마치자마자 증국번은 자리를 박차고 나가버렸다. 이홍장이 어찌 사람들 앞에서 질책을 받는 모멸을 당해보았으랴! 그는 마음속으로 깜짝 놀랐으며, 이 때부터 증국번 앞에서는 더욱 신중함을 기했다.

이홍장은 뛰어난 문장가였기 때문에 증국번은 그에게 문서의 사무를 주관하게 했으며, 나중에는 자신을 도와 공문을 처리하고 상주문을 쓰게 했다. 이홍장은 맡은 업무를 일사불란하게 처리함으로써 증국번의 마음을 흡족케 했다. 몇 달 뒤 증국번은 예전과 달리 사람들

앞에서 그를 칭찬했다.

"소전은 총명한데다가 문장의 재능이 출중하니 공무를 처리하는 것이 가장 적당합니다. 모든 글이 남보다 뛰어나니 앞으로 큰 일을 이룰 것입니다. '푸른색이 쪽빛에서 나오지만 쪽빛보다 더 푸르다靑出於藍'고 했듯이, 장차 나를 능가할 겁니다."

이홍장은 증국번을 스승으로 모시면서 그의 군사적·정치적 능력을 전부 얻었다. 증국번의 막부에 들어간 것은 실로 그의 인생의 전환점이었다. 승상이 되고 후侯로 책봉을 받은 것도 모두 여기에서 비롯되었으며, 그는 증국번의 막부에서 권력 사용의 비결을 배웠다.

이홍장이 두번째로 막부에 들어오자, 증국번은 그를 더욱 신뢰하면서 많은 권력을 주었다. 군국의 중요한 사무는 모두 그와 상의했고, 이에 대해 오여륜吳汝綸은 다음과 같이 말했다.

"증국번의 막료로 많은 유명 인사들이 있었지만, 그 중에서 분쟁의 시비를 가릴 수 있는 사람은 이홍장뿐이었다."

이홍장의 '진지함'은 스승의 높은 평가를 받았다. 이홍장은 증국번의 막부에서 많은 전략과 전술을 배웠다. 증국번이 대담하게 권력을 그에게 가르쳐주었기 때문에 정사를 보는 일에서부터 처세의 성공에 이르기까지 커다란 발전을 이룰 수 있었다.

이홍장이 스스로 혼자서 책임을 맡을 수 있다고 판단되자, 증국번은 태평군이 상해를 공격했을 때 이홍장으로 하여금 회군淮軍을 조직해서 상해로 가게 했으며, 아울러 강소와 안휘의 군정 대권을 그에게 갈라주었다. 이홍장은 물을 만난 고기처럼 아주 빨리 성장했다. 그는 상해를 지켰을 뿐만 아니라 태평군의 주력 부대를 견제했으며, 급기야 증국번과 연합해 태평군을 진압했다.

증국번은 군정의 대사를 처리할 때 막료들에게 의견을 폭넓게 받아들였지만 최종적으로는 자기의 뜻대로 결단했다. 이홍장은 그보다 더했다. 그는 상해에 간 후에 다른 사람이 자신과 나란히 앉는 것을 허용하지 않았다.

이홍장은 평생 증국번의 '가르침'에 감사했다. 그는 일찍이 부하 장수 유병장劉秉璋에게 증국번의 은혜에 대해 이렇게 말했다.

"내가 따른 스승은 많지만, 그 어른처럼 잘 가르친 분은 없었소. 그는 시기에 맞게, 처지에 맞게, 일에 맞게 지시를 내렸습니다."

이홍장의 이름이 알려지자, 조정 안팎의 여론도 그를 "과감하고, 의연하고, 굳세고, 정숙한 것이 증씨 문하의 의발衣鉢(고승이 제자에게 주는 가사歌裟와 바리때란 뜻으로 불교의 오의奧義를 이르는 말—옮긴이)을 받았다"라고 평가했다. 이홍장은 스스로 자신을 평가했다.

"다른 제자들은 대체로 스승 문하의 법을 따르려 하지 않지만, 나는 시종일관 추호의 흐트러짐 없이 스승의 법을 지켰다."

●●● 권력의 예봉이 자신을 상대하지 말게 해야 한다

권력을 얻기는 힘들지만 버리기는 더욱 힘들다. 일단 권력을 잃으면 다른 사람의 도마 위에 놓인 생선 신세가 될 수 있다. 역사상 권력 투쟁으로 목숨을 잃은 일도 아주 많지만, 권력을 가진 뒤 어떻게 권력을 놓을

지 몰라서 비극적인 최후를 맞이한 사례 또한 수없이 많다. 증국번은 권력을 양보하고 나눌 수는 있지만, 결코 칼자루를 신뢰할 수 없는 사람에게는 주지 않겠다는 생각을 지녔으며, 이는 그의 커다란 장점이었다. 이 때문에 후계자 선발은 아주 중요한 관건이다.

서태후의 승세乘勢
유리한 세에 올라타다

형세와 기회를 이용해 유리한 위치를 차지한 가장 뛰어난 책략가 중한 사람이 바로 청나라 서태후西太后다. 태후는 함풍·동치·광서 세 황제의 재위기간인 47년 간 실질적으로 나라를 통치했다. 함풍 황제 때 조정 일에 간섭하기 시작하면서 정치적 능력을 배양했고, 동치 황제와 광서 황제 시대에는 두 번의 훈정訓政과 세 번의 수렴청정을 시행했다. 서태후는 중국역사에서 보기 드문 여성 통치자로서 청나라 말기에는 사실상 최고 권력자로 군림했다.

그녀는 빼어난 미모 덕분에 황궁에 발을 들여놓았지만 현실은 만

*서태후(1835~1908) 청淸나라 제9대 왕인 함풍제咸豊帝의 비

만치 않았다. 아름다운 용모를 지닌 수많은 궁녀와 요염한 자태를 뽐내는 많은 후궁이 오직 한 명뿐인 남자의 총애를 받기 위해 치열하게 다투고 있었다. 그러나 황제의 총애를 얻기란 하늘의 별 따기만큼 어려운 일이라 몇몇 여인만이 그 소망을 이룰 수 있었고, 늙어 죽을 때까지 황궁 안에 살면서도 황제의 얼굴 한번 보지 못하는 경우도 많았다. 태후는 많은 여인들처럼 소망을 이루지 못한 채 일생을 보내고 싶지 않았으며, 어떻게든 황제의 총애를 한몸에 받고 싶었다.

태후는 모든 신경을 써서 황제의 동정을 살폈다. 함풍 황제는 즉위 이후 부국강병을 위해 정사에 전념하다가 점차 쾌락을 일삼기 시작했다. 황제에게 접근할 기회를 포착한 태후는 젊고 아름다운 용모를 앞세워 황제를 사로잡았고 끝내 황제의 총애를 독차지했다.

태후는 황제의 욕망과 생각을 샅샅이 알아내기 위해 재물을 아끼지 않았다. 황제를 시종하는 태감太監들에게 많은 선물을 주었기 때문에 그들은 수시로 황제의 근황을 태후에게 보고했다. 그 덕분에 태후는 황제에게 여인이 필요한 시간이면 어김없이 황제 앞에 나타날 수 있었고, 그 때마다 정성을 다해 황제의 욕망을 채워주었다. 마침내 황제는 태후가 없으면 못 견딜 지경에 이르렀고, 태후는 자연스럽게 가장 총애를 받는 여인이 되었다.

그런데 만주족 귀족집단이 통치하는 청나라에는 순장의 풍습이 남아 있었고, 황제의 은총을 입은 여인이 자식을 낳지 못하면 죽은 황제와 함께 생매장당하는 일이 심심찮게 벌어졌다. 태후는 그 사실을 직시하고 있었다. 더욱이 자신은 황제의 총애를 가장 많이 받은 여인이 아닌가! 태후는 용모와 자태를 앞세워 황제를 미혹시켰을 뿐만 아니라 황제의 자식, 특히 아들을 낳기 위해 신경을 곤두세웠다.

'하늘은 뜻이 있는 사람을 돕는다'고 했던가, 1856년에 태후는 아들을 낳았다. 황제는 흥분을 감추지 못했다. 태후는 즉시 의비懿妃에 책봉되었고, 이듬해에는 의귀비懿貴妃에 책봉되어 여러 비빈妃嬪의 윗자리, 즉 황후 다음가는 후궁 서열 2위 자리를 차지했다.

태후는 함풍 황제가 여색을 탐하는 것을 기회로 삼아 황제에게 접근했고, 황제를 시종하는 태감들을 매수해 황제의 동태를 낱낱이 파악함으로써 황제의 총애를 얻었다. 그리고 황태자 재순載淳을 낳아서 위치를 공고히 다진 후, 더 큰 목표를 향해 매진했다. 1861년 태후는 공친왕恭親王 혁기奕沂와 더불어 전광석화 같은 신유정변辛酉政變을 일으켜 정권을 장악했으나, 아직 확고부동한 위치를 차지하지는 못했다. 태후는 주변의 형세를 이용하는 술수를 발휘하며 최고 권력을 손에 넣기 위해 노력했고, 마침내 자신의 위치를 든든한 반석 위에 올려놓았다.

정변에 성공한 태후는 먼저 함풍 황제의 유지를 날조해 혁기에게 큰 상을 하사했다. 정변 다음날에는 혁기를 의정왕議政王에 책봉하면서 수석군기대신首席軍機大臣으로 임명했다. 이어서 종인부宗人府 종령宗令과 총관내무부대신總管內務府大臣을 겸직시켰을 뿐만 아니라 대대손손 친왕親王 작위를 세습토록 허락했다. 태후는 또한 논공행상을 통해 혁기 일파를 요직에 임명함으로써 조정 대사를 장악해 나갔다.

태후는 군기처軍機處를 쇄신해 혁현을 수장에 앉히고, 경륜이 풍부하고 자신이 신임하는 사람들을 군기대신에 임명했다. 또한 총리각국사무아문總理各國事務衙門을 설립해 외교업무를 전담시켰는데, 그 곳의 요직에도 자신이 신임하는 사람들을 임명했다. 군기처와 총리아문을 장악함으로써 태후는 나라 안팎의 주요 사항을 통제하며 자신의 정치적 의도를 관철시킬 수 있었다.

그러나 이런 조치만으로는 자신의 지위를 견고하게 유지할 수 없다고 생각한 그녀는 동치 황제의 이름으로 조칙을 내려 언로言路를 활짝 열고 조정 안팎의 건의를 받아들였다. 그것은 각종 현안과 난제를 해결할 방안을 찾고, 또 다른 한편 나라 정치가 올바른 방향으로 바뀌고 있다는 것을 세상에 알리는 방법이었다. 그 반응은 예상했던 것처럼 즉시 나타났다. 급사중給事中 손즙孫楫과 장강남도감찰어사掌江南道監察御使 서계문徐啓文 등이 연이어 상소를 올려 각종 정책을 건의하기에 이르고, 태후도 그 건의를 곧바로 시행에 옮겼다. 권력과 지위를 확고하게 굳히기 위한 방편으로 대신들의 유익한 건의를 받아들인다는 태후의 전략은 성공을 거두었다. 세에 올라타는, 다시 말해 주변의 형세를 이용하는 데 뛰어난 태후의 진면목이 드러나는 대목이다.

광서光緒 황제가 열여섯 살이 되어 정사를 넘겨줘야 할 처지에 몰리자, 서태후는 다시 한번 주변의 형세를 이용하는 술수를 부린다. 태후는 신하들에게, 황태후(서태후)가 몇 년 동안 계속해서 훈정을 실시하는 게 바람직하다고 은근하게 압력을 넣었으며, 그 결과 그녀는 또

다시 권력을 수중에 넣을 수 있었다.

동치同治 황제의 뒤를 이어 광서 황제가 즉위하자, 태후는 두번째로 수렴청정을 시행하며 당시의 조서를 통해 확실한 공언을 한다.

"본래 수렴청정은 일시적인 임기응변책이다. 그러나 새로 등극한 황제께서 아직 나이가 어리고 나라에 어려운 일이 많은 까닭에 여러 왕과 대신이 황제께 수렴청정을 건의한 줄로 알고 있다. 다른 도리가 없으니, 이 나이 많은 할미는 황제의 청을 받아들여 수렴청정을 시행하겠다. 황제께서 학문을 익히고 나면 즉시 전권全權을 돌려주겠다."

12년의 세월이 눈 깜짝할 사이에 흘러갔고, 어린아이에서 영특한 소년으로 변모한 광서 황제는 그 동안 스승의 지도 하에 나라를 다스리는 학문을 연마했다. 태후는 정권이양을 회피할 방법을 궁리했지만 뾰족한 수가 없었다. 태후는 권력을 황제에게 넘겨주고 싶지 않았으나, 12년 전 조서를 통해 공언한 말을 뒤집을 수도 없는 노릇이었다. 태후는 정사를 황제에게 돌려주되 계속해서 실권을 쥐고 있기로 결정했다. 그리고 몸소 나서 '정사를 넘겨주는 소란한 연극'을 연출했다.

광서 12년(1886년) 6월, 태후는 황제에게 정사를 넘겨준다는 조칙을 내각內閣을 통해 발표했다. 그런데 거기에는 사족과 같은 내용, 즉 조칙이 발표된 후에 왕과 대신들이 '재삼 만류하는' 상황과 관련된 내용이 포함돼 있었다. 조칙을 접한 왕과 대신들은 태후의 진의를 파악하기 위해 고심했고, 태후는 이 기회에 누가 어느 정도의 충성심을 품고 있는지 알아보고자 별렀다.

권력을 향한 태후의 노력은 헛되지 않았다. 황제의 아버지 순친왕 醇親王 혁현을 필두로 여러 왕과 신하가 상소를 올려 정사를 넘겨주는 일에 극력 반대했다.

"황태후께서는 지난날의 훌륭한 경험을 살려 몇 년 간 더 훈정을 시행하셔야 합니다. 내년부터 황제께서 직접 정사를 돌보시더라도 태후께서는 지금처럼 매일 신들을 불러 하문하시고, 상소문을 살펴보시면서 황제께 바로바로 가르침을 주셔야 합니다. 그러면 고래로 보기 드문 태평성대를 맞이할 것입니다."

이 소식을 듣고 태후는 몹시 기뻐했다. 그러나 속마음을 금방 드러내지 않고 진심으로 정사를 돌려주고 싶다고 밝혔다. 혁현 등은 태후의 속셈이 무엇인지 알아차리고 각자 간곡한 필치로 상소문을 올려 정사를 돌려주는 일에 반대했다.

태후는 그 상소문들을 훑어보고 만족스러웠다. 더 이상 위장할 필요가 없다고 판단한 태후는 왕과 대신들의 간청을 받아들이겠다고 밝혔다.

"나라가 어지러우니 기강을 바로잡고 백 가지 폐단을 일소해야 한다. 왕과 대신들이 재삼 간곡하게 만류하니, 어찌 일신의 도리만을 고집하면서 천하의 공론을 저버릴 수 있겠는가? 그대들의 청을 받아들여 황제께서 친정親政하시더라도 몇 년 간 훈정을 시행하겠노라."

그 결과 광서 황제가 표면상 친정체제를 유지하기는 했지만, 실제 권력은 태후의 손아귀에 있었다. 뛰어난 모략과 깊은 술수로 판정승을 거둔 태후는 '그대들의 청을 받아들여' 훈정을 실시한다고 선언했다. 결론적으로 태후는 본래 훈정을 실시할 마음이 없었는데 많은 사람의 뜻을 저버리기가 어려웠다. 그래서 일신의 도리만을 고집하지 않고 훈정을 실시하기로 결정한 것이었다.

서태후가 장기간에 걸쳐 청나라의 최고 권력을 장악할 수 있었던 요인은 무엇일까? 단지 태후가 '세에 올라타는' 재주를 지녔기 때문일까? 그렇지 않다. 먼저 세를 조성한 다음에 그 세를 차용했던 능력도 함께 고려해야 한다. 광서 황제 때 벌어진 '정사를 넘겨주는 시끄러운 연극'이 바로 그 실례다. 서태후는 목적을 달성하기 위해 먼저 유리한 세를 조성한 다음, 그 세에 올라타는 능력과 재주를 지니고 있었다.

●●● 기회를 낚아채 권력을 확고히 다지다

서태후는 어떤 방법으로 청나라의 최고 권력을 장악하고, 어떻게 동치 황제와 광서 황제로 하여금 고개를 숙인 채 그녀의 지시를 받게 만들었을까? 그녀는 권력을 도모하고 권력을 통제하는 능력을 발휘했을 뿐 아니라 '세에 올라타는' 능력을 지니고 있었다. 그러한 능력 덕분에 서태후는 일체의 기회를 낚아채서 자신의 권력과 지위를 견고하게 다질 수 있었다.

마음을 사로잡는 광고 전략

사람의 마음을 사로잡는 일만큼 어려운 일은 없다. 처세론, 인생론, 대화술 등의 저서로 인간관계에 대한 이론의 선구자적 역할을 한 카네기는 다음과 같이 말한다. "상대방의 말을 경청하고 그의 장점을 찾아내 칭찬하는 것이야말로 사람의 마음과 행동을 변화시키는 지름길이다." 상대방의 입장에서 생각하고 칭찬하는 일은 누구나 알고 있는 내용이지만 여기서 가장 중요한 핵심은 '진심'이다. 마음에서 우러나와 진심으로 상대방을 위하는 행동이 사람의 마음을 사로잡을 수 있다. 기업체에서도 제품 자체에 대한 직접적인 홍보보다 제품을 구매하는 소비자들 입장을 고려해 진실된 서비스를 제공하고자 한다. 이런 변화는 소비자와 공감대를 형성하려는 그들의 광고 전략에서 찾아볼 수 있다. 심각한 내수 불황에도 기업들은 소비자들을 향해 많은 광고를 쏟아내고 있다. '우리 상품이 좋으니 사주세요'라는 구태의연한 광고 전략에서 탈피한 새로운 광고들이 갖는 공통적 특성은 다음과 같다. 예상 밖의 상황을 설정해 제품과 브랜드에 대한 소비자의 생각을 들려주는 것이다. 광고를 접한 소비자는 마치 자신의 속마음을 들킨 것 같은 느낌을 갖게 된다. 광고계의 한 전문가는 이런 추세를 두고 "이는 소비자 마음 속에 잠재된 심리를 보여주는 '인사이트insight 전략'이다. 제품이나 이미지의 차별화만으로는 브랜드를 알리기 힘들다. 고객의 마음을 읽고 그들을 사로잡는 것이 최근 광고업계의 유행이다"라고 말한다.

한 우유 광고에서 아이를 야단치는 부모의 진심은 사랑이라는 점을 강조한다. 싸우고 온 아들에게 '또 싸울 거야?'라고 아이를 혼내는 아빠, 우유 한 잔을 아이에게 주고 난 뒤 속으로 '사랑한다, 사랑한다, 사랑한다'라며 혼잣말을 한다. 우유를 먹이고 싶은 부모의 마음을 잘 드러낸 광고로 평가되고 있다. 한 보험회사의 광고에서는 '제가 없으면 많이 우실 것 같아요. 군대 갔다 오면 잘 해드릴 거예요', '우시더군요. 내 새끼가 새끼 낳는다고 고생했다고…' 등 어머니에 대한 사랑을 보통 사람들의 독백을 통해 담담하게 드러내 소비자의 마음을 사로잡았다. 이들 광고는 첨단기법을 사용해 화려하게 제작된 것은 아니지만, 누구나 자신의 경험을 쉽게 떠올릴 수 있는 전략으로 소비자들의 감성을 파고든 예다.

원세개袁世凱는 권모술수에 능한 사람이었다. 그는 위선적인 수단으로 재능 있는 사람들을 주위에 끌어들여 일하게 하는 재주가 있었다. 즉 그는 권력을 이용한 술수에 능했다.

원세개의 문하에는 원충추阮忠樞라는 사람이 있었는데, 원세개의 참모 그룹 중 한 사람이었다. 원세개는 그를 아주 중시했으며, 늘 원충추에게 자기 뜻을 전하고 그의 협조를 얻어서 '대업'을 이루고자 했다.

원세개는 다른 사람을 통해 원충추가 천진 유곽의 명기名妓 소옥小

*원세개袁世凱(1859~1916) 청나라 말 군인·정치가

玉과 애정이 각별해 서로 헤어지기 어려운 상태임을 알게 되었다. 그러나 원충추는 군관 신분이었기 때문에 기생을 아내로 맞아들일 수 없었다. 만약 이를 어길 경우 군법에 의해 벌을 받아야 했다. 그래서 원충추는 줄곧 기생집에 가서 소옥과 만났지만, 감히 그녀를 아내로 맞아들이지는 못했다. 원충추는 이 일 때문에 늘 번뇌하고 있었다.

이 일을 안 원세개는 많은 돈을 들여 소옥의 몸값을 지불했으며, 또 집을 사서 소옥을 살게 하고 시종까지 붙여주었다. 이렇게 되자 소옥은 양가집 여인이 되어 원충추와 결혼해도 문제가 되지 않았다. 어느 날 원세개는 일부러 천진에 간다고 하면서 원충추로 하여금 자신을 수행케 했다. 그들이 어느 마을에 이르자 갑자기 징과 북이 울리면서 웅성거렸다. 집안에서 한 무리의 사람들이 나왔는데, 그 가운데에는 머리에 붉은 천을 드리운 신부가 있었다. 사람들은 원충추에게 머리 수건을 젖히라고 했다. 원충추가 아주 이상하게 생각하자, 원세개가 한 마디 했다.

"머리 수건을 젖혀보게. 만일 예쁘게 생겼다면 아내로 맞게나."

원충추는 거부하기 어려워서 머리 수건을 젖혔다. 그리고 자나깨나 그리던 소옥이라는 것을 발견하자 미칠 듯이 기뻤다. 그는 이것이 자기에 대한 원세개의 마음이라는 것을 알아차렸다. 이 때부터 원충추는 원세개의 충실한 수하가 되어 그가 권력을 얻는 데 견마지로犬馬之勞를 다했다.

원세개는 단기서段祺瑞 등에게도 각별한 은혜를 베풀었으며, 풍국장馮國璋, 왕사진王士珍 등 지모가 있는 사람들을 자기 주변에 배치했다.

　　원세개는 신군新軍을 창설할 때 연이어 세 개의 협려協旅를 세웠다. 그런데 이 협려의 협통協統을 각기 누구에게 맡기겠는가? 원세개는 유능하면서도 자신의 명령을 따르는 사람을 선발하고자 했다. 과연 어떻게 해야 유능한 사람을 자신의 명령에 따르게 하겠는가? 원세개는 고뇌 끝에 묘안을 생각했다.

　　그는 사람들에게 시험을 통해 협통을 선발하는데, 모두 세 번의 시험을 치러 매번 한 명씩 선출한다고 선포했다. 두 번의 시험이 끝났을 때 각기 왕사진과 풍국장을 선발했다. 세번째 시험이 시작될 때, 일찍이 독일 베를린에서 공부한 적이 있는 단기서가 이 시험을 통과해 승진의 기회를 잡으려고 했다. 그러나 앞에 있었던 두 번의 시험에서 모두 실패했으니 이번이 마지막 기회였다. 그가 근심에 싸여 어쩔 줄 모르고 있을 때 원세개가 사람을 보내 면담을 주선했다.

　　단기서는 황급히 원세개 앞으로 갔다. 원세개는 그에게 종이쪽지 한 장을 가만히 건네주었다. 돌아와서 살펴보니 뜻밖에도 시험문제였다. 단기서는 원세개가 자신을 특별 대우한다는 것을 알고서 크게 기뻐했다. 결국 단기서는 채용되었으며, 이 때부터 원세개에게 각별한 충성심으로 그 은혜에 보답했다.

　　사실상 풍국장, 왕사진 등도 시험 전에 원세개로부터 시험문제를 받았다. 그렇다면 원세개는 왜 그 세 사람을 직접 협통으로 임명하지 않았는가? 여기에 바로 원세개의 모략이 숨어 있다. 시험을 통하면 외부 사람에게 공평하다는 느낌을 줄 수 있으며, 또 선발된 사람이 자신에게 감동을 받으면 앞으로 이용하기에 편했다. 원세개는 또 바깥세력을 통제하고 권력을 강화하기 위해서 권모술수를 이용했다.

1908년 11월, 서태후와 광서 황제가 연이어 죽었다. 재풍이 섭정에 오르고 그의 아들 부의溥儀가 황제가 되면서 1909년을 선통宣統 원년으로 정했다. 새로운 권력자 재풍은 날로 커지는 원세개의 세력에 불만을 품었는데, 이 때문에 원세개 본인도 자신의 처지에 불안을 느꼈다.

조정 대신들은 원세개의 탄핵을 주청했다. 그 중 조병린趙炳麟은 다음과 같은 글을 올렸다.

"원세개가 군기대신으로 있는 것이 가장 근심스러우니, 그 이유는 두 가지입니다.

첫째, 원세개는 간사하기 짝이 없습니다. 광서 황제는 '30여 년 남짓 갇혀 있으면서 평생토록 가슴에 맺혀 있었다. 원세개는 도당徒黨을 짓고 조정을 협박했다. 지금 천자가 어리고 나라가 어지러운데, 이 때문에 나쁜 마음을 숨기고 있는 듯하다. 큰 뜻을 품은 자가 오랫동안 담 안에 있으니 분명 뜻밖의 변화가 생길 것이다' 라고 했습니다.

둘째, 오늘날 원세개의 무리가 많긴 하지만, 다행히 모두 부귀를 누리는 사람들이라서 원세개가 군기처에서 나가면 반드시 해산할 것입니다. 그러나 그들 무리의 뿌리가 깊게 얽힌다면 훗날 변란을 도모할 터이니, 그 때는 섭정왕께서 없애려고 해도 어쩔 수 없을 것입니다. 그 때 가서는 아무리 화가 나도 감히 말하지 못할 것이며, 머리를 숙여서 그의 의사를 따르게 될 것입니다. 이런 이유로 빠른 시일 내에 원세개를 파면하고 나라의 근본을 위해 후환을 끊어야 합니다."

또한 어사御使, 진전陳田, 재택載澤 등과 같은 다른 대신들도 모두 원세개를 탄핵하라고 했다. 그래서 재풍은 원세개의 자리를 비워둔 채 그에게 고향으로 돌아가서 병을 치료하게 했다. 원세개를 반대하는 대신들은 이런 식으로 원세개를 놓아주지 말아야 하며 당연히 제거해야 한다고 주장했다. 그러나 재풍은 원세개를 죽이면 북양군北洋軍이 반란을 일으킬까 두려워했다.

마침내 원세개는 파직됐지만 여전히 그를 따르는 무리들이 남아 있었다. 북양군은 원세개만을 알 뿐 청나라는 몰랐다. 이것은 원세개가 여러 해 동안 군사를 거느리며 심어놓은 씨앗이었다. 북양군과 도당이 지탱하는 한 원세개는 어디에 있든 과소평가할 수 없었다. 이 힘은 어느 때든 재조직되어 폭발할 수 있었지만, 결정적인 고비가 아니라면 원세개는 이 힘을 움직이지 않을 것이었다. 그는 이 힘을 이용해서 더 큰 권력을 얻고자 했다.

결국 기회는 찾아왔다. 자산계급의 혁명 역량이 점점 커지자 청나라 정부의 힘으로는 역부족이었다. 게다가 북양군은 지휘를 듣지 않으니, 군대는 실상 없는 것이나 마찬가지였다. 혁명당革命黨 사람들이 남쪽으로부터 곧장 무창武昌까지 공격하자, 청나라 정부는 당황하며 어찌할 바를 몰랐다. 그들은 원세개로 하여금 이 상황을 해결하도록 결정했다.

그러나 원세개는 즉각 청나라 정부의 말을 따르지 않고 병을 핑계로 나서지 않았다. 그는 사태가 더 악화됨으로써 청나라 정부가 수습할 수 없을 때까지 기다렸다. 그렇게 함으로써 자신의 위상을 높이고 더 큰 권력을 얻고자 하는 계산을 하고 있었다.

청나라 정부는 원세개가 움직이지 않자 연속해서 여러 통의 전문을 보냈으며, 음창隆昌을 파견하고 원세개가 하루빨리 나오길 권했다. 원세개는 어쩔 수 없이 수락하는 척하면서 일부의 제안을 내놓았다. 그러나 급히 나서려고 하지는 않았다.

청나라 정부는 원세개를 흠차대신으로 임명하고 모든 육군과 해군, 장강長江의 수군 등을 모두 그에게 귀속시킬 것을 제안했으며, 또 풍국장을 제1군 통령으로 임명하고 단기서를 제2군 통령으로 임명하자는 원세개의 제안을 수락했다.

지난날의 원세개가 다시 등장하자, 일부 대신들은 앞다투어 사직을 청했으며 청나라 정부는 어쩔 수 없이 그들의 사직을 비준했다. 동시에 원세개를 승진시켜 내각 총리대신에 임명했다. 원세개는 이 때부터 다시 분발해 혁명을 진압하는 난폭한 행동을 시작했다.

원세개의 권모술수는 아주 정밀해서 매번 성공했다. 신해혁명을 진압하는 동안에도 권모술수를 성공적으로 이용해 청나라 정부와 혁명당을 손바닥에 놓고 희롱하면서 쌍방 모두가 그와 타협하도록 했다.

혁명당의 일부 사람들은 증국번이 태평천국을 전복했듯이 원세개가 혁명군을 무너뜨릴까봐 두려워했다. 더군다나 제국주의의 간섭으로 혁명당의 북벌이 실패로 돌아갈까 더욱 근심했다. 그래서 그들은 화해를 청하는 길을 선택했다. 즉 원세개가 청나라 황제를 핍박해서 퇴위시킨다면, 그를 대통령으로 선출하겠다고 한 것이다.

다른 측면에서 볼 때, 원세개는 청나라 정부에 대한 핍박을 다그쳤다. 그는 태감 소덕장小德張과 탐관 혁광, 나동那桐 등을 매수해서 일부러 남을 놀라게 하는 말을 융유隆裕태후에게 끊임없이 듣게 했다.

"각 성省이 너도나도 독립하고, 외채를 갚을 가능성이 없으며, 군향軍餉을 모으기가 어렵습니다. 만일 국민당國民黨의 요구를 수락하지 않으면 혁명군이 북경에 쳐들어올 것이며, 그 때는 당신의 목숨도 위태롭게 될 것입니다. 그러나 당신이 양도한다면 그에 맞는 대우를 할 것이며, 이 모든 일은 원세개가 보장할 것입니다."

이와 유사한 말들이 끊임없이 황태후와 나이 어린 부의 황제의 귀에 들어갔다. 나중에 청나라 정부는 퇴위를 응락했으며, 국민당 사람들도 동의했다. 손중산은 임시 대통령의 위치에서 사임했으며, 원세개가 중화민국 대통령의 보좌에 올랐다.

원세개의 중요한 권력은 모두 치밀하게 꾸민 궤계詭計에서 나온 것이라 할 수 있다. 능란한 권모술수로 작은 권력을 큰 권력으로 만드는 것이 원세개의 '장점'이었으며, 그를 권력의 정상에 오르게 한 비결이었다.

●●● 권력을 이용해 권력을 견고히 하다

권력을 잘 이용하는 사람은 늘 수중의 권력을 부려 주위 사람을 적극 활용하고 자신의 권력을 확고히 한다. 동시에 수중의 권력을 이용해 좀더 큰 권력을 얻는다. 원세개는 바로 이런 권력 게임으로 자신의 권력을 점점 강화하고 세력의 범위도 넓혀나갔다.

5 큰 일을 이루려면 참아야 할 때
참을 줄 알아야 한다

"참을성이 있어야 도움을 얻을 수 있고, 관용의 덕을 가져야 큰 일을 이룰 수 있다." '인忍'자 하나로 옛 사람들의 성공과 실패를 엿볼 수 있으니, 이 때문에 소식蘇軾은 유방과 항우가 서로 승패를 달리한 것은 바로 인忍과 불인不忍에 있다고 했다. 그러나 진정으로 큰 일을 이루는 데는 그저 참는 것에 있는 것이 아니라 참을 줄 아는 데 있다. 참아야 할 때 참지 못하고 고집을 부린다면 멸망을 자초한다. 참지 말아야 할 때 참다가 그 참음으로 말미암아 두려움이 생긴다면 차츰 겁쟁이가 된다. 이렇게 되면 스스로 생존하기에도 부족한 데 어찌 큰 일을 이룰 수 있으랴! 따라서 참는 데는 큰 현기玄機가 숨어 있으며, 자세히 통찰하지 않으면 그 기묘함을 얻을 수 없는 것이다. 천하에 불쾌하게 지낼 일이 없으니, 조금만 인내하면 아무 일도 없을 것이다. 가령 고향의 이웃끼리 늘 자질구레한 일로 분쟁을 일삼고 관청에 소송을 하거나, 또는 한 마디 농지거리 때문에 말다툼이 생기는 것은 모두 사소한 분노를 일시적으로 참지 못해 빚어진 소송이다. 공자는 이렇게 말했다. "작은 것을 참지 못하면 큰 계획을 망친다." 성인의 말에는 깊은 이치가 숨어 있다.

증국번 曾國藩

옛날 공간공恭簡公 경耿은 관직에 나서기 위해 견인堅忍을 가장 중요한 요소로 삼아야 하며, 이는 군사를 거느릴 때도 마찬가지라고 말했다. 관리 사회의 사교에 대해 우리 형제는 세태를 잘 알지도 못할 뿐 아니라, 시류에 어울리지 않는 견해를 갖고 있다. 강경하지도 말고 나약하지도 말아야 하는 데, 그렇게 하지 못해서 가는 곳마다 좀처럼 남과 마음이 맞지 않는다. 적안迪安은 세태를 전혀 모르는데다가 일부 시류에 맞지 않는 견해를 갖고 있다. 그러나 그런 생각을 마음 속으로만 품고 있을 뿐 결코 겉으로 드러내지 않는 것이 그의 장점이다. 반면에 우리 형제는 시도 때도 없이 겉으로 드러내는 데, 이것은 궁극적으로 복을 얻는 방법이 아니다. 설금雪琴 역시 우리 형제와 비슷해서 시류와 잘 어울리지 않는다. 동생은 나를 거울로 삼아 한결같이 온후해야 하며 절대로 드러내지 말아야 한다. 이런 수양이 원숙해지고 몸도 건강하면 자손들도 그것을 누릴 수 있다. 관료 사회의 임기응변과 위장술을 능숙하게 익히지 않으면 시간이 오랠수록 천박해질 것이다.

구천의 욕인辱忍

훗날을 기약하며 모욕을 참다

구천勾踐은 춘추春秋시대 말기, 월越나라의 마지막 패주霸主다. 오吳나라와 월나라는 이웃나라였다. 그 지역은 대개 현재의 강소성江蘇省 남부의 모든 지역과 절강성浙江省 북부의 일부 지역을 포함한다. 월나라는 오나라의 동남부에 접해 있으며, 그 서부와 북부는 각각 초나라·진나라·제나라와 국경이 맞닿아 있었다. 오나라와 월나라 사람들은 본래 한 종족이라서 그들의 생활풍속은 똑같다.

이처럼 삶의 터전과 경제, 언어를 공유한데다가 사람들의 성격이나 특징도 비슷했기 때문에 두 나라는 춘추시대 중반까지 서로 우호

*구천 勾踐 춘추시대 월越나라 마지막 왕

적인 관계를 유지할 수 있었다. 그들은 원래 초나라의 통치에 순종했
는데, 이후 오나라가 중원中原의 선진 생산기술을 영입하면서 차츰
강대해졌다.

기원전 514년, 오나라 국왕 합려闔閭가 즉위했다. 그는 유능하고
웅심雄心을 품은 통치자였다. 지략가 오자서吳子胥를 승상으로 삼아
국사를 함께 논의하고, 탁월한 군사 전략가 손무孫武를 장군으로 기
용해 군대를 훈련시켰다.

이 두 사람의 보좌로 오나라는 더욱더 강대해지면서 부국강병을
실현했다. 오나라의 국력이 커지자 중원의 다른 나라들은 오나라를
주시하고 있었다. 마침내 합려는 다른 나라에 군사적 공격을 감행했
다. 그는 상대적으로 강성했던 초나라에 여러 번 승리했으며, 제나
라에도 위협이 되었다. 물론 비교적 약소했던 월나라에게도 큰 부담
이었다.

기원전 6세기 중반, 오나라는 월나라를 자주 정벌해 많은 사람들
을 포로로 삼았다. 여러 번 전쟁을 치렀지만 월나라는 한 번도 오나
라를 이기지 못했기 때문에 해마다 일정한 조공을 바쳐야 했다. 그
러나 월나라도 점차 발전하고 있었고, 자기 이익을 지키기 위해서
필연적으로 오나라와 싸워야 할 처지였다. 결국 같은 땅 위에서 생
활하고 있는 두 나라는 서로의 땅을 빼앗기 위해 적대국으로 변해
버렸다.

기원전 510년, 오왕 합려가 감행한 초나라 공격에 월나라가 파병
하지 않는다는 것을 핑계로 오나라는 다시 월나라를 공격했다. 월나

라 왕 윤상允常은 합려와 협상을 벌였다. 하지만 합려는 이에 아랑곳하지 않고 월나라의 북부지역 일부를 점령했다. 이로 인해 합려와 윤상은 서로 깊은 원한을 맺게 되었다.

윤상은 복수를 위해 틈틈이 기회를 엿보고 있었다. 5년 후, 합려가 이끄는 오나라의 정예부대가 초나라를 공격함으로써 오나라 안이 텅 비었다는 사실을 알게 된 윤상은 그 기회를 놓치지 않았다. 마침내 오나라를 공격한 것이다.

그 무렵 초나라와 치열한 교전을 벌이던 오나라는 점점 전세가 여의치 않자 부득이 철수하지 않을 수 없었다. 오나라 군사가 본국에 돌아오자, 월나라는 오나라 땅에서 철수했다. 갑작스런 월나라의 기습에 화가 난 합려는 기회를 엿보며 월나라에 복수하고자 했다.

기원전 497년, 윤상이 사망하고 구천이 왕위를 계승했다. 이듬해 합려는 윤상이 없는 기회야말로 월나라를 공략할 좋은 시기라고 판단했다.

합려는 군사를 일으켜 월나라 정벌에 나섰는데, 구천은 이 소식을 듣고 즉시 방어에 임했다. 두 나라의 군사가 국경에서 조우했을 때, 구천은 오나라 군의 정연한 대오隊伍와 사기충천한 모습을 보자 속으로 깜짝 놀랐다.

그는 결사대를 동원해 오나라의 진영을 획책하고자 노력했지만 별다른 성과를 얻지 못했다. 구천은 다른 계책을 내놓았다. 그는 죄인들을 진영 앞에 세 줄로 세워서 칼을 목에 들이대게 한 후 그들의 입을 빌려 오나라 군대에게 소문을 퍼뜨렸다.

"오나라와 월나라 두 임금의 군사가 대치하고 있는데, 본인은 군령을 어겼기 때문에 감히 형벌을 피하지 않고 죽음을 맞는다."

그리고 그들은 각자 칼을 빼내어 그 자리에서 자살했다. 이 광경을 지켜보던 오나라 군대의 병사들은 모두 놀랐다.

구천은 이 때를 틈타 돌격을 명령해서 오나라 군대를 대패시켰다. 오나라 군대는 절반이 넘는 큰 손실을 보았으며, 중상을 입은 합려는 고소姑蘇로 퇴각하던 도중에 숨졌다. 죽음을 눈앞에 둔 합려는 아들 부차夫差에게 한 가지 유언을 전하며 당부했다.

"너는 아버지를 죽인 원수를 절대로 잊지 말아야 한다!"

합려가 죽은 후 새로운 오나라의 왕으로 부차가 즉위했으며 여전히 오자서를 상국相國으로 삼았다. 그는 부친의 유언을 잊지 않고 그 원수를 갚으려고 결심했기 때문에 매일같이 잠자리에서 일어나기 전 수하를 시켜 이렇게 외치게 했다.

"부차, 너는 월나라 국왕이 너의 부친을 죽인 것을 잊었는가?"

부차는 자신의 부하가 날마다 외쳐대는 소리를 들을 때마다 눈물을 흘리며 말했다.

"어찌 그 날의 비통함을 잊을 수 있사오리까!"

밥을 먹을 때와 취침할 때에도 이런 문답을 한 번씩 했다. 그는 오자서에게 수병의 조련을 명하고 자신은 육지에서 병사와 전차를 조련하며 밤낮으로 월나라 정벌의 기회를 노리고 있었다.

기원전 494년, 월왕 구천은 오나라의 부차가 밤낮으로 군사를 조련하는 목적이 아버지의 원수를 갚으려는 것임을 듣게 되자, 지난번의 작전 경험을 이용해 선제공격을 계획했다.

그러나 대부 범려는 지난번과는 다르다고 하며 이렇게 권유했다.

"이렇게 해서는 안 됩니다. 제가 듣건대 병기는 길하지 못한 물건이고, 전쟁은 도덕에 위배되고, 다툼은 가장 하급의 일이라고 합니다. 도덕을 위배하고, 흉기를 즐겨 사용하고, 하급의 일을 하는 것은 하늘도 금지하는 것이므로 출병은 길하지 못합니다."

구천은 그의 말을 대수롭지 않게 여기고 귀찮게 생각했다.

"나의 결심은 이미 정해진 것입니다."

결국 그는 군대를 일으켜 오나라를 공격했다. 하지만 이 전투에서 구천은 오나라에 대패했다. 구천은 부차에게 사신을 파견해 화친을 구했다. 사신 문종文鍾은 월나라의 수도 회계會稽로 돌아와 경과를 보고했다.

구천은 내심 크게 참회하면서 국도國都에 있는 백성들에게 용서를 구했다.

"과인은 힘이 모자라는 것을 몰랐으니, 이 때문에 백성들의 시신을 들에 널리게 했습니다. 이는 과인의 죄이니, 과인은 죄를 바로잡을 것을 빕니다."

그는 죽은 자를 묻고 부상자를 방문하며 민심을 위로했다. 이어서 그는 처자식을 데리고 오나라로 건너가 부차의 신하가 되고자 했다.

출발에 앞서 구천은 모든 신하들을 불러모아 나라의 후사를 논의했는데, 신하들의 고통스러운 심정은 이루 말할 나위도 없었다. 신하들은 너나없이 편안한 마음으로 오나라에 가라고 권유했으며, 자신들은 월나라를 잘 다스리면서 앞으로의 복수를 꾀하겠다고 했다. 구천은 문종에게 자기를 수행하게 하고 범려는 국내에 남을 것을 요구했다.

그러나 범려는 이렇게 말했다.

"국내에서 백성의 일을 관리하는 일은 제가 문종보다 못하지만, 국외에서 적들을 대적하며 시의적절한 결단을 내릴 때는 문종이 저보다 못합니다."

구천은 범려의 말에 동의했다. 결국 그는 문종에게 나라를 지키게 하고 범려를 통해 자신을 수행하게 했다. 오나라로 떠나는 길에서 그들이 이르는 곳마다 배웅하는 백성들의 울음소리가 멈추지 않았다.

구천 부부와 범려가 오나라의 수도 고소에 이르자, 부차는 그들을 합려의 묘소 옆에 있는 돌집에 머물게 하고 오나라 국왕을 위해 말을 기르게 했다.

이 곳에서 구천은 남루한 나무꾼 차림을 면치 못했다. 구천은 장작을 패고, 풀을 베고, 말들을 길렀다. 그의 처는 물을 긷고 분뇨를 치우고 청소를 하는 등 이들의 고단한 삶은 쉴 사이를 허락하지 않았다.

부차는 그 곳을 방문할 때마다 매번 수레를 타고 갔는데, 늘 구천에게 자신의 말을 끌게 했다. 구천은 이렇게 3년 동안 복역했지만, 원망하는 말 한 마디나 후회하는 기색을 전혀 내보이지 않았다. 더

불어 그는 언제나 조심스럽게 부차의 시중을 들며 모든 일에 순종했다. 부차는 구천 내외가 기꺼이 자기의 시중을 드는 것을 보자 불쌍한 마음이 들었다.

한편 문종은 늘 사람을 시켜 오나라의 대신 백비에게 선물을 보냄으로써 그가 부차 앞에서 구천을 위해 좋은 말을 하게 했다. 백비는 부차가 구천을 불쌍히 여기자 이렇게 청했다.

"대왕께서 궁핍하고 외로운 사람을 성인의 마음으로 가련히 여겨 주시기 바랍니다."

부차가 백비에게 말했다.

"당신을 위해 그들을 사면하겠소."

부차가 구천을 사면한다는 소식은 곧바로 오자서에게 전해졌다. 오자서는 급히 부차를 찾아가 말했다.

"적국을 점령하고 나면 즉각 멸망시킨다고 들었습니다. 보복의 우려를 없애야 자손들에게 미칠 해를 면하기 때문이죠. 오늘 월나라 국왕을 하루빨리 죽이지 않으면, 훗날 반드시 오나라의 우환이 될 것입니다."

부차는 일리가 있다는 생각이 들어 이 문제를 다시 숙고하기로 했다.

그러던 중 부차가 병이 들었다. 그의 병세는 호전될 기미 없이 석 달의 시간이 흘렀다. 부차에게 병문안을 가기로 결심한 구천은 범려에게 부차의 병세를 예측하게 했다. 범려가 말했다.

"오왕은 죽지 않을 것입니다. 기사ㄹㅌ일이 되면 병이 나을 터이니,

대왕께선 언행을 조심하시기 바랍니다."

구천은 어떻게 하면 좋을지 몰라 계속 범려에게 자문을 구했다.

"내가 위험 속에서도 목숨을 보전할 수 있었던 것은 모두 당신의 생각을 따랐기 때문입니다. 지금 무엇을 해야 하고 무엇을 금해야 하는지, 오직 당신의 책략을 따를 뿐이오."

범례가 계책을 내놓았다.

"제가 보건대 오나라 국왕은 약속을 잘 지키는 사람이 아닙니다. 그는 몇 번이나 대왕의 사면을 말했으나 집행하지는 않았습니다. 대왕께서는 문병을 가시어 그의 대변을 맛보고 그의 안색을 살펴본 후 그가 곧 완쾌할 것이라며 축하를 올리기 바랍니다. 훗날 대왕의 말이 현실로 나타나면 신임을 받게 될 터이니, 그렇다면 다시 무엇을 근심한단 말입니까?"

이튿 날 구천은 오나라 국왕에게 병문안을 갔다. 백비는 구천을 데리고 부차의 침실로 들어갔는데, 마침 부차가 대변을 보려고 했다. 구천이 급히 다가가서 부차를 부축하자, 부차는 구천에게 침실에서 나가라고 말했다. 그러자 구천이 말했다.

"아비에게 병이 있는데 아들이 어찌 시중 들지 않으며, 대왕에게 병이 있는데 신하가 어찌 시중 들지 않겠습니까? 그리고 저에겐 작은 경험이 있사오니, 대변을 통해 대왕의 증세를 알 수 있습니다."

부차는 더 이상 거절하지 않았다. 부차가 용변을 보자 구천은 즉각 손으로 부차의 대변을 맛보고 나서 이렇게 말했다.

"죄가 많은 신하 구천이 대왕에게 축하드립니다. 대왕께서는 며칠

이 지나면 병이 나을 수 있습니다."

부차가 구체적인 원인을 알려고 하자, 구천이 대답했다.

"대변은 오곡의 맛을 따르는 법입니다. 따라서 절기를 거스르면 죽고 절기를 따르면 삽니다. 오늘 신하가 대왕의 대변을 맛보았는데 맛이 쓰고 시큼했습니다. 이런 맛은 봄과 여름의 기氣에 응한 것이라 제가 알게 된 것입니다."

부차는 그의 말을 듣고 감동했다.

"인과 의를 갖춘 사람이로다!"

구천이 계속해서 시중을 들자, 부차는 미안한 생각이 들었다.

"내 병이 나으면 당신을 돌려보내겠소."

구천이 늘 정성을 다해 부차의 시중을 들고, 또 백비가 월나라 정세가 안정되어 반역의 조짐은 없다고 보고하자, 부차는 구천의 위협은 더 이상 없다고 판단해 그를 돌려보내기로 결심했다.

기원전 491년, 부차는 친히 구천 부부를 배웅했다. 구천 부부는 오나라 국왕에게 사의를 표하고 수레에 올랐다. 범려가 수레를 몰고 고소를 떠나 월나라에 돌아갔는데, 귀국 후 구천은 와신상담하며 월나라의 부흥을 꾀했다. 결국 그는 오나라 대군이 북벌에 나선 틈을 타 오나라를 멸하고 패주가 되었다.

●●● 다른 사람의 처마 밑에서 어찌 머리를 숙이지 않으랴

구천이 와신상담한 얘기는 예로부터 참을성, 즉 인내와 관련한 모범적

본보기로 통한다. 이 얘기는 많은 사람들에게 다음과 같은 깨우침을 전하고 있다. 자신의 목숨이 다른 사람의 수중에 놓였을 때 무엇보다 중요한 것은 목숨을 보존하는 일이다. 일단 살아남아야 희망이 있다. 그렇지 않고 죽는다면 모든 것이 사라지고 만다.

가난한 집안 출신인 한신韓信은 농사나 장사를 할 줄 몰랐으며, 자신의 생계를 꾸리는 일도 변변치 못했다. 그는 늘 배고픔에 시달렸으며 다른 사람의 집에서 끼니를 때우곤 했다. 그가 고향에 있을 당시 정장亭長의 집에서 수 개월 동안 밥을 얻어먹은 일이 있었다. 정장의 아내는 그런 한신이 몹시 못마땅했다. 그래서 그녀는 날마다 아침 일찍 밥을 먹어치우고, 한신이 도착했을 때는 밥상을 내놓지 않았다. 나중에 이 사실을 알게 된 한신은 크게 노하며 정장과의 왕래를 끊었다.

일찍이 한신은 회하淮河 기슭에서 고기를 낚았는데, 어떤 날은 하

*한신韓信 한漢나라 유방의 공신

루가 다 지나도록 밥 한 끼도 먹지 못했다. 강가에서 빨래를 하던 한 여인이 굶주린 한신의 얼굴을 보고 수십일 동안 밥을 갖다 주었다.

한신이 여인에게 감사를 표했다.

"앞으로 크게 보답하겠소."

그러나 여인은 화를 내며 말했다.

"대장부가 제몸 하나를 먹여살리지 못하다니…. 그저 당신이 불쌍해서 밥을 주었을 뿐이오. 내가 그대에게 무슨 덕을 바라겠소?"

회음淮陰 거리에는 한신을 업신여기는 백정이 있었다. 어느 날 그가 마음 속으로 작정을 하고 한신에게 큰 모욕을 주었다.

"너는 키도 크고 큰 칼도 차고 있지만 빈껍데기야. 담력이 아주 작거든."

그리고 그 백정은 많은 사람들 앞에서 또 이렇게 말했다.

"네가 만일 담이 크다면 칼로 나를 찔러 죽여라! 그러나 죽음이 두렵다면 내 사타구니 아래로 기어가라!"

한신은 그를 한참 주시하다가 허리를 굽혀 백정의 사타구니 사이를 기어서 지나갔다. 이 장면을 목격한 모든 사람들은 한신을 겁쟁이라고 비웃었다.

훗날 유방劉邦에 의해 초왕楚王으로 봉해진 한신이 금의환향해서 특별히 그 백정을 불러들였다. 그리고 초나라 군대의 중위中尉로 봉하고 여러 장수들에게 다음과 같이 말했다.

"이 사람도 용사라네. 나를 모욕할 때 내가 자신을 죽일까봐 어찌 두려워하지 않았겠는가? 하지만 이자를 죽인들 아무런 의미가 없었지. 그래서 모욕을 참았고 결국 오늘날의 내가 있게 된 것이오.”

이를 통해 한신이 ‘필부처럼 모욕을 당하더라도 인내로써 그 화를 참아내며 쉽게 검을 뽑아들지 않는다’ 는 것을 알 수 있다.

한신의 행위는 후세 사람들의 칭송을 받았으며, 사람들은 특별히 그 곳에 다리를 세워 ‘사타구니 아래의 다리’ 라고 기념했다.

한신은 비록 가난했지만 어릴 때부터 큰 포부를 갖고 많은 책을 탐독했다. 사마천은 일찍이 《회음후淮陰候 열전列傳》을 집필하기 위해 회음을 방문한 적이 있었다. 회음 사람들은 한신이 어릴 때 비록 가난했지만 그가 지니고 있던 원대한 포부는 보통사람들과 사뭇 달랐다고 사마천에게 들려주었다. 한신의 모친이 사망했을 때 집안 형편이 너무 힘들어 묘소를 만들 수 없었다. 그러나 한신은 크고 넓은 지역을 찾아다녔는데, 그가 눈여겨본 곳은 1만 가구를 수용할 수 있는 넓은 지역이었다. 사마천은 친히 그 곳을 찾아보았다. 과연 회음 사람들이 전한 얘기와 똑같았다.

한신이 가난에 허덕이고 있을 당시 항우가 진나라에 반기를 들고 초회왕楚懷王을 옹립해 사수泗水를 건넜다. 한신은 검을 들고 항우를 찾아갔다. 항우는 한신의 외모가 마음에 들지 않아 그를 수하에 두려고 하지 않았다.

범증范增이 급히 말했다.

“한신은 생김새가 수척하지만, 속에는 너그러움과 온화함을 지니고 있습니다. 이미 만났으니 남겨두는 게 마땅한 줄 압니다. 그렇지 않고 현인의 길을 막으면 여러 모로 불편할까 두렵습니다.”

썩 내키지는 않았지만 항우는 한신을 집극執戟 낭중郎中으로 있게
했다. 그 자리는 경호대 수령 정도의 낮은 직급이었다. 한신은 자신이
중용되지 못하자 속으로 울분을 삼켜야 했다. 결국 항우의 휘하에서
뜻을 이루지 못한 한신은 장량張良의 추천으로 유방을 찾아가 일대 명
장이 되었다.

●●● 어찌 소인과 식견을 같이 하랴

참을성이 부족한 사람은 결코 큰 인물이 될 수 없다. 참을성으로부터 흉
금의 크고 작음과 포부의 크고 작음을 알 수 있다. 많은 인내와 양보는
성공과 정비례한다. 한신은 사타구니 밑을 기어서 모욕을 당할지언정
백정과 겨루려고 하지 않았다. 그가 백정과 다투는 것을 피했던 것은 마
음 속에 원대한 포부를 지니고 있었기 때문이다. 어찌 거리의 불량배 때
문에 큰 일을 망칠 수 있단 말인가.

사마의의 기인氣忍

대승을 위해 분을 참다

태화太和 4년(230년), 위魏나라 조정은 사마의司馬懿를 대도독大都督으로 삼고 조진曹眞과 함께 한중漢中을 직접 공격하라고 명령했다. 사마의는 서성西城 작산斫山으로부터 길을 열어 수륙으로 병진했다. 급하고 맹렬한 맹달孟達에 비해 사마의의 책략은 제갈량諸葛亮과 맞설 때 태산처럼 흔들림이 없었다. 그는 조심스럽게 일을 처리하고 신중하게 대항했다.

제갈량은 촉나라 승상의 위치에서 한나라 왕실을 부흥하는 데 뜻을 두었다. 그는 충분한 준비를 거친 후 건흥健興 5년(226년) 후주後主

*사마의 司馬懿(179~251) 서진西晉 왕조의 창시자

에게 글을 올리고 북벌에 나섰다.

제갈량과 처음으로 대항한 위나라의 선봉장은 대장군 조진이었다. 그러나 그는 얼마 지나지 않아 낙양洛陽에서 병에 걸려 죽었다. 위명제魏明帝 태화 5년, 제갈량은 천수天水로 진군해 위나라의 장군 가사賈嗣, 위평魏平을 기산祁山에서 포위했다. 이 때 사마의는 형주荊州의 도독으로 완성宛城을 지키고 있었다.

사마의가 조정에 들어갔을 때 위명제가 그에게 부탁했다.

"서쪽 변방의 상황이 어렵습니다. 이번 전쟁은 전체적인 국면에 관계되는 만큼 아주 중요한데, 공이 아니라면 이 난국을 헤쳐나갈 수 없소. 부디 이 일을 맡아주시오!"

위명제는 사마의를 장안에 파견해 옹雍, 량凉 두 주의 모든 군사를 맡아보는 도독으로 삼았다. 사마의는 장합張郃, 비요費曜, 대릉戴凌, 곽준郭俊 등을 통솔해 제갈량과 대항했다. 사마의는 명령을 받고 한양漢陽으로 진주進駐해서 제갈량과 조우했다. 얼마 후 쌍방이 서로 교전을 벌였는데, 촉나라 군대는 군량이 부족해지자 결국 철수하기에 이른다. 위나라 군대는 촉나라의 뒤를 추격해 1만 명 정도를 죽이거나 포로로 삼았다.

이 때 위나라의 군사軍師 두습杜襲, 독군督軍 설제薛悌 등은 내년도 밀이 익을 때쯤에야 비로소 제갈량의 군대가 다시 위나라를 침범할 것이라고 예상했다. 그들은 겨울 동안에 식량을 농우로 운반해야 한다고 말했지만, 사마의의 생각은 달랐다.

"제갈량이 재차 기산으로 진격해 진창陳倉을 공격했지만 패하여 돌

아갔소. 다시 군사를 일으킨다면 성을 공격하는 것이 아니라 밖에서
싸움을 걸어올 것이오. 그러니 필시 농우의 동쪽에 있을 것이며 서쪽
에 있지는 않을 것이오. 제갈량은 군량이 부족한 것이 언제나 패인이
었기 때문에 이번엔 반드시 식량을 축적할 것이니, 내 생각엔 밀을 세
번 거두기 전에는 군사를 움직이지 않을 것이오.”

사마의의 예견은 정확했다. 제갈량은 과연 3년 청룡靑龍 5년(234년)
에 큰 군사를 일으켰다. 그가 선택한 출병 장소는 농우의 동쪽에 있었
고 전쟁을 치르는 방법도 주로 야전野戰이었으니, 과연 사마의의 짐
작에서 벗어나지 않았다.

충분한 준비를 마친 제갈량은 10만 대군을 이끌고 사곡斜谷을 빠져
나와 위수渭水 남원南原에 야영했다. 상황이 급박하게 전개되자 위명
제는 너무나 걱정된 나머지 다시 정촉호군征蜀護軍 진랑秦朗이 인솔한
보병과 기병 2만 명을 증파해 사마의의 지휘 아래 두었다. 사마의는
위수를 건너 물을 등지고 군영을 세웠으며, 장군 주당周當을 양수陽遂
에 주둔케 했다. 그리고 호준胡遵, 옹주雍州 자사刺史 곽회郭淮 등의 장
수를 파견해 촉나라 군대와 적석積石에서 대치하게 하고 남원南原으
로 접근해 전투를 벌였다. 제갈량은 더 이상 전진할 수 없게 되자 하
는 수 없이 오장원五丈原으로 물러갔다. 사마의는 기병奇兵으로 촉나
라 군대를 공격해 촉의 군졸 500여 명을 베고 1,000여 명을 포로로
삼았다. 비록 작은 교전은 있었지만, 위나라 군대는 전략적으로 촉나
라 군대와 큰 싸움을 피했다.

제갈량이 이끄는 촉나라의 대군은 본국과의 거리가 매우 멀었다.

촉도蜀道의 험난함은 하늘에 오르는 것보다 어려웠으니, 10만 대군의 군수품 보급은 힘든 일이었다. 촉나라는 비교적 작은 나라였기 때문에 경제가 발전하지 못했고 인력도 넉넉하지 못했다. 비록 총력을 기울여 위나라와 전쟁을 벌였지만, 오랫동안 소모전을 치를 수는 없었기 때문에 전쟁에서 이기기 위해서는 속전속결의 전략을 구사해야 했다. 그러나 위나라는 대국이었고 인력과 물자가 풍부했다. 또한 위수 평원과 멀지 않은 곳에서 전쟁이 벌어졌기 때문에 물자의 공급과 보급이 수월했다. 즉 쉬면서 힘을 비축했다가 피로한 적군과 맞서 싸우는 입장이었다. 괜한 결전의 모험을 감행할 필요가 없었다. 가장 효과적인 전략은 적군을 피곤하게 만드는 것이었고, 위나라의 조정은 사마의에게 거듭 신중함을 당부했다. 사마의의 전략은 촉나라와 오랫동안 대치하면서 그들의 변화를 기다리는 것이었다.

사마의는 책략이 깊은 인물인지라 '신중한' 전략의 중요성을 누구보다 잘 알고 있었다. 제갈량이 거듭 전쟁을 유도했지만, 사마의는 부하들에게 엄명을 내려 응전하지 말도록 했다. 그러자 제갈량은 사마의에게 아녀자의 옷과 장식품을 보내어 그를 담이 작은 여자라고 비웃었다. 제갈량은 견디기 어려운 모욕과 강한 자극으로 사마의의 분노를 유발해 그를 출전시키고자 했다.

위나라 군의 장수들은 자신의 주장主將이 모욕을 당하자 크게 분노하며 저마다 출전할 것을 요구했다.

심지어 일부 장수들은 사마의를 이렇게 비판했다.

"공은 촉나라를 호랑이처럼 무서워하니, 천하의 웃음을 살까 두렵지 않습니까!"

그러나 사마의는 제갈량의 속셈을 잘 알고 있었기 때문에 제갈량의 계략에 호락호락 넘어가지 않았다. 적이 바라는 대로 출병하지 않았고, 오히려 모욕을 참고 마음을 가라앉히며 촉나라 사신에게 물었다.

"제갈 선생은 요즘 기거가 어떠합니까? 하루에 식사를 몇 번 합니까?"

촉나라의 사신이 솔직히 대답했다.

"겨우 서너 홉 먹습니다."

사신은 자신도 모르게 중대한 기밀을 누설한 것이다. 사마의는 거듭 제갈량의 일상적인 정사처리 상황을 묻자, 사신이 대답했다.

"제갈 선생은 이른 새벽에 일어나 밤늦게까지 일하며, 곤장 20대 이상의 처벌은 직접 시행합니다."

사신은 흠모의 심정으로 나라를 위해 모든 일을 직접 처리하는 제갈량의 덕을 찬미했다. 그러나 이것은 사마의에게 중요한 정보를 제공한 셈이었다.

사마의는 장수들을 불러놓고 이렇게 말했다.

"식사는 적게 하고 일은 그칠 새가 없으니, 사람이 어찌 감당하겠는가? 제갈량은 오래 살지 못하고 금방 죽을 것이오."

사마의는 속으로 매우 기뻐하며 기꺼이 굴욕을 감내했다. 그는 제갈량이 보낸 아녀자 옷과 장식품을 받았고 예의를 다해서 촉나라 사신을 배웅했다. 그러나 격분한 장수들 앞에서 당당한 위나라 군대의 총수가 어찌 비굴함과 나약함을 나타내겠는가. 사마의는 제갈량의 행위에 격노한 척하며 조정에 글을 올려 결전을 청했다.

위제魏帝는 이상한 생각이 들어 측근에게 이유를 물었다.

모사謀士들은 사마의가 제갈량과 결전하려는 것이 아니라 임금의 입을 빌려 장수들의 입을 막으려는 것이라고 대답했다. 위제는 사마의의 계략이 담긴 주청을 단호한 토대로 물리쳤다. 또한 위위偉尉, 신비辛毗를 군사軍師로 파견해 무모한 결전을 제지 시켰다.

그 후 촉나라 군대가 결전을 유도하자 사마의는 또 거짓으로 응전하려 했다. 신비는 손에 부절符節(왕의 군령이 적힌 증표—옮긴이) 지팡이를 들고 군문을 지키고 막아서며 출전을 허락하지 않았다. 그 때서야 사마의는 출전을 그만두었다.

촉나라 군의 대장 강유姜維는 신비가 왔다는 소식을 듣자 근심이 생겨 제갈량에게 말했다. "신비가 부절을 들고 왔으니, 위나라 군대는 출전하지 않을 것입니다."

제갈량이 말했다.

"사마의는 원래 출전할 마음이 없소. 그래서 거짓으로 출전을 청하고 장수들 앞에서 위세를 뽐내는 척하는 것입니다. 몸이 군중軍中에 있을 때는 굳이 왕의 명령을 받지 않아도 됩니다. 우리 군대를 이길 수 있다면, 그가 어찌 천리 밖에서 싸울 것을 왕에게 청하고 시기를 늦추겠습니까."

강유는 탄복했다.

"승상께서 제대로 보셨습니다! 사마의의 마음을 꿰뚫은 것처럼 아주 똑똑하게 보셨습니다!"

이처럼 사마의는 적들을 묶어둔 채 싸우지 않는 신중한 전략을 펼쳤다. 그의 동생이 편지를 보내어 군사적인 상황을 물었을 때, 다음과 같이 회답했다.

"제갈량이 비록 군사 10만 명을 거느렸지만 나의 덫에 걸렸다. 촉나라 군대가 대패하는 날이 멀지 않았다."

사마의가 촉나라 군대와 싸움을 피하고 대치한 지 100여 일 후, 사마의의 예견대로 제갈량은 병으로 죽었다. 촉나라 장군 양의楊儀 등은 군사를 정돈해 물러갔으며, 백성들은 이 소식을 사마의에게 알렸다. 사마의는 급히 군대를 인솔해 추격했다. 그러나 강유가 양의를 시켜 깃발을 들고 북을 치며 반격하는 모양새를 취하자, 사마의는 제갈량의 죽음이 거짓일까 두려워 감히 추격하지 못하고 군대를 철수했다. 양의는 좀더 안전한 지대에 들어선 후에 비로소 제갈량의 장례를 지냈다. 위나라 군은 촉나라 군대가 물러간 후에 그들이 머물던 군영지와 숙영지를 살펴보면서 군량, 군사 문서, 책들이 어지럽게 버려진 것을 발견했으며, 그제서야 제갈량이 정말로 사망했고 촉나라 군의 철수는 자신들을 유인하기 위한 계책이 아니라는 것을 알았다.

백성들은 사마의를 이렇게 비웃었다.

"죽은 제갈량이 살아 있는 중달仲達(사마의의 호)보다 낫다."

사마의는 이 말을 듣고 스스로를 비웃었다.

"내가 산 사람을 알 수는 있어도 죽은 사람은 알지 못했구나!"

그러나 위나라가 책략이 깊은 사마의를 통수권자로 삼지 않았다면, 제갈량의 10만 대군을 물리치기란 실로 어려웠을 것이다.

●●● 성사成事의 크고 작음은 도량을 보아야 한다

사마의는 삼국시대 당시 책략이 깊은 인물 중 하나다. 그가 굴욕을 참으면서 제갈량의 계략에 빠지지 않은 것을 볼 때 상당히 무서운 적수라는 것을 알 수 있다. 당시의 영웅들은 스스로 참지 못하는 경우가 있었다. 그러나 사마의는 어떤 경우든 상황이 요구한다면 모두 참을 수 있었다. 이 때문에 그는 치열하게 전개되었던 삼국 분쟁에서 최후의 승자가 될 수 있었다.

이세민은 중국 역사에서 명철한 황제로 이름이 높다. 그는 인재를 알아보고 기용하는 데 능했으며, 간언을 잘 받아들여 자신의 잘못을 고치는 것으로 후세에 이름을 남겼다. 유리한 국면을 위해 오랑캐의 나라에 신하로 칭하며 몸을 낮춰 공물까지 바친 그의 인내는 세상 사람들이 배워야 할 바다.

이세민은 자신보다 상대적으로 강했던 돌궐족과의 관계에서 과감하게 몸을 낮추는 자세를 보였다. 그는 북방의 돌궐족과 영합迎合하는 정책을 취했다. 즉 돌궐의 가한可汗에게 스스로 신하로 칭하며 공물을 바쳤던 것이다. 이는 당나라가 돌궐의 지지를 얻게 되어 전쟁에서 승리를 거두고, 아울러 당나라 왕조가 전국을 통일하는 데 중요한 계기로 작용했다.

돌궐은 북방민족이다. 남북조南北朝 시대 때 점차 번성해 수십만 명에 달하는 군대를 보유할 정도가 되었다. 수隋나라 초년 돌궐족 내부에 분열이 일자 집권자들의 세력이 동서로 갈렸다. 그 중 동돌궐은 수나라 군대에 패하는 바람에 수문제隋文帝에게 신하로 칭하며 해마다 조공을 바쳤고, 서돌궐은 내부에서 동란이 일어나 쇠퇴했다. 수나라 말엽 천하가 크게 어지러울 때 동서의 두 돌궐 부족은 다시 일어났다. 그들의 세력은 빠르게 발전해 막북漠北에 할거하면서 서역西域을 통제했으며, 심지어 중원 지역에서도 무시할 수 없는 위협을 가할 정도의 강한 세력으로 성장했다.

돌궐의 쇠퇴와 부흥에 대해 당나라의 사학자 두오杜佑는 그의 저서 《통전通典》에 이렇게 기록했다.

"돌궐은 훨씬 더 강성했다. 설거薛擧, 두건덕竇建德, 왕세충王世充, 유무주劉武周, 양사도梁師都, 이궤李軌, 고개도高開導 등의 무리들은 비록 제왕의 존호를 참칭했지만, 북쪽에 대해서는 모두 신하로 몸을 낮추며 돌궐의 가한에게 호號를 받았다. 동쪽으로는 거란契丹, 서쪽으로는 토곡혼吐谷渾, 고창高昌 등의 나라도 모두 신하로 칭했다. 대당大唐은 태원太原에서 기의起義하였지만, 유문정劉文靜을 시켜 선물을 갖고 돌궐에 찾아가 지원을 얻도록 했다."

이는 당시 돌궐족의 강대함에 대해 서술했을 뿐만 아니라, 이연李淵이 진양晉陽에서 군사를 일으키기 전 유문정을 돌궐에 보내서 많은 선물로 우호를 표시하게 했다는 것이다. 그러나 실제로는 신하로 굴

복하는 일과 돌궐의 지지와 원조를 얻어내고자 했다는 사실을 언급하
고 있다.

기록에 따르면, 이연이 군사를 일으키기 전 돌궐 군대는 갑자기 진
양을 공격해 한바탕 약탈하고 돌아갔다. 돌궐의 습격은 이연과 이세
민 부자에게 돌궐과의 관계를 잘 처리하지 않으면 이제 막 일어난 자
신의 세력에 크게 위협이 된다는 것을 인식하게 했다.

돌궐의 위협을 해소하기 위해서 이연 부자는 심복이었던 유문정과
상의했다. 이연이 직접 돌궐의 시필가한始畢可汗에게 아첨하는 언사
로 꾸민 서한을 썼다. 그들은 또 유문정으로 하여금 많은 선물을 갖고
돌궐과 담판하게 했다.

유문정이 돌궐에 도착하자 시필가한이 물었다.

"당공唐公(이연)이 거사한다는데 오늘은 웬일입니까?"

유문정이 대답했다.

"황제가 직계 혈통을 폐하고 후주後主에게 자리를 물리니 난이 일
어났습니다. 당공은 나라의 가까운 친척이었기에 그냥 앉아서만 볼
수 없었습니다. 이에 의군을 일으켜 양광楊廣을 축출하고자 합니다.
가한의 병마와 함께 경사京師에 들어가, 사람들과 토지는 당공에 돌
리고 재물과 보배는 돌궐에 귀속시키려고 합니다."

시필가한은 유문정의 말을 듣고 크게 기뻐했다. 그는 곧바로 대장
군 강초리에게 2,000명의 기병을 내주고 유문정을 따라 태원에 가도
록 했으며, 아울러 전마 1,000필을 보내 우호를 표시했다.

이세민은 재물을 탐하는 가한의 약점을 간파했기 때문에 경사를

공략한 후 모든 재물을 그의 소유로 하겠다고 약속한 것이다. 비록 이세민 부자가 돌궐의 신하로 굴복을 표시했지만, 진정으로 원했던 목적을 달성함으로써 천하를 얻을 때 돌궐의 위협을 해소했다. 이연과 이세민은 유문정이 사명을 완수하고 태원으로 돌아오자 매우 기뻐했다.

"만일 선생이 언사에 능하지 않았다면, 어찌 이런 수확이 있을 수 있겠습니까?"

실제로 시필가한이 강초리를 보내서 이연의 군대를 지원한 것은 고작 2,000명에 불과했다. 비록 보잘것 없는 소수의 병력이지만, 돌궐에게 받을 수 있는 위해危害를 사전에 방지했다는 점에서 커다란 성과를 거둔 것이다. 즉 이연과 이세민이 돌궐에게 몸을 낮춘 이유는 금방 걸음마를 뗀 자신의 세력을 지키기 위한 것이었다.

이연의 세력이 점점 확장되자 돌궐의 욕심도 차츰 커졌다. 시필가한은 늘 여러 가지 구실을 삼아 이연에게 공물을 요구했다.

이연이 즉위하기 전후에 공물을 바친 것은 이루 헤아릴 수 없었다. 시필가한은 스스로 공이 크다고 생각하기 때문에 돌궐의 사신이 장안에 올 때마다 횡포를 부리고 무례하게 굴었다. 고조는 중원이 아직 평정되지 않았기 때문에 매번 이를 묵과했다.

이른바 '묵과'는 실제로 자신의 실력이 돌궐보다 못했기 때문에 부득이 상대의 탐욕을 만족시켜 주었으며, 돌궐의 무리한 각종 요구에 감히 맞서지 못했다는 것을 말한다.

당고조 무덕武德 2년(619년) 2월, 돌궐의 시필가한이 사망했다. 이연은 다음과 같이 애도를 표했다.

"시필(시필가한)을 애도하기 위해서 조정의 일을 삼일 동안 보지 않고, 백관을 불러 관館에 가서 조문하게 했고, 또 내사內史 사인舍人 정덕정鄭德挺을 시켜 처라가한處羅可汗에게 조문하러 가게 했으며, 물건 3만 단段을 보냈다."

이것은 왕이 죽었을 때 백관을 불러서 조문하는 성대한 예절이었다. 그러나 이연과 이세민 부자는 여전히 실력이 부족했기 때문에 돌궐을 안심시킬 필요가 있었다. 새로운 돌궐 통치자와 좋은 관계를 가질 필요가 있었던 것이다. '세력을 참는' 이런 책략은 당시의 상황을 고려해 볼 때 정확한 선택이었다.

무덕 4년(621년)전까지 당나라는 돌궐과 줄곧 군신관계를 유지하고 있었다. 설사 돌궐 군대가 각 변방의 군郡에 가서 약탈을 해도 당나라 군대는 감히 어쩌지 못했다. 무덕 3년(620년), 돌궐의 처라가한은 군대를 인솔해 이세민을 도와 유무주를 쳤다. 그가 병주幷州 성에 이르자, 병주 총관 이중문李仲文이 성문을 열고 영접했다. 처라가한은 성안에 사흘 동안 머물렀는데, 돌궐 병사들은 성내에서 제멋대로 여자들을 빼앗았다. 그러나 이중문은 어쩔 수 없었다. 그 해 가을 처라가한이 사망하자, 당고조 이연은 여전히 신하의 예를 갖추어 조상했으며, 백관을 불러 그 사절에게 조문하게 했다.

그러나 돌궐의 신하 노릇도 마침내 정관 3년 후부터 바뀌기 시작했다. 이 때 당나라 군대의 작전능력은 크게 향상되었다. 군사력도 확충되고 병력도 늘어났다. 이와 반대로 돌궐의 세력은 점차 쇠퇴해 일부

속국들이 일어나 저항했다. 돌궐의 상층부에도 분열이 생겨 당나라에게 유리한 정세로 변해갔다. 정관 3년(629년), 이세민은 모든 준비를 갖춘 후 돌궐을 공격해 마침내 승리를 거두었다.

승전보가 전해오자, 이세민은 매우 기뻐하며 군대를 인솔한 장수 이정李靖을 칭찬했다.

"기병 3,000명으로 오랑캐를 피로 물들이고 정양定襄을 취하니 옛날에 없던 일이로다! 이로써 짐은 위수渭水의 치욕을 씻었노라!"

얼마 후 당나라 군대는 힐리가한을 사로잡아 결정적인 승리를 거두었다.

돌궐을 패배시킨 이세민은 기쁨을 감추지 못하고 옆에 있는 신하에게 말했다.

"짐이 듣건대 '임금의 근심은 신하의 모욕이며, 임금이 모욕을 당하면 신하는 죽어야 한다'고 했습니다. 예전에 나라를 세울 때 태상황(이연)은 강적을 물리칠 국력이 없었기 때문에 돌궐의 신하로 칭했는데, 짐은 정말로 마음이 아팠습니다."

그 후 반년이 지나지 않아 당나라 군대는 돌궐을 평정했다. 이세민은 조서를 내려 서쪽으로는 음산陰山, 북으로는 사막에 이르는 광활한 지역을 대당大唐의 판도에 넣었다.

정관 5년(631년), 이세민은 돌궐을 평정한 공을 기념하기 위해 양의전兩儀殿에서 문무 신하들에게 큰 연회를 베풀었다. 수 년 동안 '세력을 참음'으로써 이세민은 마침내 돌궐이라는 후환을 없애고 오랫동안 돌궐의 신하로 자칭했던 치욕을 말끔히 씻게 되었다. 아울러 이를 통해 '참을성'을 잘 사용하는 제왕이 되었다.

●●● 신하로 칭하고 공물을 바친들 또한 어떠하리오

이른바 '세력을 참는다'는 것은 상황이 불리할 때 모욕을 참고 실력을
비축했다가 때가 차면 적을 멸하고 자기 목적을 실현한다는 뜻이다. 이
세민은 아버지 당고조唐高祖를 도와 수나라에 맞섰다. 처음에는 동돌궐
의 신하로 몸을 낮추면서 공물을 바치는 것도 꺼리지 않았다. 이 때문에
그는 동돌궐의 강력한 지지를 얻을 수 있었다. 그러나 기반을 닦아 자신
의 세력을 확보한 후에는 동돌궐에 강경한 정책을 취했고 급기야 이 강
한 적수를 정복했다.

감성에 귀 기울이는 기업

요즘처럼 '감성'이란 단어가 사회의 화두가 된 적은 없었다. 아마도 획일화된 목표와 객관성을 중심으로 흐르던 생각들이 창의성과 개성이 중시되는 방향으로 변했기 때문에 생겨난 것이다. 이제 좋은 품질과 저렴한 노동력을 바탕으로 물건을 만들어 팔던 시대는 지났다. 소비자에게 깊은 감동을 제공하는 기업들이 각광받고 있다. CEO의 자질이나 인물 됨의 평가 기준도 변하기는 마찬가지다. 소비자의 감성과 느낌을 제대로 읽어낼 줄 아는 CEO가 능력의 기준이 되었다. 이처럼 고객을 감동시키고 그들의 감성을 읽어내는 시도를 게을리 하지 않는 기업들이 성공하고 있다.

따라서 기업과 리더들은 '감성경영'에 주목한다. 감성경영의 원리는 인간의 감정을 자극해 어떤 행위로 이어지도록 만드는 것이다. 감성경영은 홍보나 영업 등 기업 운영 전반에 걸쳐 적용할 수 있는 포괄적 의미다. 감성세대를 겨냥하기 위한 방법으로 감성 위주의 경영이 최고의 전략으로 쓰일 수밖에 없다. 어떤 기업에서는 온라인을 통해 적극적인 활동을 벌이는 회원들에게 감사 편지와 케이크를 선물로 보냈다고 한다. 그 결과는 예상했던 것보다 훨씬 만족스러웠다.

케이크는 특별한 날에만 먹는 것으로 생각했던 사람에게 매우 유쾌한 선물로 남을 수 있었던 것이다. 큰 비용을 들이지 않고도 기업의 좋은 이미지를 심는 데 성공한 셈이다. 전례 없이 발전한 인터넷과 첨단 미디어 시대를 살아가는 현대인들은 이런 매개체를 통해 감성의 위용과 파급 효과를 크게 느낀다.

감성경영의 실천은 CEO의 사회적 영향력과 동일시될 전망이다. 그러나 감성경영의 중요한 마인드를 반드시 기억해야 한다. 즉 감성경영의 키워드는 단기적으로 끝나버리는 반짝 이벤트가 아니라 마음에서 우러나 진심이 드러나는 행동, 즉 다른 사람에 대한 배려다.

개원開元 천보天寶 시기는 당나라의 번영기다. 그러나 태평성대 뒤에
는 큰 위기가 숨어 있었으니, 당현종唐玄宗은 공을 세우길 좋아해 사
방을 정벌했다. 또한 변방 장수들에게도 막대한 권력을 주었다. 그 결
과 변방의 절도사들은 점차 특별한 형세를 이루며 권력이 팽창했다.
그 중에서 안록산安祿山은 가장 두드러진 인물이었는데, 그는 천보 10
년(755년) 범양范陽에서 군사를 일으켰다. 기병과 보병을 합한 15만의
군대가 북을 치고 서쪽 장안을 향해 진군했다. 당나라는 오랫동안 태
평한 세월을 보냈기 때문에 사람들은 싸울 줄 몰랐다. 반군은 거침없

*곽자의郭子儀(687~781) 당唐나라 명장

이 공격을 시도해 12월에는 동쪽의 수도인 낙양까지 넘보게 되었다.
이 때 곽자의는 58세의 나이로 장수 이광필李光弼과 음산陰山의 방어
선을 담당하고 있었다. 당나라 군대가 추풍낙엽처럼 힘없이 무너지던
12월, 곽자의는 안록산의 반군을 패배시키며 당나라 군대에 첫 승리
를 안겨준다. 이어서 그는 대군을 지휘해 운중云中을 포위했으며, 군
사를 파견해 경관으로 통하는 길을 열어놓았다. 그리하여 삭방군朔方
軍과 하동군河東軍을 하나로 연합해 놓았다. 이런 전략적 배치는 관중
關中을 공격하려던 반군의 계획을 수포로 돌아가게 하는 결과를 가져
다 주어 당나라에 이로운 국면을 형성케 했다. 이듬해(756년) 3월, 곽
자의는 동쪽 정경井陘으로 출병해 이광필과 군사를 합쳤다. 5월, 곽자
의와 이광필의 군대는 가산嘉山에서 사사명史思明의 9로九路 반군을
대파시켜 전체적인 정세를 당나라에 유리하게 만들었다. 그러나 유리
했던 정세는 당현종의 성급하고 경망스러운 공격으로 오래 가지 못했
다. 그는 동관潼關을 지키고 있는 당나라 군대를 재촉해 적과 싸우게
했다. 그 결과 전군이 전멸했고 장안長安도 잃게 되었다. 결국 당현종
은 사천四川으로 도주했으며, 태자가 군민들의 추대로 관중關中에 남
아 영무靈武로 진주했다. 7월, 태자는 영무에서 황제로 칭했는데, 역
사에서는 그를 숙종肅宗이라고 부른다. 조정이 비록 새롭게 세워졌지
만 군사가 없었다. 이 때 북방의 군진軍鎭에서는 기본적인 삭방군의
편제가 정비돼 있었다. 숙종은 즉각 하북河北 전선의 곽자의와 이광필
에게 명령을 내려 군사를 거느리고 돌아오게 했다. 곽자의는 조서를
받자 곧바로 5만 명의 대군을 인솔해 서쪽으로 출발, 7월 말 영무에

도착했다. 새로운 왕조의 실력과 내실은 차츰 더해갔다.

서경西京을 쟁탈하는 전투는 1년 남짓 일진일퇴의 싸움을 거쳤다. 지덕至德 2년 9월, 곽자의는 15만의 대군을 이끌고 10만의 반군과 장안 서남쪽 향직사香積寺에서 결전을 벌여 대승을 거두고 장안을 되찾았다. 그 해 10월 곽자의는 다시 낙양을 수복했으며 잃었던 하동, 하서, 하남의 각 군도 모두 평정했다. 숙종은 1년 4개월 동안 쫓겨나 있다가 장안으로 돌아와 백성들과 함께 뜨거운 눈물을 흘렸다. 숙종은 곽자의의 개선을 맞이하며 치하의 뜻을 전했다.

"비록 짐의 나라이지만 실제로는 경卿이 다시 만든 것입니다."

큰 공을 세운 곽자의는 사도司徒(정일품)가 되었다.

대공을 세우자 시끄러움도 따랐다. 당나라 왕조가 안사安史의 난亂을 극복하자, 곽자의도 군권을 잡고 나라를 보좌하는 신하가 되었다. 그러나 당시 정황의 변화는 황제와 신하 간의 관계에도 영향을 끼쳤다. 당나라 황제에게는 '속병'이 하나 있었는데, 그것은 바로 황위의 계승권이 고정되어 있지 않다는 것이었다. 태자는 시시각각 폐위되거나 살해될 위험에 처해 있었기 때문에 황제는 늘 이 문제로 시름을 놓을 수 없었으며, 특히 안사의 난 후에는 군권을 잡고 있는 사람들에 대해 여러 가지 견제책을 썼다. 황제는 환관에게 자기의 업무를 대신 처리하게 했다. 그 이유는 환관이 황제 주변에 있어서 통제하기 쉬웠고 또 가노家奴였기 때문이다. 곽자의가에 군권을 맡게 되자 자연스럽게 의심과 시기를 받았고, 때론 환관에게 모욕을 받기도 했다.

참을성에 대해 말하기는 쉬워도 정작 참을성을 필요로 하는 상황에 닥치면, 더욱이 지위가 높고 권력이 클수록 참아내기란 쉽지 않은 일이다. 참을성에는 거짓으로 참는 것과 정말로 참는 것이 있다.

어떤 이의 참을성은 잘 드러내지 않다가 암암리에 힘을 길러 반격을 가한다. 이런 참을성은 가짜 참을성이다. 엎드려 숨는 것은 일시적이고 평생 참는 사람은 없기 때문에 나중에는 뛰쳐나오는 것이다. 그러나 곽자의의 참을성은 진실된 충성심에서 나온 것이다. 이른바 충성이란 임금과 나라에 충성하면서 다른 마음이 없는 것이요, 진실함은 맑고 투명해 잡념이 없는 것을 의미한다. 이 때문에 곽자의는 황제의 명령에 절대적으로 복종했다. 부르면 오고 싫어하면 떠났지만 어떤 원망이나 후회도 없었다.

건원乾元 6년(758년) 9월, 곽자의와 이광필 등 아홉 명의 절도사는 하북의 반군 소굴로 진군했다. 그러나 조정은 통수권자를 두지 않고 환관 어조은魚朝恩을 통해 군을 감찰하는 선위사宣慰使로 삼아 각 군을 통제케 했다. 이 때문에 상주相州 전투에서 당나라군이 패배했다. 어조은은 줄곧 곽자의의 명성을 시기하고 있었다. 그는 이 기회를 틈타 숙종에게 간언했다. 숙종은 삭방군의 지휘관을 바꾸기로 결정하고 곽자의를 조정으로 불러들였다. 조정의 사신이 군중에 와서 숙종의 조서를 읽자, 장수와 병사들은 통곡하며 사절이 탄 말머리를 부여잡고 곽자의가 남기를 바랐다. 곽자의는 거짓으로 "내가 연회를 베풀어 흠차欽差를 배웅하려고 한다"라고 말하고 나서야 말을 타고 떠날 수 있었다.

곽자의는 군권을 박탈당한 후에도 신중하게 일하며 어떤 원망도 하지 않았다. 상원上元 원년(760년) 9월, 숙종은 곽자의를 병마 도통都統으로 임명하고 하북을 수복하고자 했다. 그러나 조서가 내린 10여 일 후 또다시 어조은이 방해를 놓았기 때문에 계획은 실시되지 못했다.

광덕廣德 원년(763년), 토번吐蕃의 군대가 장안을 공격하자, 새로 즉위한 대종代宗이 곽자의를 떠올렸다. 그는 급히 조서를 내려 곽자의를 관내 병마 부원수로 임명했으며, 그에게 함양으로 출병해 토번을 막으라고 했다. 당시 군권을 박탈당한 곽자의는 시를 지으며 집에서 한가로운 생활을 보내고 있었다. 그의 측근과 부하들도 모두 해산된 처지였다. 곽자의는 조서를 받은 후 자신에 대한 나라의 처사에 한 마디 원망도 없었다. 그는 곧바로 수십 명의 기병을 불러모아 장안을 떠나 부임했다. 만일 인내와 양보의 책략을 취하기로 결정했다면, 진정한 참을성에서 출발해야 하며 또 참을 줄 알아야 한다. 여기에도 기교가 있다. 보통사람들의 인내와 양보는 어떤 책략도 찾아보기 힘들다. 평범한 사람들의 인내는 이를 갈며 참는 듯한 느낌을 드러내거나 울분을 삼키며 아무 소리도 못하는 듯한 느낌을 주기도 한다. 그러나 곽자의의 참을성은 자연스럽고 그 어떤 흔적도 없었다.

환관 어조은은 곽자의와 반목하는 사이였다. 어느 해 곽자의 부친의 묘소가 다른 사람에게 파헤쳐졌는데, 그 사건은 곽자의에게 커다란 치욕이었다. 사람들은 어조은이 다른 사람을 시켜서 한 짓이라고 말했으며, 이 때문에 온 조정이 떠들썩했다. 그들은 곽자의가 이 일을 기화로 거친 행동을 할까 근심했고 숙종은 곽자의가 조정에 돌아오자 친히 찾아가 위로했다. 곽자의는 거친 언사나 기색이 전혀 없었을 뿐만 아니라 태연한 모습을 억지로 연출하지도 않았다. 그는 말했다.

"예전에 내가 군사를 엄하게 다스리지 못했나봅니다. 어떤 병사가 은밀히 묘소를 파헤친 것 같으니까요. 이는 하늘이 저에게 경고를 내린 것입니다."

이 몇 마디 말은 잠복해 있던 우환을 없앴다.

학자들은 곽자의의 청빈淸貧과 무욕無慾을 그의 성품 탓으로도 보지만 명철보신의 깊은 의미도 있다고 말한다. 생각해 보라. 공로도 높고, 권력도 크고, 도덕적 결함도 없고, 또 가무와 여색과 도박도 가까이 하지 않는 사람이 신선이나 성인이 아니라면 어찌 무서운 인물이 아니겠는가! 이른바 "왕망王莽이 겸손하고 공손한 것은 찬탈을 하지 않았을 때"와 같을 수도 있다. 애초에 왕망의 아내는 옷차림이 노비처럼 검소해 거짓으로 명예를 낚는다는 눈총을 받지 않았다. 인내와 양보는 자기 성정을 단속하는 것이지만, 그렇다고 지나치게 각박하지 말아야 하며, 되도록이면 자유로워야 한다.

그렇다고 곽자의가 무작정 참고만 있는 사람은 아니다. 그의 인내와 양보에도 한계가 있었고 대상을 가리고 시기를 나누었다. 대종代宗이 다스리던 중·후반기에 환관이 전국의 군대를 감독하고, 또 천자天子의 금병禁兵까지 인솔했다. 그 군사적 권한은 이씨 당나라의 선례를 깨뜨린 것이었다. 황제는 점차 환관 수중의 꼭두각시가 되었다. 급기야 황제였던 대종도 어조은의 전권專權을 아주 미워한 나머지 승상 원재元載에게 기회를 틈타 어조은을 제거하라는 밀령密令을 내렸다. 곽자의도 어조은이 오랫동안 전군을 장악하고 있었기 때문에 변고가 생길 수 있다고 판단해 미리부터 대종에게 방비하라는 글을 올렸다.
대력大歷 5년(770년), 어조은은 조정에서 처단되었다.

●●● 공로가 클수록 더 참아야 한다

공로가 클수록 위험도 크다. 커다란 공을 세운 사람에게는 득의ㆍ자랑ㆍ교만ㆍ횡포 등의 정서가 쉽게 생긴다. 하지만 이는 스스로 화근을 심는 것이다. 교만은 가장 쉽게 다른 사람을 다치게 하며, 커다란 공로는 사람들의 의심을 받는다. 이 때문에 공로가 클수록 신중하게 움직이며 참고 양보해야 한다. 곽자의는 중흥中興의 대공大功이 있을 뿐만 아니라 삼강오륜의 기준에서도 벗어나지 않는 모범을 보였다. 그는 참을 수도 있었고 참을 줄도 알았다. 결국 천복과 수명을 누리며 명성이 세상에 알려지고 집안이 흥했다.

21세기는 '마음의 경제' 시대

"차가 고장나면 소비자의 마음도 상하게 된다. 따라서 차를 고쳐주는 것으로 만족하지 말고 마음의 상처까지 치유하라."

일본 도요타 자동차가 고객의 차를 수리할 때 어떤 자세로 임하고 있는지 엿볼 수 있는 대목이다. 이 회사는 '고객만족' 경영을 통해 소비자를 만족시키고 나아가 소비자를 감동시키겠다는 기업 문화를 만들어가고 있다. 악착같이 일해서 상품을 하나라도 더 만들어내거나 불필요한 낭비를 줄여 효율성을 높이는 것만으로는 경제가 발전할 수 없다. 이제 '마음의 경제' 시대가 다가오고 있다. 마음의 경제란 스스로 좋아서 일을 하는 사람이 성공하는 경제, 깨끗한 마음으로 일하는 사람이 성공하는 경제를 뜻한다.

결론적으로 말하면 소비자의 마음을 행복하게 해주는 기업이 성공하는 경제다. 이런 마음의 경제가 나타나게 된 이유는 20세기 경제가 물질만능주의에 빠지면서 물질적 풍요가 오히려 사람들의 마음 속에 고통을 안겨다준 것과 관련 있다.

벤처기업들은 자율성, 창의성, 그리고 도전 정신을 고취시키고자 한다. 이제 웬만한 식당에서도 음식만 파는 것이 아니라 '감성'을 판다는 자세로 서비스의 수준을 높이고 있다. 바야흐로 자신의 마음을 잘 다스리고 나아가 다른 사람의 마음까지 움직일 수 있는 사람이 성공하는 시대가 될 것이다. 열심히 일하고 절약하고 경쟁자와 싸우는 사람이 성공하는 시대가 아니다. 지금껏 머리가 좋은가 나쁜가 또는 학력이 높은가 낮은가가 성공의 주요 잣대였다면 이제는 머리보다 마음이 중요하고 또 그 마음 속에 '어떤 에너지가 들어 있는가?' 라는 인식이 더욱 중요하다. 마음을 잘 다스리면 고객의 마음이 보인다. 마음을 열면 경제의 흐름이 보이지만 마음이 흐트러지면 욕심이 생겨 일확천금을 노리다가 결국 무너지게 된다. 머리보다는 마음으로 세상에 맞서야 성공의 길이 보이는 시대다.

무측천의 미인媚忍

역사는 무측천武則天을 두고 이런 평가를 내린다.

"속이 깊고 굽히는 걸 치욕으로 여기지 않았으니, 이로써 큰 일을 이루었다."

무씨武氏의 피 속에는 두 가지 신분적 성격이 공존한다. 하나는 서민의 피요, 다른 하나는 고귀한 선비의 피다. 이런 의미에서 그녀는 서로 다른 계층의 '혼혈아'라고 할 수 있다. 특히 그녀의 성격은 주로 후천적 환경의 영향으로 이루어진 것이다. 역경은 그녀를 쓰러뜨리지 못했다. 그녀가 14세에 궁궐로 들어갈 당시 그녀의 어머니는 눈물을 흘렸지만, 정작 그녀는 냉정하게 말했다.

"천자를 보는 것이 복이 아닌지 어찌 알겠습니까? 어찌하여 슬퍼

하십니까!"

　이치李治의 조서를 받고 궁궐로 들어온 무측천의 첫번째 목적은 궁전에서 황후의 위치를 얻는 것이었다. 그러나 당시 그녀의 힘은 보잘 것 없었기에 그녀를 둘러싼 세력들과 도저히 맞설 수 없었다. 무씨는 은인자중하며 다음과 같은 세 가지 전략을 취했다. 첫째, 왕후의 환심을 산다. 둘째, 황제의 환심을 산다. 셋째, 모든 사람들의 환심을 산다.

　역사책에서는 무씨가 말재주를 겸비했을 뿐 아니라 스스로 신분을 낮추어 황후의 시중을 들었다고 전한다. 황후가 기뻐하자 이에 힘을 얻은 그녀는 비로소 소의昭儀(왕의 후궁에게 내리는 품계—옮긴이)가 된다.

　무씨는 자신의 미색美色에만 의지한 것이 아니라, 모순을 잘 이용해 참을성을 갖고 힘을 길렀다. 그녀가 황제에게 잘 보이기 위해 사용한 방법은 매우 특별했다. 황제는 그녀를 좋아해서 "자기를 받들 수 있다"고 했다. 무엇이 "자기를 받들 수 있다"는 것인가? 여기서 한국韓國 부인을 거론해야 한다. 한국 부인은 무측천의 언니로서 원래 하란賀蘭 월석越石에게 시집을 갔는데, 수절한 지 여러 해 되었다. 그 때 무측천은 31세였고, 한국 부인은 그보다 한 살 위인 32세였다. 한국 부인에게는 절색의 딸이 하나 있었다. 나중에 위국魏國 부인으로 봉해졌을 때 나이가 15세에 불과했다. 무측천은 두 여인을 황제에게 소개했다. 황후와 소숙비蕭淑妃의 약점은 바로 서로 시기하는 것이어서 황제를 귀찮게 했다. 그러나 무씨는 이런 수단으로 한 남자의 마음을 농락했으니, 여인의 입장에서는 얼마나 큰 굴욕과 억울함이겠는가! 그러나 무측천은 이 모든 것을 참았다.

　　그녀는 궁중에 있는 모든 사람들의 환심을 샀다. 왜냐하면 궁중의 노비와 태감을 잘만 움직인다면 궁중의 싸움에서 중요한 역할을 할 수 있기 때문이다. 노비들은 늘 위협과 유인을 받았기 때문에 사실에 부합되지 않거나 심지어 진실을 왜곡하는 말을 하면서까지 주인의 요구에 응했다. 이것이 바로 "노비가 용서를 바라면서 승상을 도와 유세한다"는 것이다. 가족 내부의 치열한 갈등을 직접 겪은 무씨는 자연히 노비의 역할을 알고 있었다. 그녀는 노복을 매수해서 자신에게 유리한 상황을 조성하는 데 이용했다. 그 이유는 그녀의 적수인 황후가 마침 노복의 역할을 잘 모르는 사람이었기 때문이다. 황후는 명문 출신으로 예법을 크게 중시하고 하인들에게 언제나 안색을 달리하곤 했지만, 무씨는 이와 반대로 하인들을 잘 대우했다. 여러 사람들을 매수한 결과 황후와 소숙비 두 사람은 궁중에서 나날이 고립되었고, 그들의 사소한 움직임까지 직접 무측천의 귀에 전해졌다. 그 후 아기가 목이 졸려 죽는 사건이 발생하자 많은 노복들이 무씨를 위해 증언했다.

　　이 사건을 연출함으로써 무측천은 결정적인 승리를 거두고 황제의 지지를 얻었다. 황제를 통해 그녀는 황후의 폐립廢立 문제를 정식으로 제기했다. 그러나 이 문제의 열쇠는 고종의 외삼촌 장손무기長孫无忌의 태도에 달려 있었다. 당시 정치의 구조는 이치를 황제로 삼고 장손무기를 보호자로 한 구조였기 때문에 황제의 지지를 얻고 있어도 이는 반쪽짜리 지지에 불과했다. 대업을 이루자면 황제의 배후에 숨어 있는 보호자의 지지를 얻어야 했으니, 장손무기가 만일 폐립에 동

의하면 성공한 것이나 다름없었다. 그러나 장손무기와 임금의 유지를
받은 다른 고명대신 저수량의 동의를 얻는 일은 그리 쉽지 않았다. 장
손무기와 황후 간에는 끈끈한 연계가 있었는데, 장손무기의 가족과
황후 왕씨의 가족은 모두 관농 집단의 중요한 가족이었다. 이 때 장손
무기는 궁정 밖 영수領袖의 위치에 있었기 때문에 무측천의 세력으로
그와 맞서기엔 아직 역부족이었다. 적이 강한 상황에서 무측천은 또
다시 '요염한 참을성' 의 수법으로 장손무기의 환심을 샀다.

　　장손무기의 눈에 들기 위해 무측천은 많은 노력을 기울였다. 그녀는
장손무기에게 금과 보석, 비단 등을 열 대의 수레에 담아서 하사했다.
한번은 황제와 함께 친히 장손무기의 저택에 가서 술을 마시며 즐기다
가 술이 얼큰해졌을 때 황제는 장손무기의 세 아들에게 칙명을 내려서
조산朝散 대부로 삼았다. 그리고 이 분위기를 빌려 황제는 황후의 폐립
문제를 제기했다. 황후에게 아들이 없고 무씨에게는 아들이 있다는 것
을 그 이유로 내세웠다. 장손무기는 많은 뇌물을 받았고 또 아들들이
벼슬을 받았기 때문에 폐립 문제를 언급하자 태도를 바로 표시하지 않
았다. 황제가 몇 차례 이 문제를 꺼냈으나 그는 화제를 돌렸을 뿐이다.
그러자 술자리의 흥은 점차 식어갔고 결국 흐지부지 흥이 깨지고 말았
다. 그러나 무측천은 포기하지 않았다. 그녀는 다시 모친 양씨楊氏를
보내서 장손무기에게 말을 건넸으나 먹혀들지 않았다. 요염한 참을성
의 책략이 실패하긴 했지만, 무측천은 상대방의 속내를 알아냈다. 말
하자면 장손무기는 황후를 폐하는 문제에 대해서 절대로 무측천과 손
을 잡지 않는다는 것이다. 그렇다면 이제 어떤 수단으로 그를 없애는

가 하는 것이 문제였다. 그러나 상대의 힘이 강했기 때문에 변함없이 무측천이 취한 책략은 뭇사람들의 환심을 사, 자기 세력을 확대함으로써 장손무기의 역량을 약화시키는 것이었다. 이 정책은 건봉乾封 원년(660년)부터 광택光宅 원년(684년)까지 줄기차게 진행되었다.

상원上元년간(674~676년)에 세상을 깜짝 놀라게 할 만한 개혁이 시도되었다. 이른바 총 12개 조항에 걸쳐 장복章服의 개혁, 황제 이름의 개혁, 유배인을 영남嶺南으로부터 불러들이는 일 등의 내용을 담은 '상원上元의 개혁'이 그것이다.

이 12개 조항의 건의는 황후가 상주하는 형식으로 황제에게 제안한 것인데《신당서新唐書》의 〈무측천 전기〉에 따르면 다음과 같다.

1. 농부에게 누에를 치도록 권하며 부역을 줄인다.

2. 경기京畿 지역의 부역을 면제한다

3. 대외 용병을 정지하고 도덕으로 천하를 감화한다.

4. 사치스럽고 허영이 있는 모든 풍습을 금한다.

5. 힘들고 어려운 노역을 줄인다.

6. 정부에 진언할 수 있는 길을 넓힌다.

7. 충성과 양식을 음해하는 참언을 끊는다.

8. 왕공王公 이하는 모두 노자老子를 배운다.

9. 돌아가신 어머니를 애도하며 3년 동안 상복을 입는다.

10. 상원上元 전의 훈관勳官(공훈에 의해 수여된 명의상의 관직—옮긴이)으로 직첩職帖을 받은 자는 더 이상 확인과 취소를 하지 않는다.

11. 8품 이상 수도 관리의 봉록을 높인다.

12. 취임한 지 오래 된 관리 중 재능은 인정되나 등급이 낮은 관리는 등급을 건너뛰어 승급한다.

앞의 7개 조항은 듣기는 좋지만 내용은 공허한 것으로서 실질적으로 행동에 옮기기 어려운 건의다. 제12조도 특별한 내용이 없다. 제8~제11조까지의 건의에는 구체적인 대상이 있다. 가령 제8조는 이씨의 당나라 황실이며, 제9조는 여성으로서 특별히 관료의 가정에 있는 귀부인들이며, 제10조는 훈관이며, 제11조는 8품 이상 수도의 관리다. 이들 건의는 모두 그들에게 호감을 얻으려는 목적에서 나온 것이다.

건봉乾封 원년(666년), 무측천은 오랫동안 영남에 유배하던 죄인들을 사면시켜 돌아오게 했다. 여기에는 장손무기의 손자도 포함돼 있었고 명성과 환심을 얻기 위한 것이었다. 사면된 죄인들 중에는 무측천의 사촌형제들도 끼여 있었다. 무측천은 그들은 몹시 미워했지만, 자신의 힘을 모으기 위해서 그런 원한을 모두 숨기고 참았다.

요염한 참을성과 굴신屈伸의 처세술로 무측천의 역량이 점차 커지면서 마침내 그녀는 황실의 실권을 장악하게 되었다. 그녀는 황제와 함께 이성二聖으로 불리며 실제로 조정을 거머쥐게 되었다. 그러나 사성嗣聖 원년(684년), 고종이 사망하자 그녀는 황제가 되려는 야심을 실현하기 위해 새로운 황제를 꼭두각시로 삼고 스스로 정사를 주관했다. 하지만 그녀의 행동은 안팎으로 거센 저항을 받았고 또다시 곤경에 빠졌다. 가장 먼저 무측천을 비판한 사람은 서경西京의 부유수副留守 유인궤劉仁軌였다. 유인궤가 출세한 것은 고종의 재위 전반기였다. 그는 백제百濟와의 전투에서 공을 세웠기 때문에 '공훈을 세운 신하' 가운데 상징적인 존재였다. 그는 무측천에게 아부하는 태도를 취하지 않고 도리어 비웃는 말을 했지만, 무씨는 이 일을 문제삼지 않고 오히려 그를 중용했다. 무측천은 또 유인궤에게 새서璽書(황제의 도장이 찍힌 문서—옮긴이)를 썼는데, 거기에는 이런 내용이 담겨 있었다.

"한고조漢高祖는 관중의 일을 소하蕭何(한나라 건국공신—옮긴이)에게 맡겼습니다. 지금 제가 공에게 나라의 중책을 맡기고자 합니다."

편지를 통해 무측천은 다음과 같은 암시를 노골적으로 드러냈다.

첫째, 무측천은 한고조를 자기와 견주었다. 한고조는 나라를 세운 임금이니 자기도 새로운 제국, 새로운 왕조를 세우겠다는 의미다. 둘째, 새로운 제국을 세울 때 자기가 새로운 문제에 봉착하면, 유인궤가 자신을 위해 일을 돌보아달라는 것이었다.

유인궤는 상주문을 써서 황후에게 답했는데, 거기에서 그는 다음과 같은 두 가지 의견을 진술했다. 첫째, 서경 유수留守의 직무를 담당하는 것을 거부했다. 스스로 나이가 많고 병이 많다는 이유였다. 둘째, 무측천이 자신에게 부탁한 일에 대해 여후呂后(유방劉邦의 황후, 자신의 아들 영盈의 황태자 지위를 지키기 위해 다른 왕자들을 차례로 죽여 유씨정권을 몰락시켰다—옮긴이)가 유씨劉氏 강산을 찬탈했다가 결국 후세 사람들에게 비난받은 역사적 사실을 거론함으로써 무측천을 훈계했다. 이제 권력의 중심에 있는 그녀에게 이런 말을 고하는 사람은 매우 드물었다. 그러나 무측천은 화내지 않았다. 그녀는 신중한 고려 끝에 다시 유인궤에게 새서 한 통을 보냈다. 이 새서의 내용은 처음 것과 달리 크게 변했다. 즉 새로운 왕조를 세운다는 제안은 없어지고 대신 '친정親政하며', '참회와 위안이 엇갈린다'는 말로 대신했다. 그녀는 이 새서에서 평범한 말귀를 썼는데, 마치 깊은 오해를 받은 사람이 자기의 옛 친구에게 속내를 드러내보이는 것과 같았다.

오래 전 변변한 세력이나 권력이 없던 시절, 그녀가 황제와 함께 장손무기를 의례적으로 방문했던 이후, 어느 대신에게도 이처럼 비굴하지 않았다. 그럼 어찌하여 무측천은 유인궤를 이렇게 가만히 놓아두었는가? 그 이유는 유인궤가 관할하는 관중에 당나라 군대의 주력 부대가 있기 때문이다. 무측천이 유인궤의 환심을 사려는 목적은 앞으로 그녀에게 반역하는 사람들과 싸울 때 앞뒤로 공격을 받지 않으려는 것에 있었다. 그녀의 요염한 참을성은 효과를 보았다. 훗날 북으로 영무, 남으로는 양주에 이르기까지 자신에게 대항하는 많은 반대자들이 나타났을 때 바로 유인궤가 무측천을 구했던 것이다.

●●● 타협은 강자의 필수 과목이다

무측천은 강한 권위와 세력을 가진 인물이었지만, 그녀 역시 곤경에 처했을 때는 머리를 숙일 줄 알았다. 어떤 경우에는 여인 특유의 요염한 참을성으로 위기를 극복했다. 큰 일을 이루고 싶은 자는 반드시 타협과 머리를 숙이는 법을 알아야 한다. 펼 줄만 알고 굽힐 줄 모른다면 일찍 요절하게 마련이다.

실패는 누구나 겪는 일이다. 일반적으로 실패의 비율은 성공의 비율보다 높으며, 이 때문에 '승패는 병가의 일상사다'라는 말도 나온 것이다. 성공과 실패의 관계에 대해서 사람들은 변증법적으로 '실패는 성공의 어머니다'라는 명제를 도출했는데, 《백전기략百戰奇略》〈패전敗戰〉에는 이렇게 전한다.

"무릇 적과 싸울 때 상대가 승리하고 아군이 패배해도 두려워할 필요가 없다. 반드시 그 실패 속에서 이로움을 찾아 정리하고, 무기를 준비해 병사의 사기를 올리고, 상대방이 태만할 때 공격하면 다시 승리한다."

패배는 돌이켜 역전할 수 없는 것이 아니며, 오히려 전화위복이 되어 적극적인 역할도 가능하다는 것을 알 수 있다. 용병과 처세에 능한 사람은 패배를 승리로 바꿀 수 있는 이치에 정통하다.

복잡한 사회문제를 처리할 때 실패는 흔히 경험할 수 있는 것이다. 이 때문에 "실패로 얻게 된 정보와 자원을 어떻게 이용하는가? 불리한 조건을 어떻게 유리한 조건으로 변화시키는가? 그리고 어떻게 실패를 성공으로 바꾸는가?"라는 질문에 대한 답은 모든 사람들이 갖추어야 할 책임이 되었다.

예로부터 전하는 성공 사례의 대부분은 실패를 성공으로 바꾸는 과정을 거쳤다. 그러나 실패한 사람은 처음부터 실패한 것이 아니라 성공으로부터 실패하는 큰 변화를 거쳤다. 이처럼 성공의 여부는 실패에 대한 이해와 반성에서 시작되고 결정된다. 증국번은 난세에 태어났다. 재능과 지혜가 출중하지는 않았지만, 전례 없는 변란의 와중에서 거듭 패하고 거듭 승리하다가 결과적으로 성공할 수 있었다. 증국번은 실패를 처리하는 과정에서 많은 깨우침을 얻었다. 이는 실패에서 성공을 거두는 이치에 밝았기 때문이다. 만일 실패에서 성공을 거둔 과정이 없었다면 최종적인 승리자가 될 수 없었을 것이다.

실패에 대해 많은 사람들은 그 소극적인 면을 부각하고 그 문제를 의식한다. 왜냐하면 실패가 필연적으로 대량의 물자를 소모하고 파괴적인 결과를 불러와 사람을 절망의 구렁텅이로 몰고가기 때문이다.

그러나 실패는 잘못을 교정하는 과정이기도 하다. 실패를 통해서 숨어 있던 문제점이 충분하게 드러날 수 있다. 만일 실패의 원인을 찾을 수 있다면 실패를 면할 수 있을 뿐 아니라, 실패의 교훈에 따라 내용을 수정함으로써 패배를 성공으로 바꿀 수 있는 것이다. 보통사람들이 실패의 타격으로 절망 속에서 헤맬 때, 성공한 사람들은 실패에서 잘못된 점을 냉정하게 분석한다. 즉 실패에서 교훈을 섭취하는 것이다. '한 번 좌절하면 그만큼 교훈을 얻는다'는 것이 바로 이런 이치다. 과학의 연구도 거듭된 실패를 바탕으로 성공할 수 있었으며, 사회·정치·군사의 활동도 전인前人들의 실패·경험·교훈의 누적에서 벗어날 수 없다. 이런 뜻에서 실패가 없으면 성공이 없다고 말할 수 있다.

군사 전략가이자 정치가였던 증국번의 발전은 몇 차례 실패한 그의 경력과 뗄레야 뗄 수 없다. 그는 이렇게 말했다.

"지친 마음과 근심은 영웅을 단련시켜 성공하게 한다."

"한 번 좌절하면 그만큼 교훈을 얻는다. 나의 진보는 좌절을 받고 모욕을 받은 데서 시작되었다."

함풍咸豊 2년(1852년), 증국번은 명을 받들고 단련團練을 조직해 태평군太平軍에 저항했다. 한 번도 군사를 거느린 적이 없고 더군다나 지방에서 일한 경험도 없는 그는 일에 임하자마자 사정이 예상보다 훨씬 복잡하다는 것을 느꼈다. 호남湖南의 선임 순무 장량기張亮基는 그에게 어느 정도 지지를 해주었지만, 후임자인 낙병장駱秉章과 포정사布政司 서유임徐有壬, 안찰사按察使 도은배陶恩培 등은 증국번의 행위에 불만을 나타냈다. 나중에는 녹영綠營을 간섭하고 훈련이 과도한 것을 이유로 정변을 일으켰다. 포기표鮑起豹는 군대를 선동해 탑제포塔齊布의 숙영지를 포위하고 그가 거주한 곳을 훼손했다. 아울러 단련대신團練大臣의 공관을 공격해서 수행원과 위병에게 총상을 입혔으며, 하마터면 증국번도 그 총알에 맞을 뻔했다. 증국번과 탑제포는 그 자리에서 도망쳐 죽음을 면할 수 있었다.

사건의 결과는 증국번을 더욱 실망에 빠뜨렸다. 낙병장은 듣지 못한 척 입을 꾹 다물고 다만 사건을 일으킨 자에게 사과하게 했으며, 포기표에게는 어떤 책임도 추궁하지 않았다. 지방관의 지지 하에 큰 일을 해보려던 증국번의 환상은 물거품이 되었다. 정치적이고 군사적인 이중의 실패를 통해 부정부패에 찌든 녹영병綠營兵의 본질을 보았다. 결국 그는 신식 군대를 만들어 훈련하기로 마음먹었다. 그러나 지방관이 겪는 제약으로 남의 처마 밑에서는 궁극적으로 일을 이루기 어렵다는 사실을 알게 되자, 그는 단호히 장사長沙를 떠나 형양衡陽으로 옮겨 자신이 처음 지휘하는 군대를 창건했다. 그는 형양에서 1,000여 명이었던 구성원을 기초로 역량을 확충하고 인재를 널리 모집했다. 그 결과 나택남羅澤南, 이속빈李續賓, 이속의李續宜, 강충제江沖濟 등이 그를 찾아와 마침내 상군湘軍의 기틀이 형성되었다.

함풍 3년(1853년) 여름, 태평군이 서쪽으로 진출해 남창南昌을 공격하자, 강충제가 증국번에게 구원을 청했다. 증국번은 곧바로 나택남, 주손이朱孫貽, 김송령金松齡에게 3,000여 명을 지원하게 했다. 그러나 나택남이 매복에 걸려들어 사상자가 많이 발생했다. 증

312

국번은 그 원인을 조사하다가 후속 부대가 구원하지 않고 도망치기 급급했기 때문에 참패했다는 사실을 알았다. 그는 다음과 같이 결론을 내렸다.

"오늘 작전에서 제일 가슴 아픈 일은 '패배하면 서로 구하지 않는다'는 말이다. 한쪽 군대가 크게 패해서 도망치다가 그들의 피가 골짜기를 메웠지만, 다른 한쪽 군대는 팔짱을 끼고 방관하며 입을 열고 웃었다."

이런 예상치 못했던 결과는 증국번의 마음을 아프게 했다. 이 교훈을 통해 증국번은 청나라 군대가 왜 연이어 실패했는지 알게 되었으니, 바로 '패배하면 서로 구하지 않는다'는 것이었다. 그리고 이런 결과의 원인은 녹영병 자체의 폐단에 있었다. 녹영병은 이곳저곳에서 모인 사람들로 구성된 군대였다. 더군다나 장수를 상부에서 임시로 임명했기 때문에 '병사끼리 익숙하지 않고 장수끼리 불화해서' 이기면 서로 시기하고 패하면 서로 구하지 않았다. 반면, 태평군이 계속 승리할 수 있었던 이유는 생사고락을 같이 하는 내부의 단결력 때문이었다.

이런 결론에 이르자 증국번은 군제軍制를 근본적으로 개혁하고 장수와 병사의 상하관계와 친밀도를 강화했다. 즉 상군의 통령은 주장主將이 선출하고, 통령은 직접 영관營官을 선출하고, 영관은 초관哨官을 선출하고, 초관은 십장什長을 선출하고, 십장은 병사를 선출하는 선발규정을 마련했다. 그리고 상급자와 하급자의 관계는 절대적인 신뢰와 복종의 관계로 변화시켰다. 한 군영의 병사는 하나의 지방에서 선발토록 해 지연과 인맥의 관계를 통해 군대 내 단결을 강화했다. 이는 근본적으로 상군의 성격을 바꾼 것이었다. 이와 같은 수직적 지휘체계와 지역적인 특성은 중국의 근대적 군벌의 전형을 이루었다. 이 개혁은 군대의 전투력을 크게 높였으며 '패하면 구하지 않던' 예전의 상황을 크게 바꾸었다.

증국번은 형주衡州에서 반 년 동안 수륙 군사 1만 7,000명을 조련하면서 그 세력이 일시에 커졌다. 함풍 4년(1854년) 4월 초이튿날, 그는 수륙 대군을 지휘해 상강湘江을 따라 북상하며 정항靖港으로 향했다. 그가 정항에 들어서자마자 태평군의 매복한 군사가 사방에서 쳐들어왔다. 상군은 갑작스런 태평군의 공격에 당황했고 군의 전열이 삽시간에 흐트러지며 패했다. 물먹은 흙담처럼 무너지는 패잔병들을 보고 증국번은 놀라기도 했거니와 한편으로는 화가 났다. 그는 군기軍旗를 강가에 꽂은 채 검을 들고 깃발 아래 서서 크게 외쳤다.

"깃발을 넘어서는 자는 목을 벤다!"

그러나 군대는 모래성처럼 힘없이 무너졌다. 병사들은 증국번이 세워둔 깃발을 피해 미친 듯이 도망쳤다. 태평군은 상군을 크게 격파했으며, 증국번은 모든 기대가 물거품이 되자 강물에 뛰어 들었다. 다행히 장수린章水麟이 제때에 구해주었기 때문에 죽음을 면할 수 있었다.

증국번은 정항에서 패했지만, 팽옥린彭玉鱗, 탑제포의 수륙 양군은 상담湘潭에서 태평천국의 대장 임소장林紹璋과 태평군 1만여 명을 대파해 전례 없는 대승을 거두었다.

이 패배와 승리는 증국번에게 실패를 충분히 반성케 했다. 그는 군

대에서 소중한 것은 정예부대이지 많은 숫자가 아니라는 이치를 깨달
았다. 탑제포, 팽옥린, 양재복樣載福의 부대는 공수에 모두 능하고 불
리한 상황에서도 무너지지 않는 정병精兵이었다. 하지만 증국번의 부
대는 싸움에 앞서 먼저 패한, 요컨대 사람은 많으나 전투력이 형편없
는 병사들이었다. 증국번은 탑제포, 양재복의 부대를 포상하고 자기
수하의 병사들은 대부분 집으로 돌아가게 했다.

그는 병력 가운데 3,000여 명을 감원했지만 전투력은 오히려 증강
했으니, 이후로 그는 싸울 수 없거나 감히 싸우지 못하는 부대는 일률
적으로 해산시켰다. 증국번이 깨달은 이 교훈은 그에게 평생 도움이
되었다. 증국번은 서생書生 출신의 경험으로 군사를 다스린 탓에 작전
경험이 전무했다. 그는 끊임없는 실패를 통해 하나씩 교훈을 쌓아가
며 점진적으로 발전했다. 증국번은 결국 늘 패하다가 적게 패하게 됐
으며, 적게 패하다가 패하지 않게 됐으며, 나중에는 태평천국을 진압
하는 승리를 거둘 수 있었다.

정항의 패배 후 증국번은 대세가 기운 것을 발견했다. 그가 공들여
키운 상군은 예상 외로 단 한 번에 패했으며 이로 인해 그는 절망했
다. 그 중에서 가장 두려운 것은 높은 곳에 있는 황제였다. 함풍 3년,
황제는 그에게 한바탕 호된 훈계를 했다.

"오늘 그대의 상주문을 보니, 여러 성의 군무軍務를 혼자서 감당할
수 있다고 했다. 물어보건대, 정말로 그대의 재능과 힘으로 감당할 수
있는가? 심지어 일에 임해서도 좋은 말만 하니, 조금만 당황해도 천
하의 웃음을 사지 않겠는가? 이미 그대의 입에서 나왔거늘 반드시 그

말대로 해야 하고 짐에게 보여야 하느니라!"

황제의 훈계는 그에게 커다란 중압감으로 작용했다. 그는 직접 군령을 내려 많은 병사로 적은 병사를 공격하면 일거에 성공할 것으로 생각했다. 그런데 이처럼 참패했으니, 무슨 얼굴로 황제에게 보고한단 말인가?

증국번은 부끄러움을 이기지 못해서 죽으려고 했으나, 장수린이 구해주는 바람에 재생의 기회를 얻었다. 게다가 상담에서 대승리의 소식이 전해지자 목숨을 버리겠다는 생각은 흔적없이 사라졌다. 그는 조정에 상주문을 올려서 비난 대신 장려를 받았다. 탑제포는 호남의 수륙제독으로 임명되었으며, 원수지간이었던 포기표는 직무에서 해제되었다. 증국번은 또한 일방적으로 상주문을 올릴 수 있는 권리와 호남에서 순무를 제외한 모든 병력을 움직일 수 있는 권한도 얻었다. 이처럼 군대와 권력을 차지하게 되자 그에게는 새로운 희망이 생겨났다.

함풍 4년 8월, 상군은 무창을 공략했다. 짧은 수 개월 동안 상군은 많은 땅을 수복했으며, 태평천국의 확장을 억제했다. 상군은 전가진田家鎭 전투에서 태평군 진일창秦日昌, 위준부韋俊部를 대파하고 태평천국의 수군을 거의 전멸시켰다. 이것은 태평군이 출전한 이래 가장 큰 손실이었다. 태평군은 서부전선에서 실패하자, 급히 석달개石達開를 서쪽으로 이동시켜 적과 싸우게 했다. 석달개는 호수 어구에 진을 치고 상군을 수륙으로 갈라지게 했다. 같은 해 12월, 그는 전투에 능한 상군의 수군 120척을 파양호로 유인한 후 호수 입구를 막음으로써 상군의 수군을 둘로 갈라 서로 구할 수 없게 했다. 뒤이어 작은 배를 이용해 장강에 있는 큰 배를 공격했다. 그 결과 상군의 수군은 몽땅 전멸했다. 이 참혹한 변화를 지켜본 증국번은 화가 치밀어오른 나머지 태평군 군중으로 쳐들어가 죽으려고 했다. 그러나 팽옥린 등의 수하가 그를 막고 나섰다.

이 두 번의 자살 시도는 극도로 절망했기 때문에 이뤄진 것이다. 다행히 증국번이 죽지 않았기 때문에 청나라 조정에서는 나라의 대들보를 남겨둘 수 있었다. 당시 증국번은 군사를 지휘한 경험이 얼마 되지 않아서 전쟁의 잔혹성과 권력 투쟁의 복잡성을 잘 이해하지 못했다. 그래서 그는 한 번 실패하자 대세가 이미 기울었다고 생각해 자살을 생각했던 것이다.

그러나 함풍 6년(1856년), 그는 고향 수제守制로 돌아가 그 동안의 과정을 반성한 후 크게 변화했다. 작전에서도 부드러움으로 강함을 이기는 이치를 배웠는데, 그 중에서 인내와 강인함이 제일 중요했다. 설령 실패했다고 하더라도 좌절하지 않았으며 단호한 의지로 난세를 버텨내며 전체적인 국면을 유지했다.

함풍 8년(1858년), 다시 등용하게 된 증국번은 이번에도 마찬가지로 여러 번 실패를 경험했다. 그러나 실패해도 좌절하지 않는다는 신념을 시종일관 견지했다. 삼하진三河鎭 전투에서 상군은 정예 병사를 모두 잃었고, 증국번의 동생 증국화曾國華도 이 전투에서 사망했다.

증국번은 죽고 싶도록 가슴이 아팠다. 그러나 이것은 전체적인 작전을 지휘하는 그의 냉정한 사고에 영향을 주지 않았으며 그를 의기소침하게 하지도 않았다. 오히려 그 후 더욱 강해져 결코 예전처럼 나약한 모습이나 생각을 갖지 않았다. 염군捻軍을 진압할 때 1년 동안 아무런 공로도 없었고, 장종우張宗禹에게 운하 방어선이 돌파되어 패했지만, 그 때도 그는 좌절하지 않았다. 다만 시종일관 자신의 책략이 옳다는 입장을 취했다. 염군이 진압된 것은 바로 그의 정책이 계속 집행된 결과다.

함풍 9년(1859년) 3월, 증국번은 부하 유우심劉于潯에게 보낸 편지에서 이렇게 썼다.

"병가의 이기고 지는 일에 대한 염량세태는 늘 가까운 사람으로부터 비롯됩니다. 그러나 이런 일도 많이 겪다 보면 놀라지 않게 됩니다. 넓은 도량과 번민 없는 마음으로 대세가 변화되기를 기다리십시오."

증국번은 오랫동안 여러 번의 실패를 겪으며 실패 후에는 반드시 그 실의에서 벗어나 스스로 버텨야 참담한 실패를 승리로 바꿀 희망이 있다는 것을 알게 되었다.

함풍 11년, 증국번은 기문祁門에서 또 한 번 자살을 시도했다. 이는 무엇 때문인가? 그 해 8월, 이수성李秀成은 진옥성陣玉成과 연대해 군사를 다섯 갈래로 나누어 공동 전투를 벌였다. 환남皖南에서 증국번의 주력 부대를 견제하고 안경安京을 수복하려고 했다. 그 중 제 5로군 유관방劉官芳은 직접 증국번이 있는 기문을 공격했는데, 당시 증국번에게는 단 수천 명의 군사가 있을 뿐이었다. 비록 죽음을 무릅쓰고 싸웠지만, 태평군의 수가 많고 세력이 워낙 커 버티기 힘들었다.

상황이 이렇게 되자 증국번은 유서를 썼다. 어떤 사람은 그가 또 절망해서 자살하려 했다고 하지만, 실제로 그는 자살하지 않았다. 지난 두 번의 자살에서 누가 그를 구하지 않았다면 그는 정말 죽었을 것이다. 그러나 이번에는 미리 유서를 작성해 필사적인 마음을 보여줌으로써 이른바 '사지死地에서 다시 살아나는 것'을 노린 것이다. 그의 격려 하에 수하 장병들은 전력으로 저항하며 며칠을 버텨냈다. 태평군은 오래 공격해도 아무런 효과도 없었고 또 증국번이 이 곳에 있는 걸 몰랐기 때문에 물러갈 뜻이 있었다. 이 때 좌종당左宗棠이 급히 5,000명의 정병을 모집해 재빨리 기문에 도착했다. 포초鮑超 등도 태평군을 격퇴하고 기문으로 움직였다. 이수성은 도리어 포위되는 것이 두려워 길을 우회했다. 결국 증국번은 또다시 위험에서 벗어났다. 이번 '자살' 미수는 단호한 의지의 구현이었던 것이다. 만일 지난 두 번처럼 정말로 자살을 시도했다면 그 결과는 예측하기 어려웠을 것이다.

그의 완강한 정신을 두고 진공록陳恭祿은 이렇게 평한다.

"그는 난관에 봉착할 때마다 인내했다."

양계초梁啓超의 경우 "증국번이 온갖 어려움을 겪었으나 좌절하지 않고 굴복하지 않았."라고 더욱 높이 평가하면서, 이것이야말로 궁극적으로 패배를 성공으로 바꾼 근원으로 간주했다.

언제나 승리하는 장군은 없으며, 한 번도 지지 않는 고관高官도 없다. 승리를 잘 거두는 사람은 분명 실패에서 교훈을 얻은 고수다. 증국번의 일생도 늘 순탄했던 것은 아니다. 증국번은 실패의 교훈을 이용해 끊임없는 노력으로 자신을 수정·보완해서 최후의 승리를 거두었다.

좌종당左宗棠은 자가 계고季高, 호는 박존朴存이다. 호남성湖南省 상음湘陰 사람으로 1812년 출생했다. 1816년 집안이 성도省都 장사長沙로 이주했고, 부친은 여관을 운영해 가족의 생계를 유지했다. 가난한 살림살이로 선생을 모실 수 없었기 때문에 좌종당 삼형제는 부친 슬하에서 글을 배웠다. 부친 좌관란左觀瀾은 오랫동안 과거시험에 도전했지만 향시鄕試에도 합격하지 못했다. 좌관란은 모든 희망을 자신의 세 아들에게 걸었고, 세 아들이 과거에 합격해 자신이 못 이룬 꿈을 이루어주길 바랐다.

좌종당은 4세 때부터 조부에게서 글을 배웠는데, 5세 때 《논어論語》와 《맹자孟子》를 읽었고, 6세 때부터 《오경五經》을 배우고, 9세 때부터 팔고문八股文(명·청 시대에 발달한 특수한 문장형식으로 명나라 초기 과거시험에 채택—옮긴이)을 짓기 시작했다. 그 외에도 역사서적을 탐독했고 서예 공부에도 힘을 기울였다. 조부와 부친의 자상하면서도 엄격한 훈육 덕분에 좌종당은 어린아이 때부터 학문에 깊은 흥미를 느끼며 견실하게 기초를 닦았다.

1826년 14세가 된 좌종당은 동자시童子試에 응시했고, 이듬해에는 장사부로 가서 시험을 보았다. 장사 지부知府 장석겸張錫謙은 좌종당의 실력을 크게 칭찬하며 그를 차석으로 뽑고 친히 만나보았다. 좌종당이 기쁜 마음으로 원시院試에 응시할 준비를 하던 도중 모친이 중병으로 앓아눕는 바람에 안타깝게도 과거시험을 포기할 수밖에 없었다.

좌종당은 당시의 일반 서생과 다른 모습을 보였다. 그는 과거시험을 보고, 사서四書를 읽고, 팔고문을 짓는 일에 전력하기보다는 경세치용의 학문에 집중했다.

1829년 17세의 좌종당은 서점에서 고조우顧祖禹의 《독사방여기요讀史方輿紀要》를 구입해 탐독하며 지리학에 깊은 흥미를 느꼈다. 좌종당은 그 책을 통해 전장에서 어떻게 방어하고 공격할지, 유리한 지형을 이용해 어떻게 병사를 배치하고 진영을 설치할지 속속들이 깨달았다. 지리공부는 훗날 좌종당이 병사를 이끌고 전쟁터에 나설 때 큰 도움이 되었다. 또한 좌종당은 검약한 생활을 통해 모은 돈으로 청나라 초기의 저명한 사상가 고염무顧炎武의 《천하군국이병서天下郡國利病書》 등의 책을 구입해 열심히 연구했다. 특히 저명한 사상가 위원魏源이 편찬한 《황조경세문편皇朝經世文編》을 아끼며 손에서 놓을 줄 몰랐다. 좌종당은 그 책을 꼼꼼하게 읽고 연구하면서 책의 여백에다 자신의 의견을 기록했다. 그런 책들은 좌종당의 안목을 확장시켜 주었다. 훗날 좌종당이 전쟁을 치르고, 정사를 처리하고, 나라를 다스릴 때 큰 영향을 끼쳤던 것이다. 당시 팔고문에 빠져 있던 서생들은 대부분 그런 학문을 전혀 이해하지 못했다. 그들은 좌종당을 비웃으며 그런 책들은 아무짝에도 쓸모 없다고 말했다. 그러나 좌종당은 조금도 개의치 않고 묵묵히 자신의 길을 걸어갔다.

1830년, 조정의 명신 하장령賀長齡이 상을 당해 장사로 오게 되었다. 하장령은 경세치용 학문의 창시자였는데 좌종당은 그를 깊이 존경하고 있던 터라 이 기회에 하장령을 찾아가 인사하기로 마음먹었다. 하장령은 생면부지의 젊은이를 아주 친절하게 맞아주었고, 진지한 자세로 대화를 나누었다. 비록 좌종당의 나이는 어리지만 학식이 풍부한 것을 느낀 하장령은 크게 놀랐다.

당시 좌종당은 18세 청년에 불과했으며, 하장령은 강소포정사江蘇布政使라는 높은 관직을 맡고 있었다. 하장령은 책읽기를 좋아하는 그 청년을 기특하게 여겼고, 집안에 소장하고 있는 책을 언제든지 빌려가도 좋다고 허락했다. 좌종당이 책을 빌리러 갈 때마다 하장령은 늘 직접 책을 찾아 건네주었고 조금도 귀찮게 생각하지 않았다. 좌종당이 책을 돌려주면 하장령은 무엇을 배웠느냐고 물으며 토론을 나누었다. 학문에 대한 하장령의 진지하고 열정적인 자세는 좌종당에게 큰 감명을 주었다. 하장령의 배려와 지도 속에 좌종당의 학문은 큰 진전을 보았다.

1831년, 좌종당은 장사에 있는 성남서원城南書院으로 가서 글을 읽었다. 당시 서원의 책임자는 하장령의 아우 하희령賀熙齡이었다. 그는 호북성湖北省 학정學政을 역임한 인물이었다. 그도 자신의 형과 마찬가지로 경세치용의 학문에 주력했고 건가학파乾嘉學派(청대淸代 학계의 주류를 이룬 학문으로 현실에 대한 관심을 포기하고 고증학적인 학문의 방법을 계승·발전시켰다—옮긴이)의 학풍에 반대했다. 하희령은 송나라와 명나라의 유학사상을 숭상하면서 경세치용의 학문에도 정통한 유능한 인재를 양성하기 위해 애썼다. 좌종당은 10년 간 하희령의 문하에서 학업을 연마했다. 하희령은 좌종당을 매우 아끼고 신임했으며, 좌종당은 하희령으로부터 많은 영향을 받았다.

1830년 부친상을 당한 좌종당은 의지할 곳을 잃고 몹시 궁핍한 생활을 이어나갔다. 그러나 좌종당은 가난에 굴하지 않고 학업에 계속 정진해 놀라운 발전을 이뤘다. 또한 차분한 마음으로 시대의 변화를 지켜보며 인내심을 갖고 유리한 시세時勢를 기다렸다.

1832년 좌종당은 국자감國子監 학생 신분으로 호남성 향시에 응시했다. 그러나 그의 시험답안은 일차 시험관同考官의 눈에 들지 못해 다른 시험답안과 함께 유권遺卷 속에 파묻혔다. 그런데 그 과거시험은 도광 황제 탄신 50주년을 축하하는 은과恩科였다. 황제는 주임 시험관主考官에게 유권을 다시 살펴보라고 지시했고, 주임 시험관 서법적徐法績은 5,000여 명의 시험답안을 조사했다. 서법적은 6명의 시험답안을 추렸는데, 그 중 좌종당의 답안이 제일 낫다고 판정했다. 일차 시험관은 좌종당의 시험답안을 재추천하는 것에 반대했지만, 호남순무호남순무巡撫 오영광吳榮光은 좌종당의 재주가 출중한 것을 알아보고 서법적의 의견에 동의했다. 좌종당은 우여곡절 끝에 향시에 합격해 거인擧人이 되면서 일시에 호남성의 유명인사로 떠올랐다. 좌종당의 다음 목표는 이듬해 봄 북경에서 열리는 회시會試에 응시하는 것이었다. 좌종당은 옷 한 벌 사 입지 못할 정도로 궁핍했으며 그의 아내가 친정에서 은자 100냥을 빌려와 여비를 마련할 수 있었다. 그러나 때마침 그의 누나도 경제적으로 힘든 시기를 보내느라 굶주림에 시달렸다. 좌종당은 부인에게 받은 돈을 몽땅 누나에게 주고 말았다. 이 소식을 전해들은 친척들은 한푼 두푼씩 다시 100냥의 돈을 마련해 좌종당은 마침내 북경으로 출발했다.

1833년 봄, 좌종당은 북경에서 열린 회시에 응시했지만 낙방하고 말았다. 그러나 1835년 그는 재차 북경으로 건너가 회시에 응시했다. 좌종당은 이 시험에서 좋은 성적을 거두었다. 일차 시험관이 좌종당의 시험답안을 강력히 추천했을 뿐 아니라, 회시會試의 총재總裁 역시 그를 칭찬했다. 시험관들은 '글에 내용이 있고, 문장이 간결하며 유려하다', '둘째 날의 시험답안이 특히 뛰어나다'고 평가하며 15등으로 합격시키려 했다. 그런데 합격자의 시험답안을 게시할 때 호남성 합격자는 정원보다 한 명이 많고, 호북성 합격자는 정원보다 한 명 적은 사실이 발견됐다. 시험관들은 다급히 좌종당의 시험답안을 떼어내 호북성 응시자의 시험답안에 대신 내걸었다. 좌종당은 예록譽錄으로 분류되었다. 예록은 문서를 베껴 쓰는 일을 맡은 문관으로 공적을 인정받으면 현령縣令에 추천될 수 있었다. 좌종당은 황성에서 예록의 신분으로 벼슬살이를 하고 싶지 않았다. 결국 좌종당은 상담湘潭의 집으로 돌아왔고, 아내의 도움으로 지리학 연구에 몰두하면서 형세가 바뀌기를 기다렸다.

1838년 좌종당은 세번째로 진사進士 시험에 응했으나 또다시 고배를 마셨다. 6년 동안 세 차례의 시험에 낙방한 좌종당은 큰 실의에 빠졌다. 비록 과거시험에 크게 연연하지 않고, 시험에서 요구하는 공허하고 무미건조한 팔고문을 좋아하지 않았지만, 선비가 과거시험에 합격하지 못하면 자신의 뜻을 세울 방법이 없었다. 큰 뜻을 품은 선비도 과거시험을 통과해 지위를 획득해야 꿈을 펼칠 수 있었다. 좌종당은 훗날 이 때를 회고하며 다음과 같이 말했다.

"학문 연마는 과거시험을 위한 수단이 아니다. 그러나 과거시험에 합격하지 못하면 생계조차 잇기 힘들다."

"학자라면 당연히 경세치용의 학문을 연마해야 한다. 과거시험은 단지 몸을 세우는 수단일 뿐이다."

좌종당은 소년 시절부터 큰 뜻을 품고 스스로를 당대의 제갈량諸葛亮이라고 여기는 등 자부심이 강했다. 그는 세 차례나 과거에 낙방하자 과거시험을 통해 벼슬길에 오르지 않겠다고 결심했다. 천하의 정세를 살펴보건대 언젠가는 뜻 있고 능력 있는 선비에게 천재일우의 기회가 올 것이지만, 만약 공명심에 급급해 과거시험에 집착하면 아무 일도 이루지 못하리라고 판단했다. 그는 세상을 원망하거나 사람을 탓하지 않았으며, 냉정한 자세로 조급하게 서두르는 자신의 단점을 극복하면서 농업·지리·군사 등의 실용지식을 연구했다. 그의 학식과 지식은 훗날 호남성의 정사를 관장하고, 상군湘軍을 이끌어 태평천국의 반란을 진압하고, 신강新疆을 함락시킬 때 많은 도움이 되었다. 과거시험을 포기한 후 좌종당은 시대가 변하고 큰 기회가 오기를 묵묵히 기다렸다. 그는 장양기張亮基와 낙병장駱秉章의 초빙에 응해 군사軍師의 직책을 맡았는데, 그 과정은 제갈량과 비슷한 면이 있다. 1852년 세력을 점점 확장하던 태평천국의 군대는 광서성廣西省을 지나 호남성으로 진입해 장사 공격의 준비를 마쳤다. 마침 호남순무 낙병장이 황제의 명을 받아 북경으로 소환되는 바람에 장양기가 직책을 이어받았다. 호남성의 정세가 위태롭자 장양기는 책임의 막중함을 느꼈다. 그는 함께 군정의 사무를 처리할 인재를 물색했다. 이 소식을 접한 호림익은 재주와 학식을 지닌 사람의 명단을 작성·추천했으며 특히 좌종당에 대한 칭찬을 아끼지 않았다.

"앞에서 7명의 선비를 거론했지만 지금 말하려는 사람은 재주와 품격이 그들에 비해 월등합니다. 청렴 강직하며, 선량하고 진실합니다. 또한 충성스럽고 의로워 보통사람과는 다르죠. 고금의 지도와 병법뿐 아니라, 나라의 제도와 법률에 통달하고 시무時務에도 정통합니다. 꼭 그를 불러 쓰십시오. 공을 세우더라도 상을 바라지 않을 정도로 세속의 이익과 먼 사람입니다."

이 때 장양기는 운귀雲貴를 출발해 장사로 향하고 있었다. 그가 상덕常德에 이르자 상음湘陰 동산東山에 살던 좌종당에게 급히 사람을 보내 출사出仕를 청했다. 그러나 좌종당은 답장을 보내 정중히 거절했다. 좌종당의 친구이자 친척인 호림익은 그에게 편지를 보내 출사할 것을 강력히 권했다. 한 글자 한 글자, 한 줄 한 줄 간절한 뜻을 적어 때로는 권하고 때로는 비판하는 바람에 좌종당의 마음은 흔들렸다. 더군다나 같은 곳에 사는 곽숭도郭嵩燾와 그의 형 좌종식左宗植이 연이어 출사를 권고하고, 장사의 수비守備 강충원江忠源도 편지를 보내 출사할 것을 독촉했다. 마침내 좌종당은 벼슬길에 오르기로 결심한다. 이 때 좌종당의 나이는 이미 41세였다.

좌종당은 위성圍城으로 건너가 호남순무 장양기를 만났다. 두 사람은 마치 옛 친구를 만난 듯 손을 맞잡고 환담을 나누었다. 그 자리에서 장양기는 모든 군정업무를 좌종당에게 위임했다. 그 후 좌종당의 각종 건의를 모두 받아들여 곧바로 실천에 옮겼다. 좌종당은 지식과 재능을 펼칠 기회를 얻었고, 일생의 공적과 명예는 여기서부터 시작된다.

태평천국 군대는 석 달 동안 장사를 포위 공격했으나 함락시키지는 못했다. 그래서 용회담龍回潭에서 영향寧鄕으로 진군한 다음, 익양益陽을 우회해 악양岳陽을 함락하고, 양자강을 따라 무창武昌으로 향했다. 그 사이에 좌종당은 참모로서 각종 용병책을 수립하는 한편, 관리의 공무집행방법을 정리하는 내용을 건의해서 장양기의 승낙을 얻어냈다.

1853년 초 장양기는 호광총독湖廣總督으로 승진했고, 좌종당은 그를 따라 무창으로 갔다. 태평천국 군대는 이미 무창을 방치하고 양자강을 따라 진군해 안경安慶을 공격해 강녕江寧을 함락시켰다. 무창에 도착한 장양기는 성곽수리, 군비와 군량미 조달, 물자유통 촉진, 난민

구휼, 공무집행방법 정비, 조정과 연락을 취하는 일 등 모든 사무를 좌종당에게 맡겼다. 장양기는 호남성을 방어하는 데 좌종당의 공이 컸다는 상소를 올려 좌종당을 지현知縣에 임명한다는 조칙을 받았다. 그 후 장양기는 황제의 명을 받아 산동성山東省으로 갔다. 성품이 강직했던 장양기는 승보勝保와 마찰을 빚다가 끝내 관직을 잃었고, 이에 좌종당도 함께 사직하고 고향으로 돌아갔다.

신임 호남순무 낙병장은 좌종당이 상음에 있는 집으로 돌아왔다는 소식을 듣자 몇 번이나 편지와 여비를 보내 출사할 것을 청했다. 그러나 좌종당은 응하지 않았다. 1854년 2월 증국번이 수군과 육군 6만 명을 이끌고 형양을 출발해 각지의 태평천국 군대를 진압하기 시작했다.

이 때 증국번도 서신을 보내 출사할 것을 청했지만, 좌종당은 마찬가지로 응하지 않았다. 그런데 태평천국 군대가 상양을 공격해 함락시키고 기병을 보내 좌종당을 잡으려 했다. 이 소식을 들은 좌종당은 그냥 있을 수 없었다. 그는 100명의 군인을 이끌고 식구와 친척을 보호하면서 상담으로 달아났다. 그러나 상담에 도착하기 하루 전, 태평천국 군대가 상담을 점령했고, 좌종당 일행은 어쩔 수 없이 이리저리 도망을 쳤다. 그로부터 얼마 후 낙병장이 또 다시 편지를 보내 함께 태평천국의 난을 진압하자고 청했다.

좌종당은 6년 동안 낙병장과 함께 동고동락하며 두터운 신임을 받았다. 기회를 얻은 좌종당은 학식과 재주를 마음껏 펼쳤고, 마침내 조정의 신하와 산야의 선비 들로부터 높은 명성을 얻었다. 좌종당은 모든 면에서 나날이 성숙해졌고, 급기야 혼자서 한 지역을 떠맡아 청나라를 중흥시킨 명장이자 사직을 지켜낸 명신名臣으로 성장했다.

●●● 성공하려면 인내심을 갖고 기다릴 줄 알아야 한다

모든 사람이 성공을 향해 내달린다. 또한 사람들은 대부분 자신의 일에 실패할 경우 하늘을 원망하고 사람을 탓하며, 자신의 능력에 대해 회의를 품고, 자신감을 상실하고, 그 때까지 쌓아온 모든 것을 스스로 파괴한다. 그러나 좌종당의 인생역정에서 살펴본 바와 같이 성공하기 위해서는 기다릴 줄 알아야 한다. 다시 말해서 자기 자신을 세우기 위한 적절한 형세를 기다려야 한다. 인내심을 갖고 기다리다가 때가 오면 절대 놓쳐서는 안 된다.

엮은이 | 화문연
북경대학 중문과를 졸업하고 동대학원에서 박사학위를 받았다.
현재 북경대학에서 후학을 가르치고 있다.

옮긴이 | 장 연
고려대학교 사학과를 졸업하고 동대학원 철학과,
민족문화추진회 국역연수원, 태동고전연구소 지곡서당을 수료했다.
옮긴 책으로 《공자연의》《지전》《반경》《채근담》 시리즈 등이 있다.

심재석
고려대학교 중문과를 졸업했다.
옮긴 책으로 《반삼국지》《가서(家書)》 등이 있다.

●

너는 내 사람이다

●

엮은이 / 화문연
옮긴이 / 장 연 · 심재석
펴낸이 / 김 경 태
펴낸곳 / 한국경제신문 한경BP
등록 / 제2-315(1967. 5. 15)
제1판 1쇄 발행 / 2004년 6월 15일
제1판 3쇄 발행 / 2004년 8월 25일
주소 / 서울특별시 중구 중림동 441
홈페이지 / http://bp.hankyung.com
전자우편 / bp@hankyung.com
기획출판팀 / 3604-553~6
영업마케팅팀 / 3604-561~2, 595
FAX / 3604-599

●

*파본이나 잘못된 책은 바꿔 드립니다.
ISBN 89-475-2478-6

●

값 13,000원